HEINRICH HEINE · WERKE II

250 £ 6

Heinrich Heine

WERKAUSGABE IM TASCHENBUCH

Ausgewählt und herausgegeben
von Martin Greiner

ZWEITER BAND

Gustav Lübbe Verlag
Bergisch Gladbach

Lizenzausgabe mit freundlicher Genehmigung des
Verlages Kiepenheuer & Witsch, Köln
Einband- und Kassettengestaltung Roland Winkler
Satz Johannes Weisbecker, Frankfurt am Main
Druck und buchbinderische Verarbeitung Ebner, Ulm
Alle Rechte vorbehalten. Printed in Germany
ISBN 3-7857-0192-6

GEDICHTE

GEDICHTE

1853 und 1854

—

I

Ruhelechzend

Laß bluten deine Wunden, laß
Die Tränen fließen unaufhaltsam –
Geheime Wollust schwelgt im Schmerz,
Und Weinen ist ein süßer Balsam.

Verwundet dich nicht fremde Hand,
So mußt du selber dich verletzen;
Auch danke hübsch dem lieben Gott,
Wenn Zähren deine Wangen netzen.

Des Tages Lärm verhallt, es steigt
Die Nacht herab mit langen Flören.
In ihrem Schoße wird kein Schelm,
Kein Tölpel deine Ruhe stören.

Hier bist du sicher vor Musik,
Vor des Pianofortes Folter,
Und vor der großen Oper Pracht
Und schrecklichem Bravourgepolter.

Hier wirst du nicht verfolgt, geplagt
Vom eitlen Virtuosenpacke
Und vom Genie Giacomos
Und seiner Weltberühmtheitsclaque.

O Grab, du bist das Paradies
Für pöbelscheue, zarte Ohren –
Der Tod ist gut, doch besser wärs,
Die Mutter hätt uns nie geboren.

II

Im Mai

Die Freunde, die ich geküßt und geliebt,
Die haben das Schlimmste an mir verübt.
Mein Herze bricht; doch droben die Sonne,
Lachend begrüßt sie den Monat der Wonne.

Es blüht der Lenz. Im grünen Wald
Der lustige Vogelgesang erschallt,
Und Mädchen und Blumen, sie lächeln jungfräulich –
O schöne Welt, du bist abscheulich!

Da lob ich mir den Orkus fast;
Dort kränkt uns nirgends ein schnöder Kontrast;
Für leidende Herzen ist es viel besser
Dort unten am stygischen Nachtgewässer.

Sein melancholisches Geräusch,
Der Stymphaliden ödes Gekreisch,
Der Furien Singsang, so schrill und grell,
Dazwischen des Cerberus Gebell –

Das paßt verdrießlich zu Unglück und Qual –
Im Schattenreich, dem traurigen Tal,
In Proserpinens verdammten Domänen,
Ist alles im Einklang mit unseren Tränen.

Hier oben aber, wie grausamlich,
Sonne und Rosen, stechen sie mich!
Mich höhnt der Himmel, der bläulich und mailich –
O schöne Welt, du bist abscheulich!

III

Leib und Seele

Die arme Seele spricht zum Leibe:
Ich laß nicht ab von dir, ich bleibe
Bei dir – Ich will mit dir versinken
In Tod und Nacht, Vernichtung trinken!
Du warst ja stets mein zweites Ich,
Das liebevoll umschlungen mich,
Als wie ein Festkleid von Satin,
Gefüttert weich mit Hermelin –
Weh mir! Jetzt soll ich gleichsam nackt,
Ganz ohne Körper, ganz abstrakt,
Hinlungern als ein selges Nichts
Dort oben in dem Reich des Lichts,
In jenen kalten Himmelshallen,
Wo schweigend die Ewigkeiten wallen
Und mich angähnen – sie klappern dabei
Langweilig mit ihren Pantoffeln von Blei.
O, das ist grauenhaft; o bleib,
Bleib bei mir, du geliebter Leib!

Der Leib zur armen Seele spricht:
O tröste dich und gräm dich nicht!
Ertragen müssen wir in Frieden,
Was uns vom Schicksal ward beschieden.
Ich war der Lampe Docht, ich muß
Verbrennen; du, der Spiritus,
Wirst droben auserlesen sein,
Zu leuchten als ein Sternelein
Vom reinsten Glanz – Ich bin nur Plunder,
Materie nur, wie morscher Zunder
Zusammensinkend, und ich werde,
Was ich gewesen, eitel Erde.
Nun lebe wohl und tröste dich!
Vielleicht auch amüsiert man sich
Im Himmel besser als du meinst.
Siehst du den großen Bären einst
(Nicht Meyer-Bär) im Sternensaal,
Grüß ihn von mir vieltausendmal!

IV

Rote Pantoffeln

Gar böse Katze, so alt und grau,
Sie sagte, sie sei eine Schusterfrau;
Auch stand vor ihrem Fenster ein Lädchen,
Worin Pantoffeln für junge Mädchen,
Pantöffelchen von Maroquin,
Von Saffian und von Satin,
Von Samt, mit goldnen Borden garniert
Und buntgeblümten Bändern verziert.
Am lieblichsten dort zu schauen war
Ein scharlachrotes Pantöffelchenpaar;
Es hat mit seiner Farbenpracht
Gar manchem Dirnchen ins Herz gelacht.

Eine junge weiße Edelmaus,
Die ging vorbei dem Schusterhaus,
Kehrt wieder um, dann blieb sie stehn,
Tät nochmals durch das Fenster sehn –
Sprach endlich: Ich grüß Euch, Frau Kitze, Frau Katze,
Gar schöne rote Pantöffelchen hat Sie;
Sind sie nicht teuer, ich kauf sie Euch ab,
Sagt mir, wieviel ich zu zahlen hab.

Die Katze rief: Mein Jüngferlein,
Ich bitte gehorsamst, treten Sie ein,
Geruhen Sie mein Haus zu beehren
Mit Dero Gegenwart; es verkehren
Mit mir die allerschönsten Madel
Und Herzoginnen, der höchste Adel –
Die Töffelchen will ich wohlfeil lassen –
Doch laßt uns sehn, ob sie Euch passen –
Ach, treten Sie ein und nehmen Sie Platz –

So flötet die boshaft listige Katz,
Und das weiße, unerfahrene Ding
In die Mördergrub, in die Falle ging –
Auf eine Bank setzt sich die Maus
Und streckt ihr kleines Beinchen aus,

Um anzuprobieren die roten Schuhe –
Sie war ein Bild von Unschuld und Ruhe –
Da packt sie plötzlich die böse Katze
Und würgt sie mit der grimmigen Tatze,
Und beißt ihr ab das arme Köpfchen.
Und spricht: Mein liebes, weißes Geschöpfchen,
Mein Mäuschen, du bist mausetot!
Jedoch die Pantöffelchen scharlachrot,
Die will ich stellen auf deine Gruft;
Und wenn die Weltposaune ruft
Zum jüngsten Tanz, o weiße Maus,
Aus deinem Grab steigst du heraus,
Ganz wie die andern, und sodann
Ziehst du die roten Pantöffelchen an.

Moral

Ihr weißen Mäuschen, nehmt euch in acht,
Laßt euch nicht ködern von weltlicher Pracht!
Ich rat euch, lieber barfuß zu laufen
Als bei der Katze Pantoffeln zu kaufen.

V

Babylonische Sorgen

Mich ruft der Tod – Ich wollt, o Süße,
Daß ich dich in einem Wald verließe,
In einem jener Tannenforsten,
Wo Wölfe heulen, Geier horsten
Und schrecklich grunzt die wilde Sau,
Des blonden Ebers Ehefrau.

Mich ruft der Tod – Es wär noch besser,
Müßt ich auf hohem Seegewässer
Verlassen dich, mein Weib, mein Kind,
Wenngleich der tolle Nordpolwind
Dort peitscht die Wellen, und aus den Tiefen
Die Ungetüme, die dort schliefen,
Haifisch und Krokodile, kommen
Mit offnem Rachen emporgeschwommen –

Glaub mir, mein Kind, mein Weib, Mathilde,
Nicht so gefährlich ist das wilde,
Erzürnte Meer und der trotzige Wald
Als unser jetziger Aufenthalt!
Wie schrecklich auch der Wolf und der Geier,
Haifische und sonstige Meerungeheuer:
Viel grimmere, schlimmere Bestien enthält
Paris, die leuchtende Hauptstadt der Welt,
Das singende, springende, schöne Paris,
Die Hölle der Engel, der Teufel Paradies –
Daß ich dich hier verlassen soll,
Das macht mich verrückt, das macht mich toll!

Mit spöttischem Sumsen mein Bett umschwirrn
Die schwarzen Fliegen; auf Nas und Stirn
Setzen sie sich – fatales Gelichter!
Etwelche haben wie Menschengesichter,
Auch Elefantenrüssel daran,
Wie Gott Ganesa in Hindostan. – –
In meinem Hirne rumort es und knackt,
Ich glaube, da wird ein Koffer gepackt,
Und mein Verstand reist ab – o wehe! –
Noch früher als ich selber gehe.

VI

Das Sklavenschiff

1

Der Superkargo Mynheer van Koek
Sitzt rechnend in seiner Kajüte;
Er kalkuliert der Ladung Betrag
Und die probabeln Profite.

»Der Gummi ist gut, der Pfeffer ist gut,
Dreihundert Säcke und Fässer;
Ich habe Goldstaub und Elfenbein –
Die schwarze Ware ist besser.

Sechshundert Neger tauschte ich ein
Spottwohlfeil am Senegalflusse,
Das Fleisch ist hart, die Sehnen sind stramm,
Wie Eisen vom besten Gusse.

Ich hab zum Tausche Branntewein,
Glasperlen und Stahlzeug gegeben;
Gewinne daran achthundert Prozent,
Bleibt mir die Hälfte am Leben.

Bleiben mir Neger dreihundert nur
Im Hafen von Rio Janeiro,
Zahlt dort mir hundert Dukaten per Stück
Das Haus Gonzales Perreiro.«

Da plötzlich wird Mynheer van Koek
Aus seinen Gedanken gerissen;
Der Schiffschirurgius tritt herein,
Der Doktor van der Smissen.

Das ist eine klapperdürre Figur,
Die Nase voll roter Warzen –
Nun, Wasserfeldscherer, ruft van Koek,
Wie gehts meinen lieben Schwarzen?

Der Doktor dankt der Nachfrage und spricht:
»Ich bin zu melden gekommen,
Daß heute nacht die Sterblichkeit
Bedeutend zugenommen.

Im Durchschnitt starben täglich zwei,
Doch heute starben sieben,
Vier Männer, drei Frauen – Ich hab den Verlust
Sogleich in die Kladde geschrieben.

Ich inspizierte die Leichen genau;
Denn diese Schelme stellen
Sich manchmal tot, damit man sie
Hinabwirft in die Wellen.

Ich nahm den Toten die Eisen ab;
Und wie ich gewöhnlich tue,
Ich ließ die Leichen werfen ins Meer
Des Morgens in der Fruhe.

Es schossen alsbald hervor aus der Flut
Haifische, ganze Heere,
Sie lieben so sehr das Negerfleisch,
Das sind meine Pensionäre.

Sie folgten unseres Schiffes Spur,
Seit wir verlassen die Küste;
Die Bestien wittern den Leichengeruch
Mit schnupperndem Fraßgelüste.

Es ist possierlich anzusehn,
Wie sie nach den Toten schnappen!
Die faßt den Kopf, die faßt das Bein,
Die andern schlucken die Lappen.

Ist alles verschlungen, dann tummeln sie sich
Vergnügt um des Schiffes Planken
Und glotzen mich an, als wollten sie
Sich für das Frühstück bedanken.«

Doch seufzend fällt ihm in die Red
Van Koek: Wie kann ich lindern
Das Übel? Wie kann ich die Progression
Der Sterblichkeit verhindern?

Der Doktor erwidert: »Durch eigne Schuld
Sind viele Schwarze gestorben;
Ihr schlechter Odem hat die Luft
Im Schiffsraum so sehr verdorben.

Auch starben viele durch Melancholie,
Dieweil sie sich tödlich langweilen;
Durch etwas Luft, Musik und Tanz
Läßt sich die Krankheit heilen.«

Da ruft van Koek: »Ein guter Rat!
Mein teurer Wasserfeldscherer
Ist klug wie Aristoteles,
Des Alexanders Lehrer.

Der Präsident der Sozietät
Der Tulpenveredlung im Delfte
Ist sehr gescheit, doch hat er nicht
Von Eurem Verstande die Hälfte.

Musik! Musik! Die Schwarzen solln
Hier auf dem Verdecke tanzen.
Und wer sich beim Hopsen nicht amüsiert,
Den soll die Peitsche kuranzen.«

2

Hoch aus dem blauen Himmelszelt
Viel tausend Sterne schauen,
Sehnsüchtig glänzend, groß und klug,
Wie Augen von schönen Frauen.

Sie blicken hinunter in das Meer,
Das weithin überzogen
Mit phosphorstrahlendem Purpurduft;
Wollüstig girren die Wogen.

Kein Segel flattert am Sklavenschiff,
Es liegt wie abgetakelt;
Doch schimmern Laternen auf dem Verdeck,
Wo Tanzmusik spektakelt.

Die Fiedel streicht der Steuermann,
Der Koch, der spielt die Flöte,
Ein Schiffsjung schlägt die Trommel dazu,
Der Doktor bläst die Trompete.

Wohl hundert Neger, Männer und Fraun,
Sie jauchzen und hopsen und kreisen
Wie toll herum; bei jedem Sprung
Taktmäßig klirren die Eisen.

Sie stampfen den Boden mit tobender Lust,
Und manche schwarze Schöne
Umschlingt wollüstig den nackten Genoß –
Dazwischen ächzende Töne.

Der Büttel ist maître des plaisirs,
Und hat mit Peitschenhieben
Die lässigen Tänzer stimuliert,
Zum Frohsinn angetrieben.

Und Dideldumdei und Schnedderedeng!
Der Lärm lockt aus den Tiefen
Die Ungetüme der Wasserwelt,
Die dort blödsinnig schliefen.

Schlaftrunken kommen geschwommen heran
Haifische, viele hundert;
Sie glotzen nach dem Schiff hinauf,
Sie sind verdutzt, verwundert.

Sie merken, daß die Frühstückstund
Noch nicht gekommen, und gähnen,
Aufsperrend den Rachen; die Kiefer sind
Bepflanzt mit Sägezähnen.

Und Dideldumdei und Schnedderedeng –
Es nehmen kein Ende die Tänze.
Die Haifische beißen vor Ungeduld
Sich selber in die Schwänze.

Ich glaube, sie lieben nicht die Musik,
Wie viele von ihrem Gelichter.
Trau keiner Bestie, die nicht liebt
Musik! sagt Albions großer Dichter.

Und Schnedderedeng und Dideldumdei –
Die Tänze nehmen kein Ende.
Am Fockmast steht Mynher van Koek
Und faltet betend die Hände:

»Um Christi willen verschone, o Herr,
Das Leben der schwarzen Sünder!
Erzürnten sie dich, so weißt du ja,
Sie sind so dumm wie die Rinder.

Verschone ihr Leben um Christi willn,
Der für uns alle gestorben!
Denn bleiben mir nicht dreihundert Stück,
So ist mein Geschäft verdorben.«

VII

Affrontenburg

Die Zeit verfließt, jedoch das Schloß,
Das alte Schloß mit Turm und Zinne
Und seinem blöden Menschenvolk,
Es kommt mir nimmer aus dem Sinne.

Ich sehe stets die Wetterfahn,
Die auf dem Dach sich rasselnd drehte.
Ein jeder blickte scheu hinauf,
Bevor er nur den Mund auftäte.

Wer sprechen wollt, erforschte erst
Den Wind, aus Furcht, es möchte plötzlich
Der alte Brummbär Boreas
Anschnauben ihn nicht sehr ergötzlich.

Die klügsten freilich schwiegen ganz –
Denn ach, es gab an jenem Orte
Ein Echo, das im Widerklatsch
Boshaft verfälschte alle Worte.

Inmitten im Schloßgarten stand
Ein sphinxgezierter Marmorbronnen,
Der immer trocken war, obgleich
Gar manche Träne dort geronnen.

Vermaledeiter Garten! Ach,
Da gab es nirgends eine Stätte,

Wo nicht mein Herz gekränket ward,
Wo nicht mein Aug geweinet hätte.

Da gabs wahrhaftig keinen Baum,
Worunter nicht Beleidigungen
Mir zugefüget worden sind
Von feinen und von groben Zungen.

Die Kröte, die im Gras gelauscht,
Hat alles mitgeteilt der Ratte,
Die ihrer Muhme Viper gleich
Erzählt, was sie vernommen hatte.

Die hats gesagt dem Schwager Frosch –
Und solcherweis erfahren konnte
Die ganze schmutzge Sippschaft stracks
Die mir erwiesenen Affronte.

Des Gartens Rosen waren schön,
Und lieblich lockten ihre Düfte;
Doch früh hinwelkend starben sie
An einem sonderbaren Gifte.

Zu Tod ist auch erkrankt seitdem
Die Nachtigall, der edle Sprosser,
Der jenen Rosen sang sein Lied; –
Ich glaub, vom selben Gift genoß er.

Vermaledeiter Garten! Ja,
Es war, als ob ein Fluch drauf laste;
Manchmal am hellen lichten Tag
Mich dort Gespensterfurcht erfaßte.

Mich grinste an der grüne Spuk,
Er schien mich grausam zu verhöhnen,
Und aus den Taxusbüschen drang
Alsbald ein Ächzen, Röcheln, Stöhnen.

Am Ende der Allee erhob
Sich die Terrasse, wo die Wellen

Der Nordsee, zu der Zeit der Flut,
Tief unten am Gestein zerschellen.

Dort schaut man weit hinaus ins Meer.
Dort stand ich oft in wilden Träumen.
Brandung war auch in meiner Brust –
Das war ein Tosen, Rasen, Schäumen –

Ein Schäumen, Rasen, Tosen wars,
Ohnmächtig gleichfalls wie die Wogen,
Die kläglich brach der harte Fels,
Wie stolz sie auch herangezogen.

Mit Neid sah ich die Schiffe ziehn
Vorüber nach beglückten Landen –
Doch mich hielt das verdammte Schloß
Gefesselt in verfluchten Banden.

VIII

Zum Lazarus

I

Laß die heilgen Parabolen,
Laß die frommen Hypothesen –
Suche die verdammten Fragen
Ohne Umschweif uns zu lösen.

Warum schleppt sich blutend, elend,
Unter Kreuzlast der Gerechte,
Während glücklich als ein Sieger
Trabt auf hohem Roß der Schlechte?

Woran liegt die Schuld? Ist etwa
Unser Herr nicht ganz allmächtig?
Oder treibt er selbst den Unfug?
Ach, das wäre niederträchtig.

Also fragen wir beständig,
Bis man uns mit einer Handvoll

Erde endlich stopft die Mäuler –
Aber ist das eine Antwort?

2

Es hatte mein Haupt die schwarze Frau
Zärtlich ans Herz geschlossen;
Ach! meine Haare wurden grau,
Wo ihre Tränen geflossen.

Sie küßte mich lahm, sie küßte mich krank,
Sie küßte mir blind die Augen;
Das Mark aus meinem Rückgrat trank
Ihr Mund mit wildem Saugen.

Mein Leib ist jetzt ein Leichnam, worin
Der Geist ist eingekerkert –
Manchmal wird ihm unwirsch zu Sinn,
Er tobt und rast und berserkert.

Ohnmächtige Flüche! Dein schlimmster Fluch
Wird keine Fliege töten.
Ertrage die Schickung, und versuch,
Gelinde zu flennen, zu beten.

3

Wie langsam kriechet sie dahin,
Die Zeit, die schauderhafte Schnecke!
Ich aber, ganz bewegungslos
Blieb ich hier auf demselben Flecke.

In meine dunkle Zelle dringt
Kein Sonnenstrahl, kein Hoffnungsschimmer,
Ich weiß, nur mit der Kirchhofsgruft
Vertausch ich dies fatale Zimmer.

Vielleicht bin ich gestorben längst;
Es sind vielleicht nur Spukgestalten

Die Phantasieen, die des Nachts
Im Hirn den bunten Umzug halten.

Es mögen wohl Gespenster sein,
Altheidnisch göttlichen Gelichters;
Sie wählen gern zum Tummelplatz
Den Schädel eines toten Dichters. –

Die schaurig süßen Orgia,
Das nächtlich tolle Geistertreiben,
Sucht des Poeten Leichenhand
Manchmal am Morgen aufzuschreiben.

4

Einst sah ich viele Blumen blühen
An meinem Weg; jedoch zu faul,
Mich pflückend nieder zu bemühen,
Ritt ich vorbei auf stolzem Gaul.

Jetzt, wo ich todessiech und elend,
Jetzt, wo geschaufelt schon die Gruft,
Oft im Gedächtnis höhnend, quälend,
Spukt der verschmähten Blumen Duft.

Besonders eine feuergelbe
Viole brennt mir stets im Hirn.
Wie reut es mich, daß ich dieselbe
Nicht einst genoß, die tolle Dirn.

Mein Trost ist: Lethes Wasser haben
Noch jetzt verloren nicht die Macht,
Das dumme Menschenherz zu laben
Mit des Vergessens süßer Nacht.

5

Ich sah sie lachen, sah sie lächeln,
Ich sah sie ganz zu Grunde gehn;
Ich hört ihr Weinen und ihr Röcheln,
Und habe ruhig zugesehn.

Leidtragend folgt ich ihren Särgen,
Und bis zum Kirchhof ging ich mit;
Hernach, ich will es nicht verbergen,
Speist ich zu Mittag mit Apptit.

Doch jetzt auf einmal mit Betrübnis
Denk ich der längstverstorbnen Schar;
Wie lodernd plötzliche Verliebnis
Stürmts auf im Herzen wunderbar!

Besonders sind es Julchens Tränen,
Die im Gedächtnis rinnen mir;
Die Wehmut wird zu wildem Sehnen,
Und Tag und Nacht ruf ich nach ihr! – –

Oft kommt zu mir die tote Blume
Im Fiebertraum; alsdann zu Mut
Ist mir, als böte sie posthume
Gewährung meiner Liebesglut.

O zärtliches Phantom, umschließe
Mich fest und fester, deinen Mund
Drück ihn auf meinen Mund – versüße
Die Bitternis der letzten Stund!

6

Du warst ein blondes Jungfräulein, so artig,
So niedlich und so kühl – vergebens harrt ich
Der Stunde, wo dein Herze sich erschlösse
Und sich daraus Begeisterung ergösse –

Begeisterung für jene hohen Dinge,
Die zwar Verstand und Prosa achten gringe,
Für die jedoch die Edlen, Schönen, Guten
Auf dieser Erde schwärmen, leiden, bluten.

Am Strand des Rheins, wo Rebenhügel ragen,
Ergingen wir uns einst in Sommertagen.
Die Sonne lachte; aus den liebevollen
Kelchen der Blumen Wohlgerüche quollen.

Die Purpurnelken und die Rosen sandten
Uns rote Küsse, die wie Flammen brannten.
Im kümmerlichsten Gänseblümchen schien
Ein ideales Leben aufzublühn.

Du aber gingest ruhig neben mir,
Im weißen Atlaskleid, voll Zucht und Zier,
Als wie ein Mädchenbild gemalt von Netscher;
Ein Herzchen im Korsett wie 'n kleiner Gletscher.

7

Vom Schöppenstuhle der Vernunft
Bist du vollständig freigesprochen;
Das Urteil sagt: Die Kleine hat
Durch Tun und Reden nichts verbrochen.

Ja, stumm und tatlos standest du,
Als mich verzehrten tolle Flammen –
Du schürtest nicht, du sprachst kein Wort,
Und doch muß dich mein Herz verdammen.

In meinen Träumen jede Nacht
Klagt eine Stimme, die bezichtet
Des bösen Willens dich, und sagt,
Du habest mich zu Grund gerichtet.

Sie bringt Beweis und Zeugnis bei,
Sie schleppt ein Bündel von Urkunden;
Jedoch am Morgen, mit dem Traum,
Ist auch die Klägerin verschwunden.

Sie hat in meines Herzens Grund
Mit ihren Akten sich geflüchtet –
Nur eins bleibt im Gedächtnis mir,
Das ist: Ich bin zu Grund gerichtet.

8

Ein Wetterstrahl, beleuchtend plötzlich
Des Abgrunds Nacht, war mir dein Brief;

Er zeigte blendend hell, wie tief
Mein Unglück ist, wie tief entsetzlich.

Selbst dich ergreift ein Mitgefühl!
Dich, die in meines Lebens Wildnis
So schweigsam standest, wie ein Bildnis,
Das marmorschön und marmorkühl.

O Gott, wie muß ich elend sein!
Denn sie sogar beginnt zu sprechen,
Aus ihrem Auge Tränen brechen,
Der Stein sogar erbarmt sich mein!

Erschüttert hat mich, was ich sah!
Auch du erbarm dich mein und spende
Die Ruhe mir, o Gott, und ende
Die schreckliche Tragödia.

9

Die Gestalt der wahren Sphinx
Weicht nicht ab von der des Weibes;
Faselei ist jener Zusatz
Des betatzten Löwenleibes.

Todesdunkel ist das Rätsel
Dieser wahren Sphinx. Es hatte
Kein so schweres zu erraten
Frau Jokastens Sohn und Gatte.

Doch zum Glücke kennt sein eignes
Rätsel nicht das Frauenzimmer;
Spräch es aus das Lösungswort,
Fiele diese Welt in Trümmer.

10

Es sitzen am Kreuzweg drei Frauen,
Sie grinsen und spinnen,
Sie seufzen und sinnen;
Sie sind gar häßlich anzuschauen.

Die erste trägt den Rocken,
Sie dreht die Fäden,
Befeuchtet jeden;
Deshalb ist die Hängelippe so trocken.

Die zweite läßt tanzen die Spindel;
Das wirbelt im Kreise,
In drolliger Weise;
Die Augen der Alten sind rot wie Zindel.

Es hält die dritte Parze
In Händen die Schere,
Sie summt Miserere;
Die Nase ist spitz, drauf sitzt eine Warze.

O spute dich und zerschneide
Den Faden, den bösen,
Und laß mich genesen
Von diesem schrecklichen Lebensleide!

11

Mich locken nicht die Himmelsauen
Im Paradies, im selgen Land;
Dort find ich keine schönre Frauen
Als ich bereits auf Erden fand.

Kein Engel mit den feinsten Schwingen
Könnt mir ersetzen dort mein Weib;
Auf Wolken sitzend Psalmen singen,
Wär auch nicht just mein Zeitvertreib.

O Herr! Ich glaub, es wär das beste,
Du ließest mich in dieser Welt;
Heil nur zuvor mein Leibgebreste,
Und sorge auch für etwas Geld.

Ich weiß, es ist voll Sünd und Laster
Die Welt; jedoch ich bin einmal
Gewöhnt, auf diesem Erdpechpflaster
Zu schlendern durch das Jammertal.

Genieren wird das Weltgetreibe
Mich nie, denn selten geh ich aus;
In Schlafrock und Pantoffeln bleibe
Ich gern bei meiner Frau zu Haus.

Laß mich bei ihr! Hör ich sie schwätzen,
Trinkt meine Seele die Musik
Der holden Stimme mit Ergötzen.
So treu und ehrlich ist ihr Blick!

Gesundheit nur und Geldzulage
Verlang ich, Herr! O laß mich froh
Hinleben noch viel schöne Tage
Bei meiner Frau im statu quo!

IX

Die Libelle

Es tanzt die schöne Libelle
Wohl auf des Baches Welle;
Sie tanzt daher, sie tanzt dahin,
Die schimmernde, flimmernde Gauklerin.

Gar mancher junge Käfertor
Bewundert ihr Kleid von blauem Flor,
Bewundert des Leibchens Emaille
Und auch die schlanke Taille.

Gar mancher junge Käfertor
Sein bißchen Käferverstand verlor;
Die Buhlen sumsen von Lieb und Treu,
Versprechen Holland und Brabant dabei.

Die schöne Libelle lacht und spricht:
»Holland und Brabant brauch ich nicht,
Doch sputet euch, ihr Freier,
Und holt mir ein Fünkchen Feuer.

Die Köchin kam in Wochen,
Muß selbst mein Süpplein kochen,

Die Kohlen des Herdes erloschen sind –
Holt mir ein Fünkchen Feuer geschwind.«

Kaum hatte die Falsche gesprochen das Wort,
Die Käfer flatterten eilig fort.
Sie suchen Feuer, und lassen bald
Weit hinter sich den Heimatwald.

Sie sehen Kerzenlicht, ich glaube
In einer erleuchteten Gartenlaube;
Und die Verliebten, mit blindem Mut
Stürzen sie sich in die Kerzenglut.

Knisternd verzehrten die Flammen der Kerzen
Die Käfer und ihre liebenden Herzen;
Die einen büßten das Leben ein,
Die andern nur die Flügelein.

O wehe dem Käfer, welchem verbrannt
Die Flügel sind! Im fremden Land
Muß er wie ein Wurm am Boden kriechen,
Mit feuchten Insekten, die häßlich riechen.

Die schlechte Gesellschaft, hört man ihn klagen,
Ist im Exil die schlimmste der Plagen.
Wir müssen verkehren mit einer Schar
Von Ungeziefer, von Wanzen sogar,

Die uns behandeln als Kameraden,
Weil wir im selben Schmutze waten –
Drob klagte schon der Schüler Virgils,
Der Dichter der Hölle und des Exils.

Ich denke mit Gram an die bessere Zeit,
Wo ich mit beflügelter Herrlichkeit
Im Heimatäther gegaukelt,
Auf Sonnenblumen geschaukelt,

Aus Rosenkelchen Nahrung sog
Und vornehm war, und Umgang pflog

Mit Schmetterlingen von adligem Sinn,
Und mit der Zikade, der Künstlerin –

Jetzt sind meine armen Flügel verbrannt;
Ich kann nicht zurück ins Vaterland,
Ich bin ein Wurm, und ich verrecke
Und ich verfaule im fremden Drecke.

O, daß ich nie gesehen hätt
Die Wasserfliege, die blaue Kokett
Mit ihrer feinen Taille –
Die schöne, falsche Canaille!

X

Himmelfahrt

Der Leib lag auf der Totenbahr,
Jedoch die arme Seele war,
Entrissen irdischem Getümmel,
Schon auf dem Wege nach dem Himmel.

Dort klopft' sie an die hohe Pforte,
Und seufzte tief und sprach die Worte:
Sankt Peter, komm und schließe auf!
Ich bin so müde vom Lebenslauf –
Ausruhen möcht ich auf seidnen Pfühlen
Im Himmelreich, ich möchte spielen
Mit lieben Englein Blindekuh
Und endlich genießen Glück und Ruh!

Man hört Pantoffelgeschlappe jetzund,
Auch klirrt es wie ein Schlüsselbund,
Und aus einem Gitterfenster am Tor
Sankt Peters Antlitz schaut hervor.

Er spricht: »Es kommen die Vagabunde,
Zigeuner, Polacken und Lumpenhunde,
Die Tagediebe, die Hottentotten –
Sie kommen einzeln und in Rotten,

Und wollen in den Himmel hinein
Und Engel werden und selig sein.
Holla! Holla! Für Galgengesichter
Von eurer Art, für solches Gelichter
Sind nicht erbaut die himmlischen Hallen –
Ihr seid dem leidigen Satan verfallen.
Fort, fort von hier! Und trollt euch schnelle
Zum schwarzen Pfuhle der ewigen Hölle!« –

So brummt der Alte, doch kann er nicht
Im Polterton verharren, er spricht
Gutmütig am Ende die tröstenden Worte:
»Du arme Seele, zu jener Sorte
Halunken scheinst du nicht zu gehören –
Nu! Nu! Ich will deinen Wunsch gewähren,
Weil heute mein Geburtstag just
Und mich erweicht barmherzige Lust –
Nenn mir daher die Stadt und das Reich,
Woher du bist; sag mir zugleich,
Ob du vermählt warst? – Ehliches Dulden
Sühnt oft des Menschen ärgste Schulden;
Ein Ehmann braucht nicht in der Hölle zu schmoren,
Ihn läßt man nicht warten vor Himmelstoren.«

Die Seele antwortet: Ich bin aus Preußen,
Die Vaterstadt ist Berlin geheißen.
Dort rieselt die Spree, und in ihr Bette
Pflegen zu wässern die jungen Kadette;
Sie fließt gemütlich über, wenns regent –
Berlin ist auch eine schöne Gegend!
Dort bin ich Privatdozent gewesen,
Und hab über Philosophie gelesen –
Mit einem Stiftsfräulein war ich vermählt,
Doch hat sie oft entsetzlich krakeelt,
Besonders wenn im Haus kein Brot –
Drauf bin ich gestorben und bin jetzt tot.

Sankt Peter rief: »O weh! o weh!
Die Philosophie ist ein schlechtes Metier.
Wahrhaftig, ich begreife nie,

Warum man treibt Philosophie.
Sie ist langweilig und bringt nichts ein,
Und gottlos ist sie obendrein;
Da lebt man nur in Hunger und Zweifel,
Und endlich wird man geholt vom Teufel.
Gejammert hat wohl deine Xantuppe
Oft über die magre Wassersuppe,
Woraus niemals ein Auge von Fett
Sie tröstend angelächelt hätt –
Nun sei getrost, du arme Seele!
Ich habe zwar die strengsten Befehle,
Jedweden, der sich je im Leben
Mit Philosophie hat abgegeben,
Zumalen mit der gottlos deutschen,
Ich soll ihn schimpflich von hinnen peitschen –
Doch mein Geburtstag, wie gesagt,
Ist eben heut, und fortgejagt
Sollst du nicht werden, ich schließe dir auf
Das Himmelstor, und jetzo lauf
Geschwind herein –
                      Jetzt bist du geborgen!
Den ganzen Tag, vom frühen Morgen
Bis abends spät, kannst du spazieren
Im Himmel herum und träumend flanieren
Auf edelsteingepflasterten Gassen.
Doch wisse, hier darfst du dich nie befassen
Mit Philosophie; du würdest mich
Kompromittieren fürchterlich –
Hörst du die Engel singen, so schneide
Ein schiefes Gesicht verklärter Freude, –
Hat aber gar ein Erzengel gesungen,
Sei gänzlich von Begeistrung durchdrungen,
Und sag ihm, daß die Malibran
Niemals besessen solchen Sopran –
Auch applaudiere immer die Stimm
Der Cherubim und der Seraphim,
Vergleiche sie mit Signor Rubini,
Mit Mario und Tamburini –
Gib ihnen den Titel von Exzellenzen
Und knickre nicht mit Reverenzen.
Die Sänger, im Himmel wie auf Erden,

Sie wollen alle geschmeichelt werden –
Der Weltkapellenmeister hier oben,
Er selbst sogar, hört gerne loben
Gleichfalls seine Werke, er hört es gern,
Wenn man lobsinget Gott dem Herrn
Und seinem Preis und Ruhm ein Psalm
Erklingt im dicksten Weihrauchqualm.

Vergiß mich nicht. Wenn dir die Pracht
Des Himmels einmal Langweile macht,
So komm zu mir; dann spielen wir Karten.
Ich kenne Spiele von allen Arten,
Vom Landsknecht bis zum König Pharo.
Wir trinken auch – Doch apropos!
Begegnet dir von ungefähr
Der liebe Gott, und fragt dich: woher
Du seiest? so sage nicht: aus Berlin,
Sag lieber: aus München, oder aus Wien.«

XI

Die Wahlverlobten

Du weinst und siehst mich an, und meinst,
Daß du ob meinem Elend weinst –
Du weißt nicht, Weib! dir selber gilt
Die Trän, die deinem Aug entquillt.

O, sage mir, ob nicht vielleicht
Zuweilen dein Gemüt beschleicht
Die Ahnung, die dir offenbart,
Daß Schicksalswille uns gepaart?
Vereinigt, war uns Glück hienieden,
Getrennt, nur Untergang beschieden.

Im großen Buche stand geschrieben,
Wir sollten uns einander lieben.
Dein Platz, er sollt an meiner Brust sein,
Hier wär erwacht dein Selbstbewußtsein;
Ich hätt dich aus dem Pflanzentume
Erlöst, emporgeküßt, o Blume,

Empor zu mir, zum höchsten Leben –
Ich hätt dir eine Seel gegeben.

Jetzt, wo gelöst die Rätsel sind,
Der Sand im Stundenglas verrinnt –
O weine nicht, es mußte sein –
Ich scheide, und du welkst allein;
Du welkst, bevor du noch geblüht,
Erlöschest, eh du noch geglüht;
Du stirbst, dich hat der Tod erfaßt,
Bevor du noch gelebet hast.

Ich weiß es jetzt. Bei Gott! Du bist es,
Die ich geliebt. Wie bitter ist es,
Wenn im Momente des Erkennens
Die Stunde schlägt des ewgen Trennens!
Der Willkomm ist zu gleicher Zeit
Ein Lebewohl! Wir scheiden heut
Auf immerdar. Kein Wiedersehn
Gibt es für uns in Himmelshöhn.
Die Schönheit ist dem Staub verfallen,
Du wirst zerstieben, wirst verhallen.
Viel anders ist es mit Poeten;
Die kann der Tod nicht gänzlich töten.
Uns trifft nicht weltliche Vernichtung,
Wir leben fort im Land der Dichtung,
In Avalun, dem Feenreiche –
Leb wohl auf ewig, schöne Leiche!

XII

Der Philanthrop

Das waren zwei liebe Geschwister,
Die Schwester war arm, der Bruder war reich.
Zum Reichen sprach die Arme:
Gib mir ein Stückchen Brot.

Zur Armen sprach der Reiche:
»Laß mich nur heut in Ruh.

Heut geb ich mein jährliches Gastmahl
Den Herren vom großen Rat.

Der eine liebt Schildkrötensuppe,
Der andre Ananas,
Der dritte ißt gern Fasanen
Mit Trüffeln von Périgord.

Der vierte speist nur Seefisch,
Der fünfte verzehrt auch Lachs,
Der sechste, der frißt alles,
Und trinkt noch mehr dazu.«

Die arme, arme Schwester
Ging hungrig wieder nach Haus;
Sie warf sich auf den Strohsack
Und seufzte tief und starb.

Wir müssen alle sterben!
Des Todes Sense trifft
Am End den reichen Bruder,
Wie er die Schwester traf.

Und als der reiche Bruder
Sein Stündlein kommen sah,
Da schickt' er zum Notare
Und macht' sein Testament.

Beträchtliche Legate
Bekam die Geistlichkeit,
Die Schulanstalten, das große
Museum für Zoologie.

Mit edlen Summen bedachte
Der große Testator zumal
Die Judenbekehrungsgesellschaft
Und das Taubstummeninstitut.

Er schenkte eine Glocke
Dem neuen Sankt-Stephans-Turm;

Die wiegt fünfhundert Zentner
Und ist vom besten Metall.

Das ist eine große Glocke
Und läutet spat und früh;
Sie läutet zum Lob und Ruhme
Des unvergeßlichen Manns.

Sie meldet mit eherner Zunge,
Wieviel er Gutes getan
Der Stadt und seinen Mitbürgern
Von jeglicher Konfession.

Du großer Wohltäter der Menschheit!
Wie im Leben, soll auch im Tod
Jedwede deiner Wohltaten
Verkünden die große Glock!

Das Leichenbegängnis wurde
Gefeiert mit Prunk und Pracht;
Es strömte herbei die Menge
Und staunte ehrfurchtsvoll.

Auf einem schwarzen Wagen,
Der gleich einem Baldachin
Mit schwarzen Straußfederbüscheln
Gezieret, ruhte der Sarg.

Der strotzte von Silberblechen
Und Silberstickerein;
Es machte auf schwarzem Grunde
Das Silber den schönsten Effekt.

Den Wagen zogen sechs Rosse,
In schwarzen Decken vermummt;
Die fielen gleich Trauermänteln
Bis zu den Hufen hinab.

Dicht hinter dem Sarge gingen
Bediente in schwarzer Livree,

Schneeweiße Schnupftücher haltend
Vor dem kummerroten Gesicht.

Sämtliche Honoratioren
Der Stadt, ein langer Zug
Von schwarzen Paradekutschen,
Wackelte hinten nach.

In diesem Leichenzuge,
Versteht sich, befanden sich auch
Die Herren vom hohen Rate,
Doch waren sie nicht komplett.

Es fehlte jener, der gerne
Fasanen mit Trüffeln aß;
War kurz vorher gestorben
An einer Indigestion.

XIII

Die Launen der Verliebten

(Eine wahre Geschichte, nach ältern Dokumenten wiedererzählt
und aufs neue in schöne deutsche Reime gebracht)

Der Käfer saß auf dem Zaun, betrübt;
Er hat sich in eine Fliege verliebt.

Du bist, o Fliege meiner Seele,
Die Gattin, die ich auserwähle.

Heirate mich und sei mir hold!
Ich hab einen Bauch von eitel Gold.

Mein Rücken ist eine wahre Pracht;
Da flammt der Rubin, da glänzt der Smaragd.

O daß ich eine Närrin wär!
Ein'n Käfer nehm ich nimmermehr.

Mich lockt nicht Gold, Rubin und Smaragd;
Ich weiß, daß Reichtum nicht glücklich macht.

Nach Idealen schwärmt mein Sinn,
Weil ich eine stolze Fliege bin. –

Der Käfer flog fort mit großem Grämen;
Die Fliege ging, ein Bad zu nehmen.

Wo ist denn meine Magd, die Biene,
Daß sie beim Waschen mich bediene;

Daß sie mir streichle die feine Haut,
Denn ich bin eines Käfers Braut.

Wahrhaftig, ich mach eine große Partie;
Viel schöneren Käfer gab es nie.

Sein Rücken ist eine wahre Pracht;
Da flammt der Rubin, da glänzt der Smaragd.

Sein Bauch ist gülden, hat noble Züge;
Vor Neid wird bersten gar manche Schmeißfliege.

Spute dich, Bienchen, und frisier mich,
Und schnüre die Taille und parfümier mich;

Reib mich mit Rosenessenzen, und gieße
Lavendelöl auf meine Füße,

Damit ich gar nicht stinken tu,
Wenn ich in des Bräutgams Armen ruh.

Schon flirren heran die blauen Libellen,
Und huldigen mir als Ehrenmamsellen.

Sie winden mir in den Jungfernkranz
Die weiße Blüte der Pomeranz.

Viel Musikanten sind eingeladen,
Auch Sängerinnen, vornehme Zikaden.

Rohrdommel und Horniß, Bremse und Hummel,
Sie sollen trompeten und schlagen die Trummel;

Sie sollen aufspielen zum Hochzeitfest –
Schon kommen die buntbeflügelten Gäst,

Schon kommt die Familie, geputzt und munter;
Gemeine Insekten sind viele darunter.

Heuschrecken und Wespen, Muhmen und Basen,
Sie kommen heran – die Trompeten blasen.

Der Pastor Maulwurf im schwarzen Ornat,
Da kommt er gleichfalls – es ist schon spat.

Die Glocken läuten, bim-bam, bim-bam –
Wo bleibt mein liebster Bräutigam? – –

Bim-bam, bim-bam, klingt Glockengeläute,
Der Bräutgam aber flog fort ins Weite.

Die Glocken läuten, bim-bam, bim-bam –
Wo bleibt mein liebster Bräutigam?

Der Bräutigam hat unterdessen
Auf einem fernen Misthaufen gesessen.

Dort blieb er sitzen sieben Jahr,
Bis daß die Braut verfaulet war.

XIV

Mimi

Bin kein sittsam Bürgerkätzchen,
Nicht im frommen Stübchen spinn ich.
Auf dem Dach, in freier Luft,
Eine freie Katze bin ich.

Wenn ich sommernächtlich schwärme,
Auf dem Dache, in der Kühle,
Schnurrt und knurrt in mir Musik,
Und ich singe, was ich fühle.

Also spricht sie. Aus dem Busen
Wilde Brautgesänge quellen,
Und der Wohllaut lockt herbei
Alle Katerjunggesellen.

Alle Katerjunggesellen,
Schnurrend, knurrend, alle kommen,
Mit Mimi zu musizieren,
Liebelechzend, lustentglommen.

Das sind keine Virtuosen,
Die entweiht jemals für Lohngunst
Die Musik, sie blieben stets
Die Apostel heilger Tonkunst.

Brauchen keine Instrumente,
Sie sind selber Bratsch und Flöte:
Eine Pauke ist ihr Bauch,
Ihre Nasen sind Trompeten.

Sie erheben ihre Stimmen
Zum Konzert gemeinsam jetzo;
Das sind Fugen, wie von Bach
Oder Guido von Arezzo.

Das sind tolle Symphonieen,
Wie Caprizen von Beethoven
Oder Berlioz, der wird
Schnurrend, knurrend übertroffen.

Wunderbare Macht der Töne!
Zauberklänge sonder gleichen!
Sie erschüttern selbst den Himmel,
Und die Sterne dort erbleichen.

Wenn sie hört die Zauberklänge,
Wenn sie hört die Wundertöne,
So verhüllt ihr Angesicht
Mit dem Wolkenflor Selene.

Nur das Lästermaul, die alte
Primadonna Philomele
Rümpft die Nase, schnupft und schmäht
Mimis Singen – kalte Seele!

Doch gleichviel! Das musizieret,
Trotz dem Neide der Signora,
Bis am Horizont erscheint
Rosig lächelnd Fee Aurora.

XV

Guter Rat

Laß dein Grämen und dein Schämen!
Werbe keck und fordre laut,
Und man wird sich dir bequemen,
Und du führest heim die Braut.

Wirf dein Gold den Musikanten,
Denn die Fiedel macht das Fest;
Küsse deine Schwiegertanten,
Denkst du gleich: Hol euch die Pest!

Rede gut von einem Fürsten,
Und nicht schlecht von einer Frau;
Knickre nicht mit deinen Würsten,
Wenn du schlachtest eine Sau.

Ist die Kirche dir verhaßt, Tor,
Desto öfter geh hinein;
Zieh den Hut ab vor dem Pastor,
Schick ihm auch ein Fläschchen Wein.

Fühlst du irgendwo ein Jücken,
Kratze dich als Ehrenmann;
Wenn dich deine Schuhe drücken,
Nun, so zieh Pantoffeln an.

Hat versalzen dir die Suppe
Deine Frau, bezähm die Wut,

Sag ihr lächelnd: Süße Puppe,
Alles was du kochst ist gut.

Trägt nach einem Schal Verlangen
Deine Frau, so kauf ihr zwei;
Kauf ihr Spitzen, goldne Spangen
Und Juwelen noch dabei.

Wirst du diesen Rat erproben,
Dann, mein Freund! genießest du
Einst das Himmelreich dort oben,
Und du hast auf Erden Ruh.

XVI

Erinnerung an Hammonia

Waisenkinder, zwei und zwei,
Wallen fromm und froh vorbei,
Tragen alle blaue Röckchen,
Haben alle rote Bäckchen –
O, die hübschen Waisenkinder!

Jeder sieht sie an gerührt,
Und die Büchse klingeliert;
Von geheimen Vaterhänden
Fließen ihnen reiche Spenden –
O, die hübschen Waisenkinder!

Frauen, die gefühlvoll sind,
Küssen manchem armen Kind
Sein Rotznäschen und sein Schnütchen,
Schenken ihm ein Zuckerdütchen –
O, die hübschen Waisenkinder!

Schmuhlchen wirft verschämten Blicks
Einen Taler in die Büchs –
Denn er hat ein Herz – und heiter
Schleppt er seinen Zwerchsack weiter.
O, die hübschen Waisenkinder!

Einen goldnen Louisdor
Gibt ein frommer Herr; zuvor
Guckt er in die Himmelshöhe,
Ob der liebe Gott ihn sähe?
O, die hübschen Waisenkinder!

Litzenbrüder, Arbeitsleut,
Hausknecht', Küper feiern heut;
Werden manche Flasche leeren
Auf das Wohlsein dieser Gören –
O, die hübschen Waisenkinder!

Schutzgöttin Hammonia
Folgt dem Zug incognita,
Stolz bewegt sie die enormen
Massen ihrer hintern Formen –
O, die hübschen Waisenkinder!

Vor dem Tor, auf grünem Feld,
Rauscht Musik im hohen Zelt,
Das bewimpelt und beflittert;
Dorten werden abgefüttert
Diese hübschen Waisenkinder.

Sitzen dort in langer Reih,
Schmausen gütlich süßen Brei,
Torten, Kuchen, leckre Speischen,
Und sie knuspern wie die Mäuschen,
Diese hübschen Waisenkinder.

Leider kommt mir in den Sinn
Jetzt ein Waisenhaus, worin
Kein so fröhliches Gastieren;
Gar elendig lamentieren
Dort Millionen Waisenkinder.

Die Montur ist nicht egal,
Manchem fehlt das Mittagsmahl;
Keiner geht dort mit dem andern,
Einsam, kummervoll dort wandern
Viel Millionen Waisenkinder.

XVII

Schnapphahn und Schnapphenne

Derweilen auf dem Lotterbette
Mich Lauras Arm umschlang – der Fuchs,
Ihr Herr Gemahl, aus meiner Buchs
Stibitzt er mir die Bankbillette.

Da steh ich nun mit leeren Taschen!
War Lauras Kuß gleichfalls nur Lug?
Ach! Was ist Wahrheit? Also frug
Pilat und tät die Händ sich waschen.

Die böse Welt, die so verdorben,
Verlaß ich bald, die böse Welt.
Ich merke: Hat der Mensch kein Geld,
So ist der Mensch schon halb gestorben.

Nach euch, ihr ehrlich reinen Seelen,
Die ihr bewohnt das Reich des Lichts,
Sehnt sich mein Herz. Dort braucht ihr nichts,
Und braucht deshalb auch nicht zu stehlen.

XVIII

Jung-Kater-Verein für Poesiemusik

Der philharmonische Katerverein
War auf dem Dache versammelt
Heut nacht – doch nicht aus Sinnenbrunst;
Da ward nicht gebuhlt und gerammelt.

Es paßt kein Sommernachthochzeitstraum,
Es passen nicht Lieder der Minne
Zur Winterjahrzeit, zu Frost und Schnee;
Gefroren war jede Rinne.

Auch hat überhaupt ein neuer Geist
Der Katzenschaft sich bemeistert;

Die Jugend zumal, der Jung-Kater ist
Für höheren Ernst begeistert.

Die alte frivole Generation
Verröchelt; ein neues Bestreben,
Ein Katzenfrühling der Poesie
Regt sich in Kunst und Leben.

Der philharmonische Katerverein,
Er kehrt zur primitiven
Kunstlosen Tonkunst jetzt zurück,
Zum schnauzenwüchsig Naiven.

Er will die Poesiemusik,
Rouladen ohne Triller,
Die Instrumental- und Vokalpoesie,
Die keine Musik ist, will er.

Er will die Herrschaft des Genies,
Das freilich manchmal stümpert,
Doch in der Kunst oft unbewußt
Die höchste Staffel erklimpert.

Er huldigt dem Genie, das sich
Nicht von der Natur entfernt hat,
Sich nicht mit Gelehrsamkeit brüsten will
Und wirklich auch nichts gelernt hat.

Dies ist das Programm des Katervereins,
Und voll von diesem Streben
Hat er sein erstes Winterkonzert
Heut nacht auf dem Dache gegeben.

Doch schrecklich war die Exekution
Der großen Idee, der pompösen –
Häng dich, mein teurer Berlioz,
Daß du nicht dabei gewesen!

Das war ein Charivari, als ob
Einen Kuhschwanzhopsaschleifer

Plötzlich aufspielten, branntweinberauscht,
Drei Dutzend Dudelsackpfeifer.

Das war ein Tauhu-Wauhu, als ob
In der Arche Noä anfingen
Sämtliche Tiere unisono
Die Sündflut zu besingen.

O, welch ein Krächzen und Heulen und Knurrn,
Welch ein Miaun und Gegröle!
Die alten Schornsteine stimmten ein
Und schnauften Kirchenchoräle.

Zumeist vernehmbar war eine Stimm,
Die kreischend zugleich und matte,
Wie einst die Stimme der Sontag war,
Als sie keine Stimme mehr hatte.

Das tolle Konzert! Ich glaube, es ward
Ein großes Tedeum gesungen,
Zur Feier des Siegs, den über Vernunft
Der frechste Wahnsinn errungen.

Vielleicht auch ward vom Katerverein
Die große Oper probieret,
Die Ungarns größter Pianist
Für Charenton komponieret.

Es hat bei Tagesanbruch erst
Der Sabbat ein Ende genommen;
Eine schwangere Köchin ist dadurch
Zu früh in die Wochen gekommen.

Die sinnebetörte Wöchnerin
Hat ganz das Gedächtnis verloren;
Sie weiß nicht mehr, wer der Vater ist
Des Kindes, das sie geboren.

War es der Peter? War es der Paul?
Sag, Lise, wer ist der Vater?
Die Lise lächelt verklärt und spricht:
O, Liszt! du himmlischer Kater!...

XIX

Hans ohne Land

Leb wohl, mein Weib, sprach Hans ohne Land,
Mich rufen hohe Zwecke;
Ein andres Weidwerk harret mein,
Ich schieße jetzt andre Böcke.

Ich laß dir mein Jagdhorn zurück, du kannst
Mit Tuten, wenn ich entfernet,
Die Zeit vertreiben; du hast ja zu Haus
Das Posthorn blasen gelernet.

Ich laß dir auch meinen Hund zurück,
Daß er die Burg behüte;
Mich selbst bewache mein deutsches Volk
Mit pudeltreuem Gemüte.

Sie bieten mir an die Kaiserkron,
Die Liebe ist kaum zu begreifen;
Sie tragen mein Bild in ihrer Brust
Und auf den Tabakspfeifen.

Ihr Deutschen seid ein großes Volk,
So simpel und doch so begabet!
Man sieht euch wahrhaftig nicht an, daß ihr
Das Pulver erfunden habet.

Nicht Kaiser, Vater will ich euch sein,
Ich werde euch glücklich machen –
O schöner Gedanke! Er macht mich so stolz,
Als wär ich die Mutter der Gracchen.

Nicht mit dem Verstand, nein, mit dem Gemüt
Will ich mein Volk regieren;

Ich bin kein Diplomatikus
Und kann nicht politisieren.

Ich bin ein Jäger, ein Mensch der Natur,
Im Walde aufgewachsen
Mit Gemsen und Schnepfen, mit Rehbock und Sau,
Ich mache nicht Worte, nicht Faxen.

Ich ködre durch keine Proklamation,
Durch keinen gedruckten Lockwisch;
Ich sage: Mein Volk, es fehlt der Lachs,
Begnüge dich heut mit dem Stockfisch.

Gefall ich dir nicht als Kaiser, so nimm
Den ersten besten Lausangel;
Ich habe zu essen auch ohne dich,
Ich litt in Tirol nicht Mangel.

So red ich; doch jetzt, mein Weib, leb wohl!
Ich kann nicht länger weilen;
Des Schwiegervaters Postillion
Erwartet mich schon mit den Gäulen.

Reich mir geschwind die Reisemütz
Mit dem schwarz-rot-goldnen Bande –
Bald siehst du mich mit dem Diadem
Im alten Kaisergewande.

Bald schaust du mich in dem Pluvial,
Dem Purpurtalar, dem schönen,
Den weiland dem Kaiser Otto geschenkt
Der Sultan der Sarazenen.

Darunter trag ich die Dalmatika,
Worin gestickt mit Juwelen
Ein Zug von fabelhaftem Getier,
Von Löwen und Kamelen.

Ich trage die Stola auf der Brust,
Die ist gezieret bedeutsam

Mit schwarzen Adlern im gelben Grund;
Die Tracht ist äußerst kleidsam.

Leb wohl! Die Nachwelt wird sagen, daß ich
Verdiente, die Krone zu tragen –
Wer weiß? Die Nachwelt wird vielleicht
Halt gar nichts von mir sagen.

XX

Erinnerung aus Krähwinkels Schreckenstagen

Wir Bürgermeister und Senat,
Wir haben folgendes Mandat
Stadtväterlichst an alle Klassen
Der treuen Bürgerschaft erlassen.

Ausländer, Fremde, sind es meist,
Die unter uns gesät den Geist
Der Rebellion. Dergleichen Sünder,
Gottlob! sind selten Landeskinder.

Auch Gottesleugner sind es meist;
Wer sich von seinem Gotte reißt,
Wird endlich auch abtrünnig werden
Von seinen irdischen Behörden.

Der Obrigkeit gehorchen, ist
Die erste Pflicht für Jud und Christ.
Es schließe jeder seine Bude,
Sobald es dunkelt, Christ und Jude.

Wo ihrer drei beisammen stehn,
Da soll man auseinander gehn.
Des Nachts soll niemand auf den Gassen
Sich ohne Leuchte sehen lassen.

Es liefre seine Waffen aus
Ein jeder in dem Gildenhaus;
Auch Munition von jeder Sorte
Wird deponiert am selben Orte.

Wer auf der Straße räsonniert,
Wird unverzüglich füsiliert;
Das Räsonnieren durch Gebärden
Soll gleichfalls hart bestrafet werden.

Vertrauet eurem Magistrat,
Der fromm und liebend schützt den Staat
Durch huldreich hochwohlweises Walten;
Euch ziemt es, stets das Maul zu halten.

XXI

Die Audienz
(Eine alte Fabel)

Ich laß nicht die Kindlein, wie Pharao,
Ersäufen im Nilstromwasser;
Ich bin auch kein Herodestyrann,
Kein Kinderabschlachtenlasser.

Ich will, wie einst mein Heiland tat,
Am Anblick der Kinder mich laben;
Laß zu mir kommen die Kindlein, zumal
Das große Kind aus Schwaben.

So sprach der König; der Kämmerer lief,
Und kam zurück und brachte
Herein das große Schwabenkind,
Das seinen Diener machte.

Der König sprach: Du bist wohl ein Schwab?
Das ist just keine Schande.
Geraten! erwidert der Schwab, ich bin
Geboren im Schwabenlande.

Stammst du von den sieben Schwaben ab?
Frug jener. Ich tu abstammen
Nur von einem einzgen, erwidert der Schwab,
Doch nicht von allen zusammen.

Der König frug ferner: Sind dieses Jahr
Die Knödel in Schwaben geraten?
Ich danke der Nachfrag, antwortet der Schwab,
Sie sind sehr gut geraten.

Habt ihr noch große Männer? frug
Der König. Im Augenblicke
Fehlt es an großen, erwidert der Schwab,
Wir haben jetzt nur dicke.

Hat Menzel, frug weiter der König, seitdem
Noch viel Maulschellen erhalten?
Ich danke der Nachfrag, erwidert der Schwab,
Er hat noch genug an den alten.

Der König sprach: Du bist nicht so dumm
Als wie du aussiehst, mein Holder.
Das kommt, erwidert der Schwab, weil mich
In der Wiege vertauscht die Kobolder.

Der König sprach: Es pflegt der Schwab
Sein Vaterland zu lieben –
Nun sage mir, was hat dich fort
Aus deiner Heimat getrieben?

Der Schwabe antwortet: Tagtäglich gabs
Nur Sauerkraut und Rüben;
Hätt meine Mutter Fleisch gekocht,
So wär ich dort geblieben.

Erbitte dir eine Gnade, sprach
Der König. Da kniete nieder
Der Schwabe und rief: O geben Sie, Sire,
Dem Volke die Freiheit wieder!

Der Mensch ist frei, es hat die Natur
Ihn nicht geboren zum Knechte –
O geben Sie, Sire, dem deutschen Volk
Zurück seine Menschenrechte!

Der König stand erschüttert tief –
Es war eine schöne Szene; –
Mit seinem Rockärmel wischte sich
Der Schwab aus dem Auge die Träne.

Der König sprach endlich: Ein schöner Traum! –
Leb wohl, und werde gescheiter;
Und da du ein Somnambülericht,
So geb ich dir zwei Begleiter,

Zwei sichre Gendarmen, die sollen dich
Bis an die Grenze führen –
Leb wohl! Ich muß zur Parade gehn,
Schon hör ich die Trommel rühren.

So hat die rührende Audienz
Ein rührendes Ende genommen.
Doch ließ der König seitdem nicht mehr
Die Kindlein zu sich kommen.

XXII

Kobes I.

Im Jahre achtundvierzig hielt,
Zur Zeit der großen Erhitzung,
Das Parlament des deutschen Volks
Zu Frankfurt seine Sitzung.

Damals ließ auch auf dem Römer dort
Sich sehen die Weiße Dame,
Das unheilkündende Gespenst;
Die Schaffnerin ist sein Name.

Man sagt, sie lasse sich jedesmal
Des Nachts auf dem Römer sehen,
Sooft einen großen Narrenstreich
Die lieben Deutschen begehen.

Dort sah ich sie selbst um jene Zeit
Durchwandeln die nächtliche Stille

Der öden Gemächer, wo aufgehäuft
Des Mittelalters Gerülle.

Die Lampe und ein Schlüsselbund
Hielt sie in den bleichen Händen;
Sie schloß die großen Truhen auf
Und die Schränke an den Wänden.

Da liegen die Kaiserinsignia,
Da liegt die goldne Bulle,
Der Zepter, die Krone, der Apfel des Reichs
Und manche ähnliche Schrulle.

Da liegt das alte Kaiserornat,
Verblichen purpurner Plunder,
Die Garderobe des deutschen Reichs,
Verrostet, vermodert jetzunder.

Die Schaffnerin schüttelt wehmütig das Haupt
Bei diesem Anblick, doch plötzlich
Mit Widerwillen ruft sie aus:
Das alles stinkt entsetzlich!

Das alles stinkt nach Mäusedreck,
Das ist verfault und verschimmelt,
Und in dem stolzen Lumpenkram
Das Ungeziefer wimmelt.

Wahrhaftig, auf diesem Hermelin,
Dem Krönungsmantel, dem alten,
Haben die Katzen des Römerquartiers
Ihr Wochenbett gehalten.

Da hilft kein Ausklopfen! Daß Gott sich erbarm
Des künftigen Kaisers! Mit Flöhen
Wird ihn der Krönungsmantel gewiß
Auf Lebenszeit versehen.

Und wisset, wenn es den Kaiser juckt,
So müssen die Völker sich kratzen —

O Deutsche! Ich fürchte, die fürstlichen Flöh,
Die kosten euch manchen Batzen.

Jedoch wozu noch Kaiser und Flöh?
Verrostet ist und vermodert
Das alte Kostüm – Die neue Zeit
Auch neue Röcke fodert.

Mit Recht sprach auch der deutsche Poet
Zum Rotbart im Kyffhäuser:
»Betracht ich die Sache ganz genau,
So brauchen wir gar keinen Kaiser!«

Doch wollt ihr durchaus ein Kaisertum,
Wollt ihr einen Kaiser küren,
Ihr lieben Deutschen! Laßt euch nicht
Von Geist und Ruhm verführen.

Erwählet kein Patrizierkind,
Erwählet einen vom Plebse,
Erwählt nicht den Fuchs und nicht den Leu,
Erwählt den dümmsten der Schöpse.

Erwählt den Sohn Colonias,
Den dummen Kobes von Cöllen;
Der ist in der Dummheit fast ein Genie,
Er wird sein Volk nicht prellen.

Ein Klotz ist immer der beste Monarch,
Das zeigt Äsop in der Fabel;
Er frißt uns armen Frösche nicht,
Wie der Storch mit dem langen Schnabel.

Seid sicher, der Kobes wird kein Tyrann,
Kein Nero, kein Holofernes;
Er hat kein grausam antikes Herz,
Er hat ein weiches, modernes.

Der Krämerstolz verschmähte dies Herz,
Doch an die Brust des Heloten

Der Werkstatt warf der Gekränkte sich
Und ward die Blume der Knoten.

   Die Brüder der Handwerksburschenschaft
Erwählten zum Sprecher den Kobes;
Er teilte mit ihnen ihr letztes Stück Brot,
Sie waren voll seines Lobes.

   Sie rühmten, daß er nie studiert
Auf Universitäten
Und Bücher schrieb aus sich selbst heraus,
Ganz ohne Fakultäten.

   Ja, seine ganze Ignoranz
Hat er sich selbst erworben;
Nicht fremde Bildung und Wissenschaft
Hat je sein Gemüt verdorben.

   Gleichfalls sein Geist, sein Denken blieb
Ganz frei vom Einfluß abstrakter
Philosophie – Er blieb Er selbst!
Der Kobes ist ein Charakter.

   In seinem schönen Auge glänzt
Die Träne, die stereotype;
Und eine dicke Dummheit liegt
Beständig auf seiner Lippe.

   Er schwätzt und flennt und flennt und schwätzt,
Worte mit langen Ohren!
Eine schwangere Frau, die ihn reden gehört,
Hat einen Esel geboren.

   Mit Bücherschreiben und Stricken vertreibt
Er seine müßigen Stunden;
Es haben die Strümpfe, die er gestrickt,
Sehr großen Beifall gefunden.

   Apoll und die Musen muntern ihn auf,
Sich ganz zu widmen dem Stricken –

Sie erschrecken, sooft sie in seiner Hand
Einen Gänsekiel erblicken.

Das Stricken mahnt an die alte Zeit
Der Funken. Auf ihren Wachtposten
Standen sie strickend – die Helden von Köln,
Sie ließen die Eisen nicht rosten.

Wird Kobes Kaiser, so ruft er gewiß
Die Funken wieder ins Leben.
Die tapfere Schar wird seinen Thron
Als Kaisergarde umgeben.

Wohl möcht ihn gelüsten, an ihrer Spitz
In Frankreich einzudringen,
Elsaß, Burgund und Lothringerland
An Deutschland zurückzubringen.

Doch fürchtet nichts, er bleibt zu Haus;
Hier fesselt ihn friedliche Sendung,
Die Ausführung einer hohen Idee,
Des Kölner Doms Vollendung.

Ist aber der Dom zu Ende gebaut,
Dann wird sich der Kobes erbosen
Und mit dem Schwerte in der Hand
Zur Rechenschaft ziehn die Franzosen.

Er nimmt ihnen Elsaß und Lothringen ab,
Das sie dem Reiche entwendet,
Er zieht auch siegreich nach Burgund –
Sobald der Dom vollendet.

Ihr Deutsche! Bleibt ihr bei eurem Sinn,
Wollt ihr durchaus einen Kaiser,
So sei es ein Karnevalskaiser von Köln,
Und Kobes der Erste heiß er!

Die Gecken des Kölner Faschingvereins,
Mit klingelnden Schellenkappen,

Die sollen seine Minister sein;
Er trage den Strickstrumpf im Wappen.

Der Drickes sei Kanzler, und nenne sich
Graf Drickes von Drickeshausen;
Die Staatsmätresse Maritzebill,
Die soll den Kaiser lausen.

In seiner guten, heilgen Stadt Köln
Wird Kobes residieren –
Und hören die Kölner die frohe Mär,
Sie werden illuminieren.

Die Glocken, die eisernen Hunde der Luft,
Erheben ein Freudengebelle,
Und die heilgen drei Kön'ge aus Morgenland
Erwachen in ihrer Kapelle.

Sie treten hervor mit dem Klappergebein,
Sie tänzeln vor Wonne und springen.
Halleluja und Kyrie
Eleison hör ich sie singen. – –

So sprach das weiße Nachtgespenst,
Und lachte aus voller Kehle;
Das Echo scholl so schauerlich
Durch alle die hallenden Säle.

XXIII

Epilog

Unser Grab erwärmt der Ruhm.
Torenworte! Narrentum!
Eine beßre Wärme gibt
Eine Kuhmagd, die verliebt
Uns mit dicken Lippen küßt
Und beträchtlich riecht nach Mist.
Gleichfalls eine beßre Wärme
Wärmt dem Menschen die Gedärme,
Wenn er Glühwein trinkt und Punsch

Oder Grog nach Herzenswunsch
In den niedrigsten Spelunken,
Unter Dieben und Halunken,
Die dem Galgen sind entlaufen,
Aber leben, atmen, schnaufen,
Und beneidenswerter sind
Als der Thetis großes Kind –
Der Pelide sprach mit Recht:
Leben wie der ärmste Knecht
In der Oberwelt ist besser
Als am stygischen Gewässer
Schattenführer sein, ein Heros,
Den besungen selbst Homeros.

Deutschland

Deutschlands Ruhm will ich besingen.
Höret meinen schönsten Sang!
Höher will mein Geist sich schwingen,
Mich durchbebet Wonnedrang.

Vor mir liegt das Buch der Zeiten;
Was auf Erden hier geschehn;
Wie das Gut und Böse streiten,
Alles meine Blicke sehn.

Kam aus fernem Frankenlande
Einst die Hölle schlau, gewandt,
Brachte Schmach und schnöde Schande
In dem frommen, deutschen Land.

Und die Tugend und den Glauben
Und die Himmelsseligkeit –
Alles Gute sie uns rauben,
Gaben Sünde uns und Leid.

Deutsche Sonne wurde düster,
Will nicht leuchten deutscher Schand,
Und ein dumpfes Traurgeflüster
Sich durch deutsche Eichen wand.

Und die Sonne wurde lichter,
Und die Eiche rauschet Freud.
Kommen sind die Racherichter,
Wollen sühnen Schmach und Leid.

Und des Trugs Altäre wanken,
Stürzen ein im grausen Schlund.
Alle deutschen Herzen danken;
Frei ist deutscher, heilger Grund.

Siehst dus lodern hoch vom Berge?
Sag, was deut die Flamme wild?
's deut dies Feuer auf dem Berge
Deutschlands *reines*, starkes Bild.

Aus der Sündennacht enttauchet,
Stehet Deutschland unversehrt;
Noch die dumpfe Stelle rauchet,
Wo die schönre Form entgärt.

Aus dem Stamm der alten Eichen
Sprossen Blüten, herrlich, schön,
Und die fremden Blumen weichen;
Traulich grüßt das alte Wehn.

Alles Schöne kommet wieder,
Alles Gute kehrt zurück,
Und der Deutsche, fromm und bieder,
Froh genießt sein deutsches Glück.

Alte Sitte, alte Tugend,
Und der alte Heldenmut.
Schwerter schwinget Deutschlands Jugend;
Hermanns Enkel scheut kein Blut.

Helden zeugen keine Tauben,
Löwen gleich ist Hermanns Art;
Doch der Liebe schöner Glauben
Sei mit Stärke mild gepaart.

Eignes Leid dem Deutschen lehrte
Christus' sanftes Wort verstehn;
's zeugt nur Brüder deutsche Erde,
Nur die Menschlichkeit ist schön.

Auch die alte fromme Minne
Kehrt zurück, die Sängerlust;
Zierest herrlich, fromme Minne,
Deutschen Mannes Heldenbrust.

Er ist zogen aus im Kriege
In die heiße Frankenschlacht,
Um zu rächen Meineidslüge
Blutig mit gewaltger Macht.

Und daheim die Frauen regen
Liebevoll die sanfte Hand,
Und der heilgen Wunden pflegen,
Die geblut't fürs Vaterland.

Festlich in dem schwarzen Kleide
Glänzt das schöne deutsche Weib
Und mit Blumen und Geschmeide,
Demantgürtel schmückt den Leib.

Doch noch herrlicher geschmücket
Mit Gefallen ich sie schau,
Wenn am Krankenbett gebücket
Sorgend schafft die deutsche Frau.

Himmels Engeln wohl sie gleichet,
Wenn sie letzten Labetrank
Dem verwundten Krieger reichet;
Sterbend noch er lächelt Dank.

Mutig sich ein Grab erwerben
In der Feldschlacht – das ist süß;
Doch in Frauenarmen sterben,
Das ist Gottes Paradies.

Arme, arme Frankensöhne,
Euch war nicht das Schicksal hold;
An der Seine Strand die Schöne
Buhlet nur nach feilem Gold.

Deutsche Frauen, deutsche Frauen!
Welch ein Zauber birgt dies Wort!
Deutsche Frauen, deutsche Frauen,
Blühet lange, blühet fort!

Deutschlands Töchter wie Luise,
Deutschlands Söhne Friedrich gleich.
Hör im Grabe mich, Luise!
Herrlich blüh das deutsche Reich!

– 1819 –

Deutschland
(Ein Fragment)

Sohn der Torheit! Träume immer,
Wenn dir 's Herz im Busen schwillt;
Doch im Leben suche nimmer
Deines Traumes Ebenbild!

Einst stand ich in schönern Tagen
Auf dem höchsten Berg am Rhein;
Deutschlands Gauen vor mir lagen,
Blühend hell im Sonnenschein.

Unten murmelten die Wogen
Wilde Zaubermelodein;
Süße Ahndungsschauer zogen
Schmeichelnd in mein Herz hinein.

Lausch ich jetzt im Sang der Wogen,
Klingt viel andre Melodei:
Schöner Traum ist längst verflogen,
Schöner Wahn brach längst entzwei.

Schau ich jetzt von meinem Berge
In das deutsche Land hinab:
Seh ich nur ein Völklein Zwerge,
Kriechend auf der Riesen Grab.

Such ich jetzt den goldnen Frieden,
Den das deutsche Blut ersiegt,
Seh ich nur die Kette schmieden,
Die den deutschen Nacken biegt.

Narren hör ich jene schelten,
Die dem Feind in wilder Schlacht
Kühn die Brust entgegenstellten,
Opfernd selbst sich dargebracht.

O der Schande! Jene darben,
Die das Vaterland befreit;
Ihrer Wunden heilge Narben
Deckt ein grobes Bettlerkleid!

Muttersöhnchen gehn in Seide,
Nennen sich des Volkes Kern,
Schurken tragen Ehrgeschmeide,
Söldner brüsten sich als Herrn.

Nur ein Spottbild auf die Ahnen
Ist das Volk im deutschen Kleid;
Und die alten Röcke mahnen
Schmerzlich an die alte Zeit:

Wo die Sitte und die Tugend
Prunklos gingen Hand in Hand;
Wo mit Ehrfurchtscheu die Jugend
Vor dem Greisenalter stand;

Wo kein Jüngling seinem Mädchen
Modeseufzer vorgelügt;
Wo kein witziges Despötchen
Meineid in System gefügt;

Wo ein Handschlag mehr als Eide
Und Notarienakte war;
Wo ein Mann im Eisenkleide,
Und ein Herz im Manne war. –

Unsre Gartenbeete hegen
Tausend Blumen wunderfein,
Schwelgend in des Bodens Segen,
Lind umspielt von Sonnenschein.

Doch die allerschönste Blume
Blüht in unsern Gärten nie,
Sie, die einst im Altertume
Selbst auf felsger Höh gedieh;

Die auf kalter Bergesfeste
Männer mit der Eisenhand
Pflegten als der Blumen beste –
Gastlichkeit wird sie genannt.

Müder Wandrer, steige nimmer
Nach der hohen Burg hinan,
Statt der gastlich warmen Zimmer,
Kalte Wände dich empfahn.

Von dem Wartturm bläst kein Wächter,
Keine Fallbrück rollt herab;
Denn der Burgherr und der Wächter
Schlummern längst im kühlen Grab.

In den dunkeln Särgen ruhen
Auch die Frauen minnehold;
Wahrlich hegen solche Truhen
Reichern Schatz denn Perl und Gold.

Heimlich schauern da die Lüfte
Wie von Minnesängerhauch;
Denn in diese heilgen Grüfte
Stieg die fromme Minne auch.

Zwar auch unsre Damen preis ich,
Denn sie blühen wie der Mai;
Lieben auch und üben fleißig
Tanzen, Sticken, Malerei;

Singen auch in süßen Reimen
Von der alten Lieb und Treu;
Freilich zweiflend im geheimen:
Ob das Märchen möglich sei?

Unsre Mütter einst erkannten,
Sinnig, wie die Einfalt pflegt,
Daß den schönsten der Demanten
Nur der Mensch im Busen trägt.

Ganz nicht aus der Art geschlagen
Sind die klugen Töchterlein,
Denn die Fraun in unsern Tagen
Lieben auch die Edelstein.

Traum der Freundschaft – – – –
– – – – – – –
– – – – – – – –
– – – – – –

Mocht auch Aberglauben herrschen
– – – – – – –
– – – – – – – –
– – – – – –

Denn die schöne Jordansperle
Hat des Römers Geiz verfälscht,
– – – – – – –
– – – – – –

Fort, ihr Bilder schönrer Tage!
Weicht zurück in eure Nacht!
Weckt nicht mehr die eitle Klage
Um die Zeit, die uns versagt!

– 1821 –

Das projektierte Denkmal Goethes
zu Frankfurt am Main

Hört zu, ihr deutschen Männer, Mädchen, Frauen,
Und sammelt Subskribenten unverdrossen!
Frankfurts Bewohner haben jetzt beschlossen,
Ein Ehrendenkmal Goethen zu erbauen.
»Zur Meßzeit wird der fremde Krämer schauen«, –
So denken sie – »daß *wir* des Manns Genossen,
Daß *unserm* Boden solche Blum entsprossen,
Und blindlings wird man *uns* im Handel trauen.«
O, laßt dem Dichter seine Lorbeerreiser,
Ihr Handelsherrn! Behaltet euer Geld.
Ein Denkmal hat sich Goethe selbst gesetzt.
In Windeln war er einst *euch nah*, doch jetzt
Trennt *euch* von Goethe eine ganze Welt,
Euch, die ein Flüßlein trennt vom Sachsenhäuser.

– 1822 –

Blamier mich nicht, mein schönes Kind,
Und grüß mich nicht unter den Linden;
Wenn wir nachher zu Hause sind,
Wird sich schon alles finden.

– 1823 –

Am Werfte zu Kuxhaven
Da ist ein schöner Ort,
Der heißt »die alte Liebe«,
Die meinige ließ ich dort.

– 1824 –

Burleskes Sonett

Wie nähm die Armut bald bei mir ein Ende,
Wüßt ich den Pinsel kunstgerecht zu führen
Und hübsch mit bunten Bildern zu verzieren
Der Kirchen und der Schlösser stolze Wände.

Wie flösse bald mir zu des Goldes Spende,
Wüßt ich auf Flöten, Geigen und Klavieren
So rührend und so fein zu musizieren,
Daß Herrn und Damen klatschten in die Hände.

Doch, ach! mir Armen lächelt Mammon nie;
Denn leider, leider! trieb ich dich alleine,
Brotloseste der Künste, Poesie!

Und ach! wenn andre sich mit vollen Humpen
Zum Gotte trinken in Champagnerweine,
Dann muß ich dürsten, oder ich muß – pumpen.

—

Lieben und Hassen, Hassen und Lieben
Ist alles über mich hingegangen;
Doch blieb von allem nichts an mir hangen,
Ich bin der allerselbe geblieben.

—

Daß ich dich liebe, o Möpschen,
Das ist dir wohlbekannt.
Wenn ich mit Zucker dich füttre,
So leckst du mir die Hand.

Du willst auch nur ein Hund sein,
Und willst nicht scheinen mehr;
All meine übrigen Freunde
Verstellen sich zu sehr.

Berlin[1]

Berlin! Berlin! du großes Jammertal,
Bei dir ist nichts zu finden als lauter Angst und Qual.
Der Offizier ist hitzig, der Zorn und der ist groß:
Miserabel ist das Leben, das man erfahren muß.

    Und wenns dann Sommer ist,
So ist eine große Hitz;
So müssen wir exerzieren,
Daß uns der Buckel schwitzt.

    Komm ich auf Wachtparad
Und tu ein falschen Schritt,
So ruft der Adjutant:
»Den Kerl dort aus dem Glied!

    Die Tasche herunter,
Den Säbel abgelegt,
Und tapfer draufgeschlagen,
Daß er sich nicht mehr regt!«

    Und wenns dann Friede ist,
Die Kräfte sind dahin;
Die Gesundheit ist verloren,
Wo sollen wir denn nun hin?

    Alsdann so wird es heißen:
Ein Vogel und kein Nest.
Nun, Bruder, häng den Schnappsack an,
Du bist Soldat gewest.

[1] Dieses Volkslied, welches, wie die Prügel-Erwähnung andeutet, aus früheren Zeiten herstammt, ist im Hannövrischen aus dem Munde des Volkes aufgeschrieben worden.   H. Heine

An Edom!

Ein Jahrtausend schon und länger
Dulden wir uns brüderlich;
Du, du duldest, daß ich atme,
Daß du rasest, dulde ich.

Manchmal nur, in dunkeln Zeiten,
Ward dir wunderlich zu Mut,
Und die liebefrommen Tätzchen
Färbtest du mit meinem Blut.

Jetzt wird unsre Freundschaft fester,
Und noch täglich nimmt sie zu;
Denn ich selbst begann zu rasen,
Und ich werde fast wie du!

Einem Abtrünnigen

O des heilgen Jugendmutes!
O, wie schnell bist du gebändigt!
Und du hast dich, kühlern Blutes,
Mit den lieben Herrn verständigt.

Und du bist zu Kreuz gekrochen,
Zu dem Kreuz, das du verachtest,
Das du noch vor wenig Wochen
In den Staub zu treten dachtest!

O, das tut das viele Lesen
Jener Schlegel, Haller, Burke –
Gestern noch ein Held gewesen,
Ist man heute schon ein Schurke.

—

Brich aus in lauten Klagen,
Du düstres Martyrerlied,
Das ich so lang getragen
Im flammenstillen Gemüt!

Es dringt in alle Ohren,
Und durch die Ohren ins Herz;
Ich habe gewaltig beschworen
Den tausendjährigen Schmerz.

Es weinen die Großen und Kleinen,
Sogar die kalten Herrn,
Die Frauen und Blumen weinen,
Es weinen am Himmel die Stern.

Und alle die Tränen fließen
Nach Süden im stillen Verein,
Sie fließen und ergießen
Sich all in den Jordan hinein.

– 1826 –

O, mein genädiges Fräulein, erlaubt
Mir kranken Sohn der Musen,
Daß schlummernd ruhe mein Sängerhaupt
Auf Eurem Schwanenbusen!

»Mein Herr, wie können Sie es wagen,
Mir so was in Gesellschaft zu sagen?«

———

Himmlisch wars, wenn ich bezwang
Meine sündige Begier,
Aber wenns mir nicht gelang,
Hatt ich doch ein groß Pläsier.

———

Schöne, wirtschaftliche Dame,
Haus und Hof ist wohlbestellt,
Wohlversorgt ist Stall und Keller,
Wohlbeackert ist das Feld.

Jeder Winkel in dem Garten
Ist gereutet und geputzt,
Und das Stroh, das ausgedroschne,
Wird für Betten noch benutzt.

Doch dein Herz und deine Lippen,
Schöne Dame, liegen brach,
Und zur Hälfte nur benutzet
Ist dein trautes Schlafgemach.

Seekrankheit

Die grauen Nachmittagswolken
Senken sich tiefer hinab auf das Meer,
Das ihnen dunkel entgegensteigt,
Und zwischendurch jagt das Schiff.

Seekrank sitz ich noch immer am Mastbaum,
Und mache Betrachtungen über mich selber,
Uralte, aschgraue Betrachtungen,
Die schon der Vater Lot gemacht,
Als er des Guten zu viel genossen,
Und sich nachher so übel befand.
Mitunter denk ich auch alter Geschichten:
Wie kreuzbezeichnete Pilger der Vorzeit,
Auf stürmischer Meerfahrt, das trostreiche Bildnis
Der heiligen Jungfrau gläubig küßten;
Wie kranke Ritter, in solcher Seenot,
Den lieben Handschuh ihrer Dame
An die Lippen preßten, gleich getröstet –
Ich aber sitze und kaue verdrießlich
Einen alten Hering, den salzigen Tröster
In Katzenjammer und Hundetrübsal!

Unterdessen kämpft das Schiff
Mit der wilden, wogenden Flut;
Wie 'n bäumendes Schlachtroß, stellt es sich jetzt
Auf das Hinterteil, daß das Steuer kracht,
Jetzt stürzt es kopfüber wieder hinab
In den heulenden Wasserschlund,
Dann wieder, wie sorglos liebematt,
Denkt es sich hinzulegen
An den schwarzen Busen der Riesenwelle,
Die mächtig heranbraust,
Und plötzlich, ein wüster Meerwasserfall,

In weißem Gekräusel zusammenstürzt,
Und mich selbst mit Schaum bedeckt.

   Dieses Schwanken und Schweben und Schaukeln
Ist unerträglich!
Vergebens späht mein Auge und sucht
Die deutsche Küste. Doch ach! nur Wasser,
Und abermals Wasser, bewegtes Wasser!

   Wie der Winterwandrer des Abends sich sehnt
Nach einer warmen, innigen Tasse Tee,
So sehnt sich jetzt mein Herz nach dir,
Mein deutsches Vaterland!
Mag immerhin dein süßer Boden bedeckt sein
Mit Wahnsinn, Husaren, schlechten Versen
Und laulig dünnen Traktätchen;
Mögen immerhin deine Zebras
Mit Rosen sich mästen statt mit Disteln;
Mögen immerhin deine noblen Affen
In müßigem Putz sich vornehm spreizen,
Und sich besser dünken als all das andre
Banausisch schwer hinwandelnde Hornvieh;
Mag immerhin deine Schneckenversammlung
Sich für unsterblich halten,
Weil sie so langsam dahinkriecht,
Und mag sie täglich Stimmen sammeln,
Ob den Maden des Käses der Käse gehört?
Und noch lange Zeit in Beratung ziehn,
Wie man die ägyptischen Schafe veredle,
Damit ihre Wolle sich beßre
Und der Hirt sie scheren könne wie andre,
Ohn Unterschied –
Immerhin, mag Torheit und Unrecht
Dich ganz bedecken, o Deutschland!
Ich sehne mich dennoch nach dir:
Denn wenigstens bist du doch festes Land.

– 1830 –

Zu der Lauheit und der Flauheit
Deiner Seele paßte nicht
Meiner Liebe wilde Rauheit,
Die sich Bahn durch Felsen bricht.

Du, du liebtest die Chausseen,
In der Liebe, und ich schau
Dich am Arm des Gatten gehen,
Eine brave, schwangre Frau.

—

In den Küssen welche Lüge!
Welche Wonne in dem Schein!
Ach, wie süß ist das Betrügen,
Süßer das Betrogensein!

Liebchen, wie du dich auch wehrest,
Weiß ich doch, was du erlaubst;
Glauben will ich, was du schwörest,
Schwören will ich, was du glaubst.

—

Ich mache die kleinen Lieder
Der Herzallerliebsten mein,
Die heben ihr klingend Gefieder
Und fliegen zu dir hinein.

Es stammen die kleinen Jungen
Vom schnalzenden Herrn Gemahl,
Die kommen zu dir gesprungen
Über Wiese, Busch und Tal.

Die Leute so gerne weilen
Bei meiner Lieder Chor;
Doch bei der Jungen Heulen
Sie halten sich zu das Ohr.

Und der dies Lied gesungen,
Der liegt allein in der Nacht
Und hätte weit lieber die Jungen,
Ach, als die Lieder gemacht!

—

Das macht den Menschen glücklich,
Das macht den Menschen matt,
Wenn er drei sehr schöne Geliebte
Und nur zwei Beine hat.

Der einen lauf ich des Morgens,
Der andern des Abends nach;
Die dritte kommt zu mir des Mittags
Wohl unter mein eignes Dach.

Lebt wohl, ihr drei Geliebten,
Ich hab zwei Beine nur,
Ich will in ländlicher Stille
Genießen die schöne Natur.

—

Mit dummen Mädchen, hab' ich gedacht,
Nichts ist mit dummen anzufangen;
Doch als ich mich an die klugen gemacht,
Da ist es mir noch schlimmer ergangen.

Die klugen waren mir viel zu klug,
Ihr Fragen machte mich ungeduldig,
Und wenn ich selber das Wichtigste frug,
Da blieben sie lachend die Antwort schuldig.

—

Stehst du in vertrautem Umgang mit Damen,
Schweig, Freundchen, still, und nenne nie Namen:
Um ihretwillen, wenn sie fein sind,
Um deinetwillen, wenn sie gemein sind.

Hymnus

Ich bin das Schwert, ich bin die Flamme.

Ich habe euch erleuchtet in der Dunkelheit, und als die Schlacht begann, focht ich voran in der ersten Reihe.

Rund um mich her liegen die Leichen meiner Freunde, aber wir haben gesiegt. Wir haben gesiegt, aber rund umher liegen die Leichen meiner Freunde. In die jauchzenden Triumphgesänge tönen die Choräle der Totenfeier. Wir haben aber weder Zeit zur Freude noch zur Trauer. Aufs neue erklingen die Trommeten, es gilt neuen Kampf –

Ich bin das Schwert, ich bin die Flamme.

Stoßseufzer

Unbequemer neuer Glauben!
Wenn sie uns den Herrgott rauben,
Hat das Fluchen auch ein End –
Himmel-Herrgott-Sakrament!

Wir entbehren leicht das Beten,
Doch das Fluchen ist vonnöten,
Wenn man gegen Feinde rennt –
Himmel-Herrgott-Sakrament!

Nicht zum Lieben, nein, zum Hassen
Sollt ihr uns den Herrgott lassen,
Weil man sonst nicht fluchen könnt –
Himmel-Herrgott-Sakrament!

– 1833 –

Lebewohl

Hatte wie ein Pelikan
Dich mit eignem Blut getränket,
Und du hast mir jetzt zum Dank
Gall und Wermut eingeschenket.

Böse war es nicht gemeint,
Und so heiter blieb die Stirne,
Leider mit Vergeßlichkeit
Angefüllt ist dein Gehirne.

Nun leb wohl – du merkst es kaum,
Daß ich weinend von dir scheide.
Gott erhalte, Törin, dir
Flattersinn und Lebensfreude!

– 1840 –

Deutschland!
(Geschrieben im Sommer 1840)

Deutschland ist noch ein kleines Kind,
Doch die Sonne ist seine Amme;
Sie säugt es nicht mit stiller Milch,
Sie säugt es mit wilder Flamme.

Bei solcher Nahrung wächst man schnell
Und kocht das Blut in den Adern.
Ihr Nachbarskinder, hütet euch,
Mit dem jungen Burschen zu hadern!

Es ist ein täppisches Rieselein,
Reißt aus dem Boden die Eiche,
Und schlägt euch damit den Rücken wund
Und die Köpfe windelweiche.

Dem Siegfried gleicht er, dem edlen Fant,
Von dem wir singen und sagen;
Der hat, nachdem er geschmiedet sein Schwert,
Den Amboß entzwei geschlagen!

Ja, du wirst einst wie Siegfried sein
Und töten den häßlichen Drachen,
Heisa! wie freudig vom Himmel herab
Wird deine Frau Amme lachen!

Du wirst ihn töten, und seinen Hort,
Die Reichskleinodien, besitzen.
Heisa! wie wird auf deinem Haupt
Die goldne Krone blitzen!

– 1841 –

Für eine Grille – keckes Wagen! –
Hab ich das Leben eingesetzt;
Und nun das Spiel verloren jetzt,
Mein Herz, du darfst dich nicht beklagen.

Die Sachsen sagen: »Minschenwille
Ist Minschenhimmelryk« – Ich gab
Das Leben hin, jedoch ich hab
Verwirklicht meines Herzens Grille!

Die Seligkeit, die ich empfunden
Darob, war nur von kurzer Frist:
Doch wer von Wonne trunken ist,
Der rechnet nicht nach eitel Stunden.

Wo Seligkeit, ist Ewigkeit;
Hier lodern alle Liebesflammen
In eine einzge Glut zusammen,
Hier gibt es weder Raum noch Zeit.

An Georg Herwegh

Herwegh, du eiserne Lerche,
Mit klirrendem Jubel steigst du empor
Zum heiligen Sonnenlichte!
Ward wirklich der Winter zu nichte?
Steht wirklich Deutschland im Frühlingsflor?

Herwegh, du eiserne Lerche,
Weil du so himmelhoch dich schwingst,
Hast du die Erde aus dem Gesichte
Verloren – Nur in deinem Gedichte
Lebt jener Lenz, den du besingst.

– 1842 –

Im lieben Deutschland daheime,
Da wachsen viel Lebensbäume;
Doch lockt die Kirsche noch so sehr,
Die Vogelscheuche schreckt noch mehr.

Wir lassen uns wie Spatzen
Einschüchtern von Teufelsfratzen;
Wie auch die Kirsche lacht und blüht,
Wir singen ein Entsagungslied:

Die Kirschen sind von außen rot,
Doch drinnen steckt als Kern der Tod;
Nur droben, wo die Sterne,
Gibts Kirschen ohne Kerne.

Gott Vater, Gott Sohn, Gott heiliger Geist,
Die unsere Seele lobt und preist –
Nach diesen sehnet ewiglich
Die arme deutsche Seele sich.

– 1843 –

An einen politischen Dichter

Du singst, wie einst Tyrtäus sang,
Von Heldenmut beseelet,
Doch hast du schlecht dein Publikum
Und deine Zeit gewählet.

Beifällig horchen sie dir zwar,
Und loben, schier begeistert:
Wie edel dein Gedankenflug,
Wie du die Form bemeistert.

Sie pflegen auch beim Glase Wein
Ein Vivat dir zu bringen
Und manchen Schlachtgesang von dir
Laut brüllend nachzusingen.

Der Knecht singt gern ein Freiheitslied
Des Abends in der Schenke:
Das fördert die Verdauungskraft,
Und würzet die Getränke.

Lobgesänge auf König Ludwig

I

Das ist der Herr Ludwig von Bayerland,
Desgleichen gibt es wenig;
Das Volk der Bavaren verehrt in ihm
Den angestammelten König.

Er liebt die Kunst, und die schönsten Fraun
Die läßt er porträtieren;
Er geht in diesem gemalten Serail
Als Kunst-Eunuch spazieren.

Bei Regensburg läßt er erbaun
Eine marmorne Schädelstätte,

Und er hat höchstselbst für jeden Kopf
Verfertigt die Etikette.

»Walhallagenossen«, ein Meisterwerk,
Worin er jedweden Mannes
Verdienste, Charakter und Taten gerühmt,
Von Teut bis Schinderhannes.

Nur Luther, der Dickkopf, fehlt in Walhall,
Und es feiert ihn nicht der Walhall-Wisch;
In Naturaliensammlungen fehlt
Oft unter den Fischen der Walfisch.

Herr Ludwig ist ein großer Poet,
Und singt er, so stürzt Apollo
Vor ihm auf die Kniee und bittet und fleht:
Halt ein! Ich werde sonst toll, o!

Herr Ludwig ist ein mutiger Held,
Wie Otto, das Kind, sein Söhnchen;
Der kriegte den Durchfall zu Athen,
Und hat dort besudelt sein Thrönchen.

Stirbt einst Herr Ludwig, so kanonisiert
Zu Rom ihn der Heilige Vater –
Die Glorie paßt für ein solches Gesicht,
Wie Manschetten für unseren Kater!

Sobald auch die Affen und Känguruhs
Zum Christentum sich bekehren,
Sie werden gewiß Sankt Ludewig
Als Schutzpatron verehren.

2

Herr Ludewig von Bayerland
Sprach seufzend zu sich selber:
Der Sommer weicht, der Winter naht,
Das Laub wird immer gelber.

Der Schelling und der Cornelius,
Sie mögen von dannen wandern;
Dem einen erlosch im Kopf die Vernunft,
Die Phantasie dem andern.

Doch daß man aus meiner Krone stahl
Die beste Perle, daß man
Mir meinen Turnkunstmeister geraubt,
Das Menschenjuwel, den Maßmann –

Das hat mich gebeugt, das hat mich geknickt,
Das hat mir die Seele zerschmettert:
Mir fehlt jetzt der Mann, der in seiner Kunst
Den höchsten Pfahl erklettert!

Ich sehe die kurzen Beinchen nicht mehr,
Nicht mehr die platte Nase;
Er schlug wie ein Pudel frisch-fromm-fröhlich-frei
Die Purzelbäume im Grase.

Nur Altdeutsch verstand er, der Patriot,
Nur Jakob-Grimmisch und Zeunisch;
Fremdwörter blieben ihm immer fremd,
Griechisch zumal und Lateinisch.

Er hat, ein vaterländisch Gemüt,
Nur Eichelkaffee getrunken,
Franzosen fraß er und Limburger Käs,
Nach letzterm hat er gestunken.

O Schwager! gib mir den Maßmann zurück!
Denn unter den Gesichtern
Ist sein Gesicht, was ich selber bin,
Als Dichter unter den Dichtern.

O Schwager! behalt den Cornelius,
Auch Schelling (daß du den Rückert
Behalten kannst, versteht sich von selbst) –
Wenn nur der Maßmann zurückkehrt!

O Schwager! begnüge dich mit dem Ruhm,
Daß du mich verdunkelt heute;
Ich, der in Deutschland der Erste war,
Ich bin nur noch der Zweite ...

3

Zu München in der Schloßkapell
Steht eine schöne Madonne;
Sie trägt in den Armen ihr Jesulein,
Der Welt und des Himmels Wonne.

Als Ludewig von Bayerland
Das Heiligenbild erblicket,
Da kniete er nieder andachtsvoll
Und stotterte selig verzücket:

»Maria, Himmelskönigin,
Du Fürstin sonder Mängel!
Aus Heilgen besteht dein Hofgesind,
Und deine Diener sind Engel.

Geflügelte Pagen warten dir auf,
Sie flechten dir Blumen und Bänder
Ins goldene Haar, sie tragen dir nach
Die Schleppe deiner Gewänder.

Maria, reiner Morgenstern,
Du Lilje sonder Makel,
Du hast so manches Wunder getan,
So manches fromme Mirakel –

O, laß aus deiner Gnaden Born
Auch mir ein Tröpflein gleiten!
Gib mir ein Zeichen deiner Huld,
Der hochgebenedeiten!«

Die Muttergottes bewegt sich alsbald,
Sichtbar bewegt sich ihr Mündchen,
Sie schüttelt ungeduldig das Haupt
Und spricht zu ihrem Kindchen:

»Es ist ein Glück, daß ich auf dem Arm
Dich trage und nicht mehr im Bauche,
Ein Glück, daß ich vor dem Versehn
Mich nicht mehr zu fürchten brauche.

Hätt ich in meiner Schwangerschaft
Erblickt den häßlichen Toren,
Ich hätte gewiß einen Wechselbalg
Statt eines Gottes geboren.«

König Ludwig an den König von Preußen

Stammverwandter Hohenzoller,
Sei dem Wittelsbach kein Groller;
Zürne nicht ob Lola Montez,
Selber habend nie gekonnt es.

– 1844 –

Die Hexe

»Liebe Nachbarn, mit Vergunst!
Eine Hex, durch Zauberkunst,
Kann sich in ein Tier verwandeln,
Um die Menschen zu mißhandeln.

Eure Katz ist meine Frau;
Ich erkenne sie genau
Am Geruch, am Glanz der Augen,
Spinnen, Schnurren, Pfötchensaugen...«

Der Nachbar und die Nachbarin,
Sie riefen: »Jürgen, nimm sie hin!«
Der Hofhund bellt: Wau! wau!
Die Katze schreit: Miau!

Die schlesischen Weber

Im düstern Auge keine Träne,
Sie sitzen am Webstuhl und fletschen die Zähne:
Deutschland, wir weben dein Leichentuch,
Wir weben hinein den dreifachen Fluch –
    Wir weben, wir weben!

Ein Fluch dem Gotte, zu dem wir gebeten
In Winterskälte und Hungersnöten;
Wir haben vergebens gehofft und geharrt,
Er hat uns geäfft und gefoppt und genarrt –
    Wir weben, wir weben!

Ein Fluch dem König, dem König der Reichen,
Den unser Elend nicht konnte erweichen,
Der den letzten Groschen von uns erpreßt
Und uns wie Hunde erschießen läßt –
    Wir weben, wir weben!

Ein Fluch dem falschen Vaterlande,
Wo nur gedeihen Schmach und Schande,
Wo jede Blume früh geknickt,
Wo Fäulnis und Moder den Wurm erquickt –
    Wir weben, wir weben!

Das Schiffchen fliegt, der Webstuhl kracht,
Wir weben emsig Tag und Nacht –
Altdeutschland, wir weben dein Leichentuch,
Wir weben hinein den dreifachen Fluch,
    Wir weben, wir weben!

– 1845 –

Hände küssen, Hüte rücken,
Kniee beugen, Häupter bücken,
Kind, das ist nur Gaukelei,
Denn das Herz denkt nichts dabei!

– 1846 –

Das Hohelied

Des Weibes Leib ist ein Gedicht,
Das Gott der Herr geschrieben
Ins große Stammbuch der Natur,
Als ihn der Geist getrieben.

Ja, günstig war die Stunde ihm,
Der Gott war hochbegeistert;
Er hat den spröden, rebellischen Stoff
Ganz künstlerisch bemeistert.

Fürwahr, der Leib des Weibes ist
Das Hohelied der Lieder;
Gar wunderbare Strophen sind
Die schlanken, weißen Glieder.

O welche göttliche Idee
Ist dieser Hals, der blanke,
Worauf sich wiegt der kleine Kopf,
Der lockige Hauptgedanke!

Der Brüstchen Rosenknospen sind
Epigrammatisch gefeilet;
Unsäglich entzückend ist die Zäsur,
Die streng den Busen teilet.

Den plastischen Schöpfer offenbart
Der Hüften Parallele;
Der Zwischensatz mit dem Feigenblatt
Ist auch eine schöne Stelle.

Das ist kein abstraktes Begriffspoem!
Das Lied hat Fleisch und Rippen,
Hat Hand und Fuß; es lacht und küßt
Mit schön gereimten Lippen.

Hier atmet wahre Poesie!
Anmut in jeder Wendung!

Und auf der Stirne trägt das Lied
Den Stempel der Vollendung.

Lobsingen will ich dir, o Herr,
Und dich im Staub anbeten!
Wir sind nur Stümper gegen dich,
Den himmlischen Poeten.

Versenken will ich mich, o Herr,
In deines Liedes Prächten;
Ich widme seinem Studium
Den Tag mitsamt den Nächten.

Ja, Tag und Nacht studier ich dran,
Will keine Zeit verlieren;
Die Beine werden mir so dünn –
Das kommt vom vielen Studieren.

Der neue Alexander

I

Es ist ein König in Thule, der trinkt
Champagner, es geht ihm nichts drüber;
Und wenn er seinen Champagner trinkt,
Dann gehen die Augen ihm über.

Die Ritter sitzen um ihn her,
Die ganze historische Schule;
Ihm aber wird die Zunge schwer,
Es lallt der König von Thule:

»Als Alexander, der Griechenheld,
Mit seinem kleinen Haufen,
Erobert hat die ganze Welt,
Da gab er sich ans Saufen.

Ihn hatten so durstig gemacht der Krieg
Und die Schlachten, die er geschlagen;

Er soff sich zu Tode nach dem Sieg,
Er konnte nicht viel vertragen.

Ich aber bin ein stärkerer Mann
Und habe mich klüger besonnen:
Wie jener endete, fang ich an,
Ich hab mit dem Trinken begonnen.

Im Rausche wird der Heldenzug
Mir später weit besser gelingen;
Dann werde ich, taumelnd von Krug zu Krug,
Die ganze Welt bezwingen.«

2

Erster Feldzug

Da sitzt er und schwatzt, mit lallender Zung,
Der neue Alexander;
Der Plan der Welteroberung,
Den setzt er auseinander:

»Lothringen und Elsaß, das weiß ich längst,
Die fallen uns zu von selber;
Der Stute folgt am End der Hengst,
Es folgen der Kuh die Kälber.

Mich lockt die Champagne, das beßre Land,
Wo jene Reben sprießen,
Die lieblich erleuchten unsern Verstand
Und uns das Leben versüßen.

Hier soll sich erproben mein Kriegesmut,
Hier soll der Feldzug beginnen;
Es knallen die Pfropfen, das weiße Blut
Wird aus den Flaschen rinnen.

Hier wird mein junges Heldentum
Bis zu den Sternen moussieren!
Ich aber verfolge meinen Ruhm,
Ich will auf Paris marschieren.

Dort vor der Barriere mach ich halt,
Denn vor den Barrierepforten
Da wird kein Oktroi bezahlt
Für Wein von allen Sorten.«

3

Mein Lehrer, mein Aristoteles,
Der war zuerst ein Pfäffchen
Von der französischen Kolonie,
Und trug ein weißes Beffchen.

Er hat nachher als Philosoph
Vermittelt die Extreme,
Und leider Gottes hat er mich
Erzogen nach seinem Systeme.

Ich ward ein Zwitter, ein Mittelding,
Das weder Fleisch noch Fisch ist,
Das von den Extremen unsrer Zeit
Ein närrisches Gemisch ist.

Ich bin nicht schlecht, ich bin nicht gut,
Nicht dumm und nicht gescheute,
Und wenn ich gestern vorwärts ging,
So geh ich rückwärts heute.

Ein aufgeklärter Obskurant,
Und weder Hengst noch Stute!
Ja, ich begeistre mich zugleich
Für Sophokles und die Knute.

Herr Jesus ist meine Zuversicht,
Doch auch den Bacchus nehme
Ich mir zum Tröster, vermittelnd stets
Die beiden Götter-Extreme.«

Welsche Sage

Zu Turin, im alten Schlosse,
Sehen wir, aus Stein gemetzt,

Wie ein Weib mit einem Rosse
Sodomitisch sich ergötzt.

Und es heißt: daß jene Dame
Die erlauchte Mutter ward
Eines Fürstenstamms; der Same
Schlug fürwahr nicht aus der Art.

Ja, sie hatten alle wenig
Von der menschlichen Natur!
Und an jedem Sardenkönig
Merkte man die Pferdespur.

Stets brutal zugleich und blöde,
Stallgedanken, jammervoll,
Ein Gewieher ihre Rede,
Eine Bestie jeder Zoll.

Du allein, du des Geschlechtes
Letzter Sprößling, fühlst und denkst
Wie ein Mensch, und hast ein echtes
Christenherz, und bist kein Hengst.

Unsere Marine
Nautisches Gedicht

Wir träumten von einer Flotte jüngst,
Und segelten schon vergnüglich
Hinaus aufs balkenlose Meer,
Der Wind war ganz vorzüglich.

Wir hatten unsern Fregatten schon
Die stolzesten Namen gegeben;
Prutz hieß die eine, die andre hieß
Hoffmann von Fallersleben.

Da schwamm der Kutter Freiligrath,
Darauf als Puppe die Büste
Des Mohrenkönigs, die wie ein Mond
(Versteht sich, wie ein schwarzer!) grüßte.

Da kamen geschwommen ein Gustav Schwab,
Ein Pfizer, ein Kölle, ein Mayer;
Auf jedem stand ein Schwabengesicht
Mit einer hölzernen Leier.

Da schwamm die Birch-Pfeiffer, eine Brigg,
Sie trug am Fockmast das Wappen
Der deutschen Admiralität
Auf schwarz-rot-goldnem Lappen.

Wir kletterten keck an Bugspriet und Rahn
Und trugen uns wie Matrosen,
Die Jacke kurz, der Hut beteert,
Und weite Schifferhosen.

Gar mancher, der früher nur Tee genoß
Als wohlerzogener Ehmann,
Der soff jetzt Rum und kaute Tabak,
Und fluchte wie ein Seemann.

Seekrank ist mancher geworden sogar,
Und auf dem Fallersleben,
Dem alten Brander, hat mancher sich
Gemütlich übergeben.

Wir träumten so schön, wir hatten fast
Schon eine Seeschlacht gewonnen –
Doch als die Morgensonne kam,
Ist Traum und Flotte zerronnen.

Wir lagen noch immer im heimischen Bett
Mit ausgestreckten Knochen.
Wir rieben uns aus den Augen den Schlaf,
Und haben gähnend gesprochen:

»Die Welt ist rund. Was nützt es am End,
Zu schaukeln auf müßiger Welle!
Der Weltumsegler kommt zuletzt
Zurück auf dieselbe Stelle.«

– 1849 –

Festgedicht

Beeren-Meyer, Meyer-Beer!
Welch ein Lärm, was ist der Mär?
Willst du wirklich jetzt gebären
Und den Heiland uns bescheren,
Der verheißen, der versprochen?
Kommst du wirklich in die Wochen?
Das ersehnte Meisterstück
Dreizehnjähriger Kolik,
Kommt das Schmerzenskind am End,
Das man »Jan von Leyden« nennt?

Nein, es ist nicht mehr Erfindung
Der Journale – die Entbindung
Ist vollbracht, sie ist geschehen!
Überstanden sind die Wehen;
Der verehrte Wöchner liegt
mit verklärtem Angesicht
In dem angstbetränten Bette!
Eine warme Serviette
Legt ihm Gouin auf den Bauch,
Welcher schlaff wie'n leerer Schlauch.
Doch die Kindbettzimmerstille
Unterbricht ein laut Gebrülle
Plötzlich – es erschmettern hell
Die Posaunen, Israel
Ruft mit tausend Stimmen: »Heil!«
(Unbezahlt zum größten Teil),
»Heil dem Meister, der uns teuer,
Heil dem großen Beeren-Meyer,
Heil dem großen Meyer-Beer!
Der nach Nöten, lang und schwer,
Der nach langen, schweren Nöten
Uns geboren den Propheten!«

Aus dem Jubilantenchor
Tritt ein junger Mann hervor,
Der gebürtig ist aus Preußen

Und Herr Brandus ist geheißen.
Sehr bescheiden ist die Miene
(Ob ihn gleich ein Beduine,
Ein berühmter Rattenfänger,
Sein Musikverlagsvorgänger,
Eingeschult in jeden Rummel),
Er ergreifet eine Trummel,
Paukt drauflos im Siegesrausche,
Wie einst Mirjam tat, als Mausche
Eine große Schlacht gewann,
Und er hebt zu singen an:

»Genialer Künstlerschweiß
Hat bedächtig, tropfenweis,
Im Behälter sich gesammelt,
Der mit Planken fest verrammelt.
Nun die Schleusen aufgezogen,
Bricht hervor in stolzen Wogen
Das Gewässer – Gottes Wunder!
's ist ein großer Strom jetzunder,
Ja, ein Strom des ersten Ranges,
Wie der Euphrat, wie der Ganges,
Wo an palmigen Gestaden
Elefantenkälber baden,
Wie der Rheinstrom bei Schaffhausen,
Wo Kaskaden schäumen, brausen
Und Berliner Studiosen
Gaffend stehn mit feuchten Hosen,
Wie die Weichsel, wo da hausen
Edle Polen, die sich lausen,
Singend ihre Heldenleiden
Bei des Ufers Trauerweiden;
Ja, er ist fast wie ein Meer,
Wie das Rote, wo das Heer
Pharaonis mußt ersaufen,
Während wir hindurchgelaufen
Trocknen Fußes mit der Beute –
Welche Tiefe, welche Breite!
Hier auf diesem Erdenglobus
Gibts kein beßres Wasser-Opus!
Es ist hochsublim poetisch,

Urtitanisch majestätisch,
Groß wie Gott und die Natur –
Und ich hab die Partitur!«

Epilog
zum Loblied auf den celeberrimo maestro Fiascomo

Die Neger berichten: Der König der Tiere,
Der Löwe, wenn er erkrankt ist, kuriere
Sich dadurch, daß er einen Affen zerreißt
Und ihn mit Haut und Haar verspeist.

Ich bin kein Löwe, ich bin kein König
Der Tiere, doch wollt ich erproben ein wenig
Das Negerrezept – ich schrieb dies Poem,
Und ich befinde mich besser seitdem.

– 1850 –

Es geht am End, es ist kein Zweifel,
Der Liebe Glut, sie geht zum Teufel.
Sind wir einmal von ihr befreit,
Beginnt für uns die beßre Zeit,
Das Glück der kühlen Häuslichkeit.
Der Mensch genießet dann die Welt,
Die immer lacht fürs liebe Geld.
Er speist vergnügt sein Leibgericht,
Und in den Nächten wälzt er nicht
Schlaflos sein Haupt, er ruhet warm
In seiner treuen Gattin Arm.

—

Welcher Frevel, Freund! Abtrünnig
Wirst du deiner fetten Hanne,
Und du liebst jetzt jene spinnig
Dürre, magre Marianne!

Läßt man sich vom Fleische locken,
Das ist immer noch verzeihlich;
Aber Buhlschaft mit den Knochen,
Diese Sünde ist abscheulich!

Das ist Satans böse Tücke,
Er verwirret unsre Sinne:
Wir verlassen eine Dicke,
Und wir nehmen eine Dünne!

Michel nach dem März

Solang ich den deutschen Michel gekannt,
　　War er ein Bärenhäuter;
Ich dachte im März, er hat sich ermannt
　　Und handelt fürder gescheuter.

Wie stolz erhob er das blonde Haupt
　　Vor seinen Landesvätern!
Wie sprach er – was doch unerlaubt –
　　Von hohen Landesverrätern.

Das klang so süß zu meinem Ohr
　　Wie märchenhafte Sagen,
Ich fühlte, wie ein junger Tor,
　　Das Herz mir wieder schlagen.

Doch als die schwarz-rot-goldne Fahn,
　　Der altgermanische Plunder,
Aufs neu erschien, da schwand mein Wahn
　　Und die süßen Märchenwunder.

Ich kannte die Farben in diesem Panier
　　Und ihre Vorbedeutung:
Von deutscher Freiheit brachten sie mir
　　Die schlimmste Hiobszeitung.

Schon sah ich den Arndt, den Vater Jahn –
　　Die Helden aus andern Zeiten
Aus ihren Gräbern wieder nahn
　　Und für den Kaiser streiten.

Die Burschenschaftler allesamt
　　Aus meinen Jünglingsjahren,
Die für den Kaiser sich entflammt,
　　Wenn sie betrunken waren.

Ich sah das sündenergraute Geschlecht
   Der Diplomaten und Pfaffen,
Die alten Knappen vom römischen Recht,
   Am Einheitstempel schaffen –

Derweil der Michel geduldig und gut
   Begann zu schlafen und schnarchen,
Und wieder erwachte unter der Hut
   Von vierunddreißig Monarchen.

Antwort
(Fragment)

   Es ist der rechte Weg, den du betreten,
Doch in der Zeit magst du dich weidlich irren;
Das sind nicht Düfte von Muskat und Myrrhen,
Die jüngst aus Deutschland mir verletzend wehten.

   Wir dürfen nicht Viktoria trompeten,
Solang noch Säbel tragen unsre Sbirren;
Mich ängstet, wenn die Vipern Liebe girren,
Und Wolf und Esel Freiheitslieder flöten –

. . . .

– 1853 –

Narretei

   Ich habe verlacht, bei Tag und bei Nacht,
So Männer wie Frauenzimmer,
Ich habe große Dummheiten gemacht –
Die Klugheit bekam mir noch schlimmer.

   Die Magd ward schwanger und gebar –
Wozu das viele Gewimmer?
Wer nie im Leben töricht war,
Ein Weiser war er nimmer.

—

Sie küßten mich mit ihren falschen Lippen,
Sie haben mir kredenzt den Saft der Reben,
Sie haben mich dabei mit Gift vergeben –
Das taten mir die Magen und die Sippen.

Es schmilzt das Fleisch von meinen armen Rippen,
Ich kann mich nicht vom Siechbett mehr erheben,
Arglistig stahlen sie mein junges Leben –
Das taten mir die Magen und die Sippen.

Ich bin ein Christ – wie es im Kirchenbuche
Bescheinigt steht – deshalb, bevor ich sterbe,
Will ich euch fromm und brüderlich verzeihen.

Es wird mir sauer – ach! Mit einem Fluche
Möcht ich weit lieber euch vermaledeien:
Daß euch der Herr verdamme und verderbe!

—

»Nicht gedacht soll seiner werden!«
Aus dem Mund der armen alten
Esther Wolf hört ich die Worte,
Die ich treu im Sinn behalten.

Ausgelöscht sein aus der Menschen
Angedenken hier auf Erden,
Ist die Blume der Verwünschung –
Nicht gedacht soll seiner werden!

Herz, mein Herz, ström aus die Fluten
Deiner Klagen und Beschwerden,
Doch von *ihm* sei nie die Rede –
Nicht gedacht soll seiner werden!

Nicht gedacht soll seiner werden,
Nicht im Liede, nicht im Buche –
Dunkler Hund im dunkeln Grabe,
Du verfaulst mit meinem Fluche!

Selbst am Auferstehungstage,
Wenn, geweckt von den Fanfaren

Der Posaunen, schlotternd wallen
Zum Gericht die Totenscharen,

Und alldort der Engel abliest
Vor den göttlichen Behörden
Alle Namen der Geladnen –
Nicht gedacht soll seiner werden!

Der Scheidende

Erstorben ist in meiner Brust
Jedwede weltlich eitle Lust,
Schier ist mir auch erstorben drin
Der Haß des Schlechten, sogar der Sinn
Für eigne wie für fremde Not –
Und in mir lebt nur noch der Tod!

Der Vorhang fällt, das Stück ist aus,
Und gähnend wandelt jetzt nach Haus
Mein liebes deutsches Publikum,
Die guten Leutchen sind nicht dumm;
Das speist jetzt ganz vergnügt zu Nacht,
Und trinkt sein Schöppchen, singt und lacht –
Er hatte recht, der edle Heros,
Der weiland sprach im Buch Homeros':
Der kleinste lebendige Philister
Zu Stukkert am Neckar, viel glücklicher ist er
Als ich, der Pelide, der tote Held,
Der Schattenfürst in der Unterwelt.

Lied der Marketenderin
(Aus dem Dreißigjährigen Krieg)

Und die Husaren lieb ich sehr,
Ich liebe sehr dieselben;
Ich liebe sie ohne Unterschied,
Die blauen und die gelben.

Und die Musketiere lieb ich sehr,
Ich liebe die Musketiere,

Sowohl Rekrut als Veteran,
Gemeine und Offiziere.

Die Kavallerie und die Infanterie,
Ich liebe sie alle, die Braven;
Auch hab ich bei der Artillerie
Gar manche Nacht geschlafen.

Ich liebe den Deutschen, ich lieb den Franzos,
Die Welschen und Niederländschen,
Ich liebe den Schwed, den Böhm und Spanjol,
Ich liebe in ihnen den Menschen.

Gleichviel von welcher Heimat, gleichviel
Von welchem Glaubensbund ist
Der Mensch, er ist mir lieb und wert,
Wenn nur der Mensch gesund ist.

Das Vaterland und die Religion,
Das sind nur Kleidungstücke –
Fort mit der Hülle! daß ich ans Herz
Den nackten Menschen drücke.

Ich bin ein Mensch, und der Menschlichkeit
Geb ich mich hin mit Freude;
Und wer nicht gleich bezahlen kann,
Für den hab ich die Kreide.

Der grüne Kranz vor meinem Zelt,
Der lacht im Licht der Sonne;
Und heute schenk ich Malvasier
Aus einer frischen Tonne.

Guter Rat

Gib ihren wahren Namen immer
In deiner Fabel ihren Helden.
Wagst du es nicht, ergehts dir schlimmer:
Zu deinem Eselbilde melden
Sich gleich ein Dutzend graue Toren –
»Das sind ja meine langen Ohren!«

Ruft jeder, »dieses gräßlich grimme
Gebreie ist ja meine Stimme!
Der Esel bin ich! Obgleich nicht genannt,
Erkennt mich doch mein Vaterland,
Mein Vaterland Germania!
Der Esel bin ich! I-A! I-A!« –
Hast einen Dummkopf schonen wollen,
Und zwölfe sind es, die dir grollen.

Der Wanzerich

I

Es saß ein brauner Wanzerich
Auf einem Pfennig und spreizte sich
Wie ein Rentier, und sprach: »Wer Geld hat,
Auch Ehr und Ansehn in der Welt hat.
Wer Geld hat, ist auch lieblich und schön –
Es kann kein Weib ihm widerstehn;
Die Weiber erbleichen schon und zittern,
Sobald sie meinen Odem wittern.
Ich habe manche Sommernacht
Im Bett der Königin zugebracht;
Sie wälzte sich auf ihren Matratzen,
Und mußte sich beständig kratzen.«

Ein lustiger Zeisig, welcher gehört
Die prahlenden Worte, war drob empört;
Im heiteren Unmut sein Schnäbelein schliff er,
Und auf das Insekt ein Spottlied pfiff er.

Gemein und schmutzig, der Wanzerich,
Wie Wanzen pflegen, rächte er sich:
Er sagte, daß ihm der Zeisig grollte,
Weil er kein Geld ihm borgen wollte.

★

Und die Moral? Der Fabulist
Verschweigt sie heute mit klugem Zagen,
Denn mächtig verbündet in unseren Tagen

Das reiche Ungeziefer ist.
Es sitzt mit dem Geldsack unter dem Arsch,
Und trommelt siegreich den Dessauer Marsch.

II

Das Ungeziefer jeden Lands,
Es bildet eine heilge Allianz;
Zumal die musikalischen Wanzen,
Die Komponisten von schlechten Romanzen
(Welche, wie Schlesingers Uhr, nicht gehn),
Allüberall im Bündnis stehn.
Da ist der Mozart der Krätze in Wien,
Die Perle ästhetischer Pfänderleiher,
Der intrigiert mit dem Lorbeer-Meyer,
Dem großen Maestro in Berlin.
Da werden Artikelchen ausgeheckt,
Die eine Blattlaus, ein Miteninsekt,
Für bares Geld in die Presse schmuggelt –
Das lügt und kriecht und katzenbuckelt,
Und hat dabei die Melancholik.
Das Publikum glaubt oft der Lüge,
Aus Mitleid: es sind so leidend die Züge
Der Heuchler und ihr Dulderblick –
Was willst du tun in solchen Nöten?
Du mußt die Verleumdung ruhig ertragen,
Du darfst nicht reden, du darfst nicht klagen:
Willst du das schnöde Geschmeiß zertreten,
Verstänkert es dir die Luft, die süße,
Und schmutzig würden deine Füße.
Das beste ist schweigen – Ein andermal
Erklär ich euch der Fabel Moral.

Citronia

Das war in jener Kinderzeit,
Als ich noch trug ein Flügelkleid,
Und in die Kinderschule ging,
Wo ich das Abc anfing –
Ich war das einzge kleine Bübchen
In jenem Vogelkäfigstübchen,

Ein Dutzend Mädchen allerliebst
Wie Vöglein haben dort gepiepst,
Gezwitschert und getiriliert,
Auch ganz erbärmlich buchstabiert,
Frau Hindermans im Lehnstuhl saß,
Die Brille auf der langen Nas
(Ein Eulenschnabel wars vielmehr),
Das Köpflein wackelnd hin und her,
Und in der Hand die Birkenrut,
Womit sie schlug die kleine Brut,
Das weinend kleine arme Ding,
Das harmlos einen Fehl beging. – – –
Es wurde von der alten Frau
Geschlagen, bis es braun und blau. –
Mißhandelt und beschimpft zu werden,
Das ist des Schönen Los auf Erden.

    Citronia hab ich genannt
Das wunderbare Zauberland,
Das einst ich bei der Hindermans
Erblickt im goldnen Sonnenglanz –
Es war so zärtlich ideal,
Zitronenfarbig und oval,
So anmutvoll und freundlich mild
Und stolz empört zugleich – dein Bild,
Du erste Blüte meiner Minne!
Es kam mir niemals aus dem Sinne.
Das Kind ward Jüngling und jetzunder
Bin ich ein Mann sogar – o Wunder,
Der goldne Traum der Kinderzeit
Taucht wieder auf in Wirklichkeit!
Was ich gesucht die Kreuz und Quer,
Es wandelt leiblich vor mir her,
Ich hauche ein der holden Nähe
Gewürzten Odem – doch, o wehe!
Ein Vorhang von schwarzbrauner Seide
Raubt mir die süße Augenweide!
Der dumme Lappen, der so dünne
Wie das Gewebe einer Spinne,
Verhüllet mir die Gloria
Des Zauberlands Citronia!

Ich bin wie König Tantalus,
Mich lockt und neckt zugleich Genuß:
Der Trunk, wonach die Lippen dürsten,
Entgleitet mir wie jenem Fürsten;
Die Frucht, die ich genösse gern,
Sie ist mir nah und doch so fern!
Ein Fluch dem Wurme, welcher spann
Die Seide, und ein Fluch dem Mann,
Dem Weber, welcher wob den Taft,
Woraus der dunkle schauderhaft
Infame Vorhang ward gemacht,
Der mir verfinstert alle Pracht
Und allen goldnen Sonnenglanz
Citronias, des Zauberlands.

Manchmal mit voller Fieberglut
Faßt mich ein Wahnsinnübermut.
O die verwünschte Scheidewand!
Es treibt mich dann, mit kecker Hand
Die seidne Hülle abzustreifen,
Nach meinem nahen Glück zu greifen.
Jedoch aus allerlei Rücksichten
Muß ich auf solche Tat verzichten.
Auch ist dergleichen Dreistigkeit
Nicht mehr im Geiste unsrer Zeit!

Nachwort:

Unverblümtan andern Orten,
Werdet ihr mit klaren Worten,
Später ganz ausführlich lesen,
Was Citronia gewesen.
Unterdes – wer ihn versteht,
Einen Meister nie verrät –
Wißt ihr doch, daß jede Kunst
Ist am Ende blauer Dunst.
Was war jene Blume, welche
Weiland mit dem blauen Kelche
So romantisch süß geblüht
In des Ofterdingers Lied?
Wars vielleicht die blaue Nase

Seiner mitschwindsüchtgen Base,
Die im Adelsstifte starb?
Mag vielleicht von blauer Farb
Ein Strumpfband gewesen sein,
Das beim Hofball fiel vom Bein
Einer Dame: – Firlefanz!
Hony soit qui mal y pense!

– 1855 –

Hab eine Jungfrau nie verführet
Mit Liebeswort, mit Schmeichelei;
Ich hab auch nie ein Weib berühret,
Wußt ich, daß sie vermählet sei.

Wahrhaftig, wenn es anders wäre,
Mein Name, er verdiente nicht
Zu strahlen in dem Buch der Ehre;
Man dürft mir spucken ins Gesicht.

—

Ich seh im Stundenglase schon
Den kargen Sand zerrinnen.
Mein Weib, du engelsüße Person!
Mich reißt der Tod von hinnen.

Er reißt mich aus deinem Arm, mein Weib,
Da hilft kein Widerstehen,
Er reißt die Seele aus dem Leib –
Sie will vor Angst vergehen.

Er jagt sie aus dem alten Haus,
Wo sie so gerne bliebe.
Sie zittert und flattert – Wo soll ich hinaus?
Ihr ist wie dem Floh im Siebe.

Das kann ich nicht ändern, wie sehr ich mich sträub,
Wie sehr ich mich winde und wende;
Der Mann und das Weib, die Seel und der Leib,
Sie müssen sich trennen am Ende.

—

Den Strauß, den mir Mathilde band
Und lächelnd brachte, mit bittender Hand
Weis ich ihn ab – Nicht ohne Grauen
Kann ich die blühenden Blumen schauen.

Sie sagen mir, daß ich nicht mehr
Dem schönen Leben angehör,
Daß ich verfallen dem Totenreiche,
Ich arme unbegrabene Leiche.

Wenn ich die Blumen rieche, befällt
Mich heftiges Weinen – Von dieser Welt
Voll Schönheit und Sonne, voll Lust und Lieben,
Sind mir die Tränen nur geblieben.

Wie glücklich war ich, wenn ich sah
Den Tanz der Ratten der Opera –
Jetzt hör ich schon das fatale Geschlürfe
Der Kirchhofratten und Grabmaulwürfe.

O Blumendüfte, ihr ruft empor
Ein ganzes Ballett, ein ganzes Chor
Von parfümierten Erinnerungen –
Das kommt auf einmal herangesprungen,

Mit Kastagnetten und Cymbelklang,
In flittrigen Röckchen, die nicht zu lang;
Doch all ihr Tändeln und Kichern und Lachen,
Es kann mich nur noch verdrießlicher machen!

Fort mit den Blumen! Ich kann nicht ertragen
Die Düfte, die von alten Tagen
Mir boshaft erzählt viel holde Schwänke –
Ich weine, wenn ich ihrer gedenke. –

———

Ich war, o Lamm, als Hirt bestellt,
Zu hüten dich auf dieser Welt;
Hab dich mit meinem Brot geätzt,
Mit Wasser aus dem Born geletzt.
Wenn kalt der Wintersturm gelärmt,

Hab ich dich an der Brust erwärmt.
Hier hielt ich fest dich angeschlossen;
Wenn Regengüsse sich ergossen,
Und Wolf und Waldbach um die Wette
Geheult im dunkeln Felsenbette.
Du bangtest nicht, hast nicht gezittert.
Selbst wenn den höchsten Tann zersplittert
Der Wetterstrahl – in meinem Schoß
Du schliefest still und sorgenlos.

Mein Arm wird schwach, es schleicht herbei
Der blasse Tod! Die Schäferei,
Das Hirtenspiel, es hat ein Ende.
O Gott, ich leg in deine Hände
Zurück den Stab. – Behüte du
Mein armes Lamm, wenn ich zur Ruh
Bestattet bin – und dulde nicht,
Daß irgendwo ein Dorn sie sticht –
O schütz ihr Vlies vor Dornenhecken
Und auch vor Sümpfen, die beflecken;
Laß überall zu ihren Füßen
Das allerbeste Futter sprießen;
Und laß sie schlafen, sorgenlos,
Wie einst sie schlief in meinem Schoß.

Warnung

Verletze nicht durch kalten Ton
Den Jüngling, welcher dürftig fremd,
Um Hilfe bittend, zu dir kömmt –
Er ist vielleicht ein Göttersohn.

Siehst du ihn wieder einst, sodann
Die Gloria sein Haupt umflammt;
Den strengen Blick, der dich verdammt,
Dein Auge nicht ertragen kann.

Zur Notiz

Die Philister, die Beschränkten,
Diese geistig Eingeengten,
Darf man nie und nimmer necken.
Aber weite, kluge Herzen
Wissen stets in unsren Scherzen
Lieb und Freundschaft zu entdecken.

Duelle

Zwei Ochsen disputierten sich
Auf einem Hofe fürchterlich.
Sie waren beide zornigen Blutes,
Und in der Hitze des Disputes
Hat einer von ihnen, zornentbrannt,
Den andern einen Esel genannt.
Da »Esel« ein Tusch ist bei den Ochsen,
So mußten die beiden John Bulle sich boxen.

Auf selbigem Hofe zu selbiger Zeit
Gerieten auch zwei Esel in Streit,
Und heftig stritten die beiden Langohren,
Bis einer so sehr die Geduld verloren,
Daß er ein wildes I-A ausstieß,
Und den andern einen Ochsen hieß.
Ihr wißt, ein Esel fühlt sich tuschiert,
Wenn man ihn »Ochse« tituliert.
Und ein Zweikampf; die beiden stießen
Sich mit den Köpfen, mit den Füßen,
Gaben sich manchen Tritt in den Podex,
Wie es gebietet der Ehre Kodex.

Und die Moral? Ich glaub, es gibt Fälle,
Wo unvermeidlich sind die Duelle;
Es muß sich schlagen der Student,
Den man einen dummen Jungen nennt.

Zur Teleologie

Beine hat uns zwei gegeben
Gott der Herr, um fortzustreben,
Wollte nicht, daß an der Scholle
Unsre Menschheit kleben solle.
Um ein Stillstandsknecht zu sein,
Gnügte uns ein einzges Bein.

Augen gab uns Gott ein Paar,
Daß wir schauen rein und klar;
Um zu glauben, was wir lesen,
Wär *ein* Auge gnug gewesen.
Gott gab uns die Augen beide,
Daß wir schauen und begaffen,
Wie er hübsch die Welt erschaffen
Zu des Menschen Augenweide;
Doch beim Gaffen in den Gassen
Sollen wir die Augen brauchen
Und uns dort nicht treten lassen
Auf die armen Hühneraugen,
Die uns ganz besonders plagen,
Wenn wir enge Stiefel tragen.

Gott versah uns mit zwei Händen,
Daß wir doppelt Gutes spenden;
Nicht um doppelt zuzugreifen
Und die Beute aufzuhäufen
In den großen Eisentruhn,
Wie gewisse Leute tun –
(Ihren Namen auszusprechen
Dürfen wir uns nicht erfrechen –
Hängen würden wir sie gern.
Doch sie sind so große Herrn,
Philanthropen, Ehrenmänner,
Manche sind auch unsre Gönner,
Und man macht aus deutschen Eichen
Keine Galgen für die Reichen.)

Gott gab uns nur eine Nase,
Weil wir zwei in einem Glase

Nicht hineinzubringen wüßten,
Und den Wein verschlappern müßten.

Gott gab uns nur *einen* Mund,
Weil zwei Mäuler ungesund.
Mit dem einen Maule schon
Schwätzt zuviel der Erdensohn.
Wenn er doppeltmäulig wär,
Fräß und lög er auch noch mehr.
Hat er jetzt das Maul voll Brei,
Muß er schweigen unterdessen,
Hätt er aber Mäuler zwei,
Löge er sogar beim Fressen.

Mit zwei Ohren hat versehn
Uns der Herr. Vorzüglich schön
Ist dabei die Symmetrie.
Sind nicht ganz so lang wie die,
So er unsern grauen braven
Kameraden anerschaffen.
Ohren gab uns Gott die beiden,
Um von Mozart, Gluck und Haydn
Meisterstücke anzuhören –
Gäb es nur Tonkunst-Kolik
Und Hämorrhoidal-Musik
Von dem großen Meyerbeer,
Schon *ein* Ohr hinlänglich wär! –

Als zur blonden Teutelinde
Ich in solcher Weise sprach,
Seufzte sie und sagte: Ach!
Grübeln über Gottes Gründe,
Kritisieren unsern Schöpfer,
Ach! das ist, als ob der Topf
Klüger sein wollt als der Töpfer!
Doch der Mensch fragt stets: Warum?
Wenn er sieht, daß etwas dumm.
Freund, ich hab dir zugehört,
Und du hast mir gut erklärt,
Wie zum weisesten Behuf
Gott dem Menschen zwiefach schuf

Augen, Ohren, Arm und Bein,
Während er ihm gab nur ein
Exemplar von Nas und Mund –
Doch nun sage mir den Grund:

Gott, der Schöpfer der Natur,
Warum schuf er einfach nur
Das skabröse Requisit,
Das der Mann gebraucht, damit
Er fortpflanze seine Rasse
Und zugleich sein Wasser lasse?
Teurer Freund, ein Duplikat
Wäre wahrlich hier von Nöten,
Um Funktionen zu vertreten,
Die so wichtig für den Staat
Wie fürs Individuum,
Kurz fürs ganze Publikum.
Eine Jungfrau von Gemüt
Muß sich schämen, wenn sie sieht,
Wie ihr höchstes Ideal
Wird entweiht so trivial!
Wie der Hochaltar der Minne
Wird zur ganz gemeinen Rinne!
Psyche schaudert, denn der kleine
Gott Amur der Finsternis,
Er verwandelt sich beim Scheine
Ihrer Lamp – in Manke-Piß.

Also Teutolinde sprach,
Und ich sagte ihr: Gemach!
Unklug, wie die Weiber sind,
Du verstehst nicht, liebes Kind,
Zwei Funktionen, die so greulich
Und so schimpflich und abscheulich
Mit einander kontrastieren
Und die Menschheit sehr blamieren.
Gottes Nützlichkeitssystem,
Sein Ökonomieproblem
Ist, daß wechselnd die Maschinen
Jeglichem Bedürfnis dienen,

Den profanen wie den heilgen,
Den pikanten wie langweilgen, –
Alles wird simplifiziert;
Klug ist alles kombiniert:
Was dem Menschen dient zum Seichen,
Damit schafft er seinesgleichen.
Auf demselben Dudelsack
Spielt dasselbe Lumpenpack.
Feine Pfote, derbe Patsche,
Fiddelt auf derselben Bratsche
– – – – – – – – – – – –
Springt und singt und gähnt ein jeder,
Und derselbe Omnibus
Führt uns nach dem Tartarus.

Halleluja

Am Himmel Sonn und Mond und Stern,
Sie zeugen von der Macht des Herrn;
Und schaut des Frommen Aug nach oben,
Den Schöpfer wird er preisen, loben.

Ich brauche nicht so hoch zu gaffen,
Auf Erden schon find ich genung
Kunstwerke, welche Gott erschaffen,
Die würdig der Bewunderung.

Ja, lieben Leute, erdenwärts
Senkt sich bescheidentlich mein Blick,
Und findet hier das Meisterstück
Der Schöpfung: unser Menschenherz.

Wie herrlich auch der Sonne Pracht,
Wie lieblich auch in stiller Nacht
Das Mondenlicht, der Sterne Glanz,
Wie strahlend der Kometenschwanz –

Die Himmelslichter allesamt,
Sie sind mir eitel Pfennigskerzen,
Vergleich ich sie mit jenem Herzen,
Das in der Brust des Menschen flammt.

Das ist die Welt in Miniatur,
Hier gibt es Berge, Wald und Flur,
Einöden auch mit wilden Bestjen,
Die oft das arme Herz belästgen.

Hier stürzen Bäche, rauschen Flüsse,
Hier gähnen Gründe, Felsabschüsse,
Viel bunte Gärten, grüne Rasen,
Wo Lämmlein oder Esel grasen –

Hier gibts Fontänen, welche springen,
Derweilen arme Nachtigallen,
Um schönen Rosen zu gefallen,
Sich an den Hals die Schwindsucht singen.

Auch an Abwechslung fehlt es nicht;
Heut ist das Wetter warm und licht,
Doch morgen schon ists herbstlich kalt,
Und nebelgrau die Flur, der Wald.

Die Blumen, sie entlauben sich,
Die Winde stürmen fürchterlich,
Und endlich flockt herab der Schnee,
Zu Eis erstarren Fluß und See.

Jetzt aber gibt es Winterspiele,
Vermummt erscheinen die Gefühle,
Ergeben sich dem Mummenschanz
Und dem berauschten Maskentanz. –

Freilich, inmitten dieser Freuden
Beschleicht sie oft geheimes Leiden,
Trotz Mummenschanz und Tanzmusik,
Sie seufzen nach verlornem Glück. –

Da plötzlich krachts – Erschrecke nicht!
Es ist das Eis, das jetzo bricht;
Die Rinde schmilzt, die frostig glatte,
Die unser Herz umschlossen hatte.

Entweichen muß, was kalt und trübe;
Es kehrt zurück – o Herrlichkeit! –
Der Lenz, die schöne Jahreszeit,
Geweckt vom Zauberstab der Liebe! –

Groß ist des Herren Gloria,
Hier unten groß, wie in der Höh.
Ich singe ihm ein Kyrie
Eleison und Halleluja.

Er schuf so schön, er schuf so süß
Das Menschenherze, und er blies
Hinein des eignen Odems Geist,
Des Odems, welcher Liebe heißt.

Fort mit der Lyra Griechenlands,
Fort mit dem liederlichen Tanz
Der Musen, fort! In frömmern Weisen
Will ich den Herrn der Schöpfung preisen.

Fort mit der Heiden Musika!
Davids frommer Harfenklang
Begleite meinen Lobgesang!
Mein Psalm ertönt: Halleluja!

—

Ganz entsetzlich ungesund
Ist die Erde, und zu Grund,
Ja, zu Grund muß alles gehn,
Was hienieden groß und schön.

Sind es alten Wahns Phantasmen,
Die dem Boden als Miasmen
Stumm entsteigen und die Lüfte
Schwängern mit dem argen Gifte?

Holde Frauenblumen, welche
Kaum erschlossen ihre Kelche
Den geliebten Sonnenküssen,
Hat der Tod schon fortgerissen.

Helden, trabend hoch zu Roß,
Trifft unsichtbar das Geschoß;
Und die Kröten sich beeifern,
Ihren Lorbeer zu begeifern.

Was noch gestern stolz gelodert,
Das ist heute schon vermodert;
Seine Leier mit Verdruß
Bricht entzwei der Genius.

O wie klug sind doch die Sterne,
Halten sich in sichrer Ferne
Von dem bösen Erdenrund,
Das so tödlich ungesund.

Kluge Sterne wollen nicht
Leben, Ruhe, Himmelslicht
Hier einbüßen, hier auf Erden,
Und mit uns elendig werden –

Wollen nicht mit uns versinken
In den Twieten, welche stinken,
In dem Mist, wo Würmer kriechen,
Welche auch nicht lieblich riechen –

Wollen immer ferne bleiben
Vom fatalen Erdentreiben,
Von dem Klüngel und Geruddel,
Von dem Erdenkuddelmuddel.

Mitleidsvoll aus ihrer Höhe
Schaun sie oft auf unser Wehe;
Eine goldne Träne fällt
Dann herab auf diese Welt.

—

Mein Tag war heiter, glücklich meine Nacht.
Mir jauchzte stets mein Volk, wenn ich die Leier
Der Dichtkunst schlug. Mein Lied war Lust und Feuer,
Hat manche schöne Gluten angefacht.

Noch blüht mein Sommer, dennoch eingebracht
Hab ich die Ernte schon in meine Scheuer –
Und jetzt soll ich verlassen, was so teuer,
So lieb und teuer mir die Welt gemacht!

Der Hand entsinkt das Saitenspiel. In Scherben
Zerbricht das Glas, das ich so fröhlich eben
An meine übermütgen Lippen preßte.

O Gott! wie häßlich bitter ist das Sterben!
O Gott! wie süß und traulich läßt sich leben
In diesem traulich süßen Erdenneste!

Miserere

Die Söhne des Glückes beneid ich nicht
Ob ihrem Leben, beneiden
Will ich sie nur ob ihrem Tod,
Dem schmerzlos raschen Verscheiden.

Im Prachtgewand, das Haupt bekränzt
Und Lachen auf der Lippe,
Sitzen sie froh beim Lebensbankett –
Da trifft sie jählings die Hippe.

Im Festkleid und mit Rosen geschmückt,
Die noch wie lebend blühten,
Gelangen in das Schattenreich
Fortunas Favoriten.

Nie hatte Siechtum sie entstellt,
Sind Tote von guter Miene,
Und huldreich empfängt sie an ihrem Hof
Zarewna Proserpine.

Wie sehr muß ich beneiden ihr Los!
Schon sieben Jahre mit herben,
Qualvollen Gebresten wälz ich mich
Am Boden, und kann nicht sterben!

O Gott, verkürze meine Qual,
Damit man mich bald begrabe;
Du weißt ja, daß ich kein Talent
Zum Martyrtume habe.

Ob deiner Inkonsequenz, o Herr,
Erlaube, daß ich staune:
Du schufest den fröhlichsten Dichter, und raubst
Ihm jetzt seine gute Laune.

Der Schmerz verdumpft den heitern Sinn
Und macht mich melancholisch,
Nimmt nicht der traurige Spaß ein End,
So werd ich am Ende katholisch.

Ich heule dir dann die Ohren voll,
Wie andre gute Christen –
O Miserere! Verloren geht
Der beste der Humoristen!

—

Mir lodert und wogt im Hirn eine Flut
Von Wäldern, Bergen und Fluren;
Aus dem tollen Wust tritt endlich hervor
Ein Bild mit festen Konturen.

Das Städtchen, das mir im Sinne schwebt,
Ist Godesberg, ich denke.
Dort wieder unter dem Lindenbaum
Sitz ich vor der alten Schenke.

Der Hals ist mir trocken, als hätt ich verschluckt
Die untergehende Sonne.
Herr Wirt! Herr Wirt! Eine Flasche Wein
Aus Eurer besten Tonne!

Es fließt der holde Rebensaft
Hinunter in meine Seele,
Und löscht bei dieser Gelegenheit
Den Sonnenbrand der Kehle.

Und noch eine Flasche, Herr Wirt! Ich trank
Die erste in schnöder Zerstreuung,
Ganz ohne Andacht! Mein edler Wein,
Ich bitte dich drob um Verzeihung.

Ich sah hinauf nach dem Drachenfels,
Der hochromantisch beschienen
Vom Abendrot, sich spiegelt im Rhein
Mit seinen Burgruinen.

Ich horchte dem fernen Winzergesang
Und dem kecken Gezwitscher der Finken –
So trank ich zerstreut, und an den Wein
Dacht ich nicht während dem Trinken.

Jetzt aber steck ich die Nase ins Glas,
Und ernsthaft zuvor beguck ich
Den Wein, den ich schlucke; manchmal auch,
Ganz ohne zu gucken, schluck ich.

Doch sonderbar! Während dem
      Schlucken wird mir
Zu Sinne, als ob ich verdoppelt,
Ein andrer armer Schlucker sei
Mit mir zusammengekoppelt.

Der sieht so krank und elend aus,
So bleich und abgemergelt.
Gar schmerzlich verhöhnend schaut er mich an,
Wodurch er mich seltsam nergelt.

Der Bursche behauptet, er sei ich selbst,
Wir wären nur eins, wir beide,
Wir wären ein einziger armer Mensch,
Der jetzt am Fieber leide.

Nicht in der Schenke von Godesberg,
In einer Krankenstube
Des fernen Paris befänden wir uns –
Du lügst, du bleicher Bube!

Du lügst, ich bin so gesund und rot
Wie eine blühende Rose,
Auch bin ich stark, nimm dich in acht,
Daß ich mich nicht erbose!

Er zuckt die Achseln und seufzt: »O Narr!«
Das hat meinen Zorn entzügelt;
Und mit dem verdammten zweiten Ich
Hab ich mich endlich geprügelt.

Doch sonderbar! Jeweden Puff,
Den ich dem Burschen erteile,
Empfinde ich am eignen Leib,
Und ich schlage mir Beule auf Beule.

Bei dieser fatalen Balgerei
Ward wieder der Hals mir trocken,
Und will ich rufen nach Wein den Wirt,
Die Worte im Munde stocken.

Mir schwinden die Sinne und traumhaft hör
Ich von Kataplasmen reden,
Auch von der Mixtur – einen Eßlöffel voll –
Zwölf Tropfen stündlich in jeden.

—

Wenn sich die Blutegel vollgesogen,
Man streut auf ihren Rücken bloß
Ein bißchen Salz und sie fallen ab –
Doch dich, mein Freund, wie werd ich dich los?

Mein Freund, mein Gönner, mein alter Blutsauger,
Wo find ich für dich das rechte Salz?
Du hast mir liebreich ausgesaugt
Den letzten Tropfen Rückgratschmalz.

Auch bin ich seitdem so abgemagert,
Ein ausgebeutet armes Skelett –
Du aber schwollest stattlich empor,
Die Wänglein sind rot, das Bäuchlein ist fett.

O Gott, schick mir einen braven Banditen,
Der mich ermordet mit raschem Stoß –
Nur diesen langweilgen Blutegel nicht,
Der langsam saugt – wie werd ich ihn los?

—

Geleert hab ich nach Herzenswunsch
Der Liebe Kelch, ganz ausgeleert;
Das ist ein Trank, der uns verzehrt
Wie flammenheißer Kognakpunsch.

Da lob ich mir die laue Wärme
Der Freundschaft; jedes Seelenweh
Stillt sie, erquickend die Gedärme
Wie eine fromme Tasse Tee.

—

Ewigkeit, wie bist du lang,
Länger noch als tausend Jahr;
Tausend Jahre brat ich schon,
Ach! und ich bin noch nicht gar.

Ewigkeit, wie bist du lang,
Länger noch als tausend Jahr;
Und der Satan kommt am End,
Frißt mich auf mit Haut und Haar.

—

Stunden, Tage, Ewigkeiten
Sind es, die wie Schnecken gleiten;
Diese grauen Riesenschnecken
Ihre Hörner weit ausrecken.

Manchmal in der öden Leere,
Manchmal in dem Nebelmeere

Strahlt ein Licht, das süß und golden,
Wie die Augen meiner Holden.

Doch im selben Nu zerstäubet
Diese Wonne, und mir bleibet
Das Bewußtsein nur, das schwere,
Meiner schrecklichen Misere.

Morphine

Groß ist die Ähnlichkeit der beiden schönen
Jünglingsgestalten, ob der eine gleich
Viel blässer, als der andre, auch viel strenger,
Fast möcht ich sagen, viel vornehmer aussieht,
Als jener andre, welcher mich vertraulich
In seine Arme schloß – Wie lieblich sanft
War dann sein Lächeln und sein Blick wie selig!
Dann mocht es wohl geschehn, daß seines Hauptes
Mohnblumenkranz auch meine Stirn berührte
Und seltsam duftend allen Schmerz verscheuchte
Aus meiner Seel – Doch solche Linderung,
Sie dauert kurze Zeit; genesen gänzlich
Kann ich nur dann, wenn seine Fackel senkt
Der andre Bruder, der so ernst und bleich. –
Gut ist der Schlaf, der Tod ist besser – freilich
Das beste wäre, nie geboren sein.

—

Mittelalterliche Roheit
Weicht dem Aufschwung schöner Künste:
Instrument moderner Bildung
Ist vorzüglich das Klavier.

Auch die Eisenbahnen wirken
Heilsam aufs Familienleben,
Sintemal sie uns erleichtern
Die Entfernung von der Sippschaft.

Wie bedaur ich, daß die Darre
Meines Rückgratmarks mich hindert,
Lange Zeit noch zu verweilen
In dergleichen Fortschrittswelt!

Jammertal

Der Nachtwind durch die Luken pfeift,
Und auf dem Dachstublager
Zwei arme Seelen gebettet sind;
Sie schauen so blaß und mager.

Die eine arme Seele spricht:
Umschling mich mit deinen Armen,
An meinen Mund drück fest deinen Mund,
Ich will an dir erwarmen.

Die andere arme Seele spricht:
Wenn ich dein Auge sehe,
Verschwindet mein Elend, der Hunger, der Frost
Und all mein Erdenwehe.

Sie küßten sich viel, sie weinten noch mehr,
Sie drückten sich seufzend die Hände,
Sie lachten manchmal und sangen sogar,
Und sie verstummten am Ende.

Am Morgen kam der Kommissär,
Und mit ihm kam ein braver
Chirurgus, welcher konstatiert
Den Tod der beiden Kadaver.

Die strenge Wittrung, erklärte er,
Mit Magenleere vereinigt,
Hat beider Ableben verursacht, sie hat
Zum mindesten solches beschleunigt.

Wenn Fröste eintreten, setzt er hinzu,
Sei höchst notwendig Verwahrung
Durch wollene Decken; er empfahl
Gleichfalls gesunde Nahrung.

Eduard

Panaschierter Leichenwagen,
Schwarzbehängte Trauerpferde!
Ihm, den sie zu Grabe tragen,
Glückte nichts auf dieser Erde.

War ein junger Mann. Er hätte
Gern wie andre sich erquicket
An dem irdischen Bankette,
Doch es ist ihm nicht geglücket.

Lieblich ward ihm eingeschenket
Der Champagner, perlenschäumend;
Doch er saß, das Haupt gesenket,
Melancholisch ernst und träumend.

Manchmal ließ er in den Becher
Eine stille Träne fließen,
Während rings umher die Zecher
Ihre Lust erschallen ließen.

Nun geh schlafen! Viel freudsamer
Wachst du auf in Himmelssälen,
Und kein Weltrausch-Katzenjammer
Wird dich dort wie andre quälen.

Erlauschtes

»O kluger Jekef, wie viel hat dir
Der lange Christ gekostet,
Der Gatte deines Töchterleins?
Sie war schon ein bißchen verrostet.

Du zahltest sechzigtausend Mark?
Du zahltest vielleicht auch siebzig?
Ist nicht zuviel für Christenfleisch –
Dein Töchterlein war so schnippsig.

Ich bin ein Schlemihl! Wohl doppelt so viel
Hat man mir abgenommen,
Und hab für all mein schönes Geld
Nur Schund, nur Schofel bekommen.«

Der kluge Jekef lächelt so klug,
Und spricht wie Nathan der Weise:
»Du gibst zu viel und zu rasch, mein Freund,
Und du verdirbst uns die Preise.

Du hast nur dein Geschäft im Kopf,
Denkst nur an Eisenbahne;
Doch ich bin ein Müßiggänger, ich geh
Spazieren und brüte Plane.

Wir überschätzen die Christen zu sehr,
Ihr Wert hat abgenommen;
Ich glaube, für hunderttausend Mark
Kannst du einen Papst bekommen.

Ich hab für mein zweites Töchterlein
Jetzt einen Bräutgam im Petto,
Der ist Senator und mißt sechs Fuß,
Hat keine Kusinen im Getto.

Nur vierzigtausend Mark Kurant
Geb ich für diesen Christen;
Die Hälfte der Summe zahl ich komptant,
Den Rest verzinst in Fristen.

Mein Sohn wird Bürgermeister einst,
Trotz seinem hohen Rücken;
Ich setz es durch – der Wandrahm soll
Sich vor meinem Samen bücken.

Mein Schwager, der große Spitzbub, hat
Mir gestern zugeschworen:
Du kluger Jekef, es geht an dir
Ein Talleyrand verloren.«

Das waren die Worte, die mir einst,
Als ich spazierengegangen
Zu Hamburg auf dem Jungfernstieg,
Ans Ohr vorüberklangen.

Aus der Zopfzeit
Fabel

Zu Kassel waren zwei Ratten,
Die nichts zu essen hatten.

Sie sahen sich lange hungrig an;
Die eine Ratte zu wispern begann:

Ich weiß einen Topf mit Hirsebrei,
Doch leider steht eine Schildwach dabei;

Sie trägt kurfürstliche Uniform,
Und hat einen Zopf, der ist enorm;

Die Flinte ist geladen mit Schrot,
Und wer sich naht, den schießt sie tot!«

Die andere Ratte knistert
Mit ihren Zähnchen und wispert:

Des Kurfürsten Durchlaucht sind gescheit,
Er liebt die gute alte Zeit,

Die Zeit der alten Katten,
Die lange Zöpfe hatten.

Durch ihre Zöpfe die Katten
Wetteiferten mit den Ratten.

Der Zopf ist aber das Sinnbild nur
Des Schwanzes, den uns verlieh die Natur;

Wir auserwählten Geschöpfe,
Wir haben natürliche Zöpfe.

O Kurfürst, liebst du die Katten,
So liebst du auch die Ratten;

Gewiß für uns dein Herze klopft,
Da wir schon von der Natur bezopft.

O gib, du edler Philozopf,
O gib uns frei den Hirsetopf,

O gib uns frei den Topf mit Brei,
Und löse ab die Schildwach dabei!

Für solche Huld, für solchen Brei,
Wir wollen dir dienen mit Lieb und Treu.

Und stirbst du einst, auf deinem Grab
Wir schneiden uns traurig die Schwänze ab,

Und flechten sie um dein Haupt als Kranz;
Dein Lorbeer sei ein Rattenschwanz!«

Der tugendhafte Hund

Ein Pudel, der mit gutem Fug
Den schönen Namen Brutus trug,
War viel berühmt im ganzen Land
Ob seiner Tugend und seinem Verstand.
Er war ein Muster der Sittlichkeit,
Der Langmut und Bescheidenheit.
Man hörte ihn loben, man hörte ihn preisen
Als einen vierfüßigen Nathan den Weisen.
Er war ein wahres Hundejuwel!
So ehrlich und treu! Eine schöne Seel!
Auch schenkte sein Herr in allen Stücken
Ihm volles Vertrauen, er konnte ihn schicken
Sogar zum Fleischer. Der edle Hund
Trug dann einen Hängekorb im Mund,
Worin der Metzger das schöngehackte
Rindfleisch, Schaffleisch, auch Schweinefleisch packte. –
Wie lieblich und lockend das Fett gerochen,
Der Brutus berührte keinen Knochen,

Und ruhig und sicher, mit stoischer Würde,
Trug er nach Hause die kostbare Bürde.

Doch unter den Hunden wird gefunden
Auch eine Menge von Lumpenhunden
– Wie unter uns –, gemeine Köter,
Tagdiebe, Neidharde, Schwerenöter,
Die ohne Sinn für sittliche Freuden
Im Sinnenrausch ihr Leben vergeuden!
Verschworen hatten sich solche Racker
Gegen den Brutus, der treu und wacker,
Mit seinem Korb im Maule, nicht
Gewichen von dem Pfad der Pflicht. –

Und eines Tages, als er kam
Vom Fleischer und seinen Rückweg nahm
Nach Hause, da ward er plötzlich von allen
Verschwornen Bestien überfallen;
Da ward ihm der Korb mit dem Fleisch entrissen,
Da fielen zu Boden die leckersten Bissen,
Und fraßbegierig über die Beute
Warf sich die ganze hungrige Meute –
Brutus sah anfangs dem Schauspiel zu
Mit philosophischer Seelenruh;
Doch als er sah, daß solchermaßen
Sämtliche Hunde schmausten und fraßen,
Da nahm auch er an der Mahlzeit teil
Und speiste selbst eine Schöpsenkeul.

Moral

Auch du, mein Brutus, auch du, du frißt?
So ruft wehmütig der Moralist.
Ja, böses Beispiel kann verführen;
Und, ach! Gleich allen Säugetieren,
Nicht ganz und gar vollkommen ist
Der tugendhafte Hund – er frißt!

Pferd und Esel

Auf eisernen Schienen, so schnell wie der Blitz,
Dampfwagen und Dampfkutschen
Mit dem schwarzbewimpelten Rauchfangmast
Prasselnd vorüberrutschen.

Der Troß kam einem Gehöft vorbei,
Wo über die Hecke guckte
Langhalsig ein Schimmel; neben ihm stand
Ein Esel, der Disteln schluckte.

Mit stierem Blick sah lange das Pferd
Dem Zuge nach. Es zittert
An allen Gliedern, und seufzt und spricht:
Der Anblick hat mich erschüttert!

Wahrhaftig, wär ich nicht von Natur
Bereits gewesen ein Schimmel,
Erbleichend vor Schrecken wär mir die Haut
Jetzt weiß geworden – o Himmel!

Bedroht ist das ganze Pferdegeschlecht
Von schrecklichen Schicksalsschlägen.
Obgleich ein Schimmel, schau ich jedoch
Einer schwarzen Zukunft entgegen.

Uns Pferde tötet die Konkurrenz
Von diesen Dampfmaschinen –
Zum Reiten, zum Fahren wird sich der Mensch
Des eisernen Viehes bedienen.

Und kann der Mensch zum Reiten uns,
Zum Fahren uns entbehren –
Ade der Hafer! Ade das Heu!
Wer wird uns dann ernähren?

Des Menschen Herz ist hart wie Stein;
Der Mensch gibt keinen Bissen
Umsonst. Man jagt uns aus dem Stall,
Wir werden verhungern müssen.

Wir können nicht borgen und stehlen nicht,
Wie jene Menschenkinder,
Auch schmeicheln nicht,
        wie der Mensch und der Hund –
Wir sind verfallen dem Schinder.

  So klagte das Roß, und seufzte tief.
Der Langohr unterdessen
Hat mit der gemütlichsten Seelenruh
Zwei Distelköpfe gefressen.

  Er leckte die Schnauze mit der Zung,
Und gemütlich begann er zu sprechen:
Ich will mir wegen der Zukunft nicht
Schon heute den Kopf zerbrechen.

  Ihr stolzen Rosse seid freilich bedroht
Von einem schrecklichen Morgen.
Für uns bescheidne Esel jedoch
Ist keine Gefahr zu besorgen.

  So Schimmel wie Rappen,
        so Schecken wie Fuchs,
Ihr seid am Ende entbehrlich;
Uns Esel jedoch ersetzt Hans Dampf
Mit seinem Schornstein schwerlich.

  Wie klug auch die Maschinen sind,
Welche die Menschen schmieden,
Dem Esel bleibt zu jeder Zeit
Sein sicheres Dasein beschieden.

  Der Himmel verläßt seine Esel nicht,
Die, ruhig im Pflichtgefühle,
Wie ihre frommen Väter getan,
Tagtäglich traben zur Mühle.

  Das Mühlrad klappert, der Müller mahlt
Und schüttet das Mehl in die Säcke;
Das trag ich zum Bäcker, der Bäcker backt,
Und der Mensch frißt Bröte und Wecke.

In diesem uralten Naturkreislauf
Wird ewig die Welt sich drehen,
Und ewig unwandelbar, wie die Natur,
Wird auch der Esel bestehen.

Moral

Die Ritterzeit hat aufgehört,
Und hungern muß das stolze Pferd.
Dem armen Luder, dem Esel, aber
Wird niemals fehlen sein Heu und Haber.

Testament

Ich mache jetzt mein Testament,
Es geht nun bald mit mir zu End.
Nur wundre ich mich, daß nicht schon längstens
Mein Herz gebrochen vor Gram und Ängsten.

Du aller Frauen Huld und Zier,
Luise! Ich vermache dir
Zwölf alte Hemde und hundert Flöhe
Und dreimalhunderttausend Flüche.

Dem guten Freund, der mit gutem Rat
Mir immer riet und nie was tat,
Jetzt, als Vermächtnis, rat ich ihm selber:
Nimm eine Kuh und zeuge Kälber.

Wem geb ich meine Religion,
Den Glauben an Vater, Geist und Sohn?
Der Kaiser von China, der Rabbi von Posen,
Sie sollen beide darum losen.

Den deutschen Freiheits- und Gleichheitstraum,
Die Seifenblasen vom besten Schaum,
Vermach ich dem Zensor der Stadt Krähwinkel;
Nahrhafter freilich ist Pumpernickel.

Die Taten, die ich noch nicht getan,
Den ganzen Vaterlandsrettungsplan,

Nebst einem Rezept gegen Katzenjammer,
Vermach ich den Helden der badischen Kammer.

Und eine Schlafmütz, weiß wie Kreid,
Vermach ich dem Vetter, der zur Zeit
Für die Heidschnuckenrechte so kühn geredet;
Jetzt schweigt er wie ein echter Römer.

Und ich vermache dem Sittenwart
Und Glaubensvogt zu Stuttegard
Ein Paar Pistolen (doch nicht geladen),
Kann seiner Frau damit Furcht einjagen.

Ein treues Abbild von meinem Steiß
Vermach ich der schwäbischen Schule; ich weiß,
Ihr wolltet mein Gesicht nicht haben,
Nun könnt ihr am Gegenteil euch laben.

Zwölf Krüge Seidlitzer Wasser vermach
Ich dem edlen Dichtergemüt, das, ach!
Seit Jahren leidet an Sangesverstopfung;
Ihn tröstete Liebe, Glaube und Hoffnung.

Und dieses ist ein Kodizill:
Für den Fall, daß keiner annehmen will
Die erwähnten Legate, so sollen sie alle
Der römisch-katholischen Kirche verfallen.

Vermittlung

Du bist begeistert, du hast Mut –
Auch das ist gut!
Doch kann man mit Begeistrungsschätzen
Nicht die Besonnenheit ersetzen.

Der Feind, ich weiß es, kämpfet nicht
Für Recht und Licht –
Doch hat er Flinten und nicht minder
Kanonen, viele Hundertpfünder.

Nimm ruhig dein Gewehr zur Hand –
Den Hahn gespannt –
Und ziele gut – wenn Leute fallen,
Mag auch dein Herz vor Freude knallen.

König Langohr I.

Bei der Königswahl, wie sich versteht,
Hatten die Esel die Majorität,
Und es wurde ein Esel zum König gewählt.
Doch hört, was jetzt die Chronik erzählt:

Der gekrönte Esel bildete sich
Jetzt ein, daß er einem Löwen glich;
Er hing sich um eine Löwenhaut,
Und brüllte wie ein Löwe so laut.
Er pflegte Umgang nur mit Rossen –
Das hat die alten Esel verdrossen.
Bulldoggen und Wölfe waren sein Heer,
Drob murrten die Esel noch viel mehr.
Doch als er den Ochsen zum Kanzler erhoben,
Vor Wut die Esel rasten und schnoben.
Sie drohten sogar mit Revolution!
Der König erfuhr es, und stülpte die Kron
Sich schnell aufs Haupt und wickelte schnell
Sich in sein mutiges Löwenfell.
Dann ließ er vor seines Thrones Stufen
Die malkontenten Esel rufen,
Und hat die folgende Rede gehalten:

»Hochmögende Esel, ihr jungen und alten!
Ihr glaubt, daß ich ein Esel sei
Wie ihr, ihr irrt euch, ich bin ein Leu;
Das sagt mir jeder an meinem Hofe,
Von der Edeldame bis zur Zofe.
Mein Hofpoet hat ein Gedicht
Auf mich gemacht, worin er spricht:
›Wie angeboren dem Kamele
Der Buckel ist, ist deiner Seele
Die Großmut des Löwen angeboren –
Es hat dein Herz keine langen Ohren!‹

So singt er in seiner schönsten Strophe,
Die jeder bewundert an meinem Hofe.
Hier bin ich geliebt; die stolzesten Pfauen
Wetteifern, mein königlich Haupt zu krauen.
Die Künste beschütz ich; man muß gestehn,
Ich bin zugleich August und Mäzen.
Ich habe ein schönes Hoftheater;
Die Heldenrollen spielt mein Kater.
Die Mimin Mimi, die holde Puppe,
Und zwanzig Möpse bilden die Truppe.
Ich hab eine Malerakademie
Gestiftet für Affen von Genie.
Als ihren Direktor hab ich in Petto
Den Rafael des Hamburger Getto,
Lehmann vom Dreckwall, zu engagieren;
Er soll mich auch selber porträtieren.
Ich hab eine Oper, ich hab ein Ballett,
Wo halb entkleidet und ganz kokett
Gar allerliebste Vögel singen
Und höchst talentvolle Flöhe springen.
Kapellenmeister ist Meyer-Bär,
Der musikalische Millionär;
Jetzt schreibt der große Bären-Meyer
Ein Festspiel zu meiner Vermählungsfeier.
Ich selber übe die Tonkunst ein wenig,
Wie Friedrich der Große, der Preußenkönig.
Er blies die Flöte, ich schlage die Laute,
Und manches schöne Auge schaute
Sehnsüchtig mich an, wenn ich mit Gefühl
Geklimpert auf meinem Saitenspiel.
Mit Freude wird einst die Königin
Entdecken, wie musikalisch ich bin!
Sie selbst ist eine vollkommene Stute
Von hoher Geburt, vom reinsten Blute.
Sie ist eine nahe Anverwandte
Von Don Quixottes Rosinante;
Ihr Stammbaum bezeugt, daß sie nicht minder
Verwandt mit dem Bayard der Haimonskinder;
Sie zählt auch unter ihren Ahnen
Gar manchen Hengst, der unter den Fahnen
Gottfrieds von Bouillon gewiehert hat,

Als dieser erobert die heilige Stadt.
Vor allem aber durch ihre Schöne
Glänzt sie! Wenn sie schüttelt die Mähne,
Und wenn sie schnaubt mit den rosigen Nüstern,
Jauchzt auf mein Herz, entzückt und lüstern –
Sie ist die Blume und Krone der Mähren
Und wird mir einen Kronerben bescheren.
Ihr seht, verknüpft mit dieser Verbindung
Ist meiner Dynastie Begründung.
Mein Name wird nicht untergehn,
Wird ewig in Klios Annalen bestehn.
Die hohe Göttin wird von mir sagen,
Daß ich ein Löwenherz getragen
In meiner Brust, daß ich weise und klug
Regiert und auch die Laute schlug.«

    Hier rülpste der König, doch unterbrach er
Nicht lange die Rede, und weiter sprach er:

    »Hochmögende Esel, ihr jungen und alten!
Ich werd euch meine Gunst erhalten,
Solang ihr derselben würdig seid.
Zahlt eure Steuern zur rechten Zeit
Und wandelt stets der Tugend Bahn,
Wie weiland eure Väter getan,
Die alten Esel! Sie trugen zur Mühle
Geduldig die Säcke; denn ihre Gefühle,
Sie wurzelten tief in der Religion.
Sie wußten nichts von Revolution –
Kein Murren entschlüpfte der dicken Lippe,
Und an der Gewohnheit frommen Krippe
Fraßen sie friedlich ihr tägliches Heu!
Die alte Zeit, sie ist vorbei.
Ihr neueren Esel seid Esel geblieben,
Doch ohne Bescheidenheit zu üben.
Ihr wedelt kümmerlich mit dem Schwanz,
Doch drunter lauert die Arroganz.
Ob eurer albernen Miene hält
Für ehrliche Esel euch die Welt;
Ihr seid unehrlich und boshaft dabei,
Trotz eurer demütigen Eselei.

Steckt man euch Pfeffer in den Steiß,
Sogleich erhebt ihr des Eselgeschreis
Entsetzliche Laute! Ihr möchtet zerfleischen
Die ganze Welt, und könnt nur kreischen.
Unsinniger Jähzorn, der alles vergißt!
Ohnmächtige Wut, die lächerlich ist!
Eur dummes Gebreie, es offenbart,
Wie viele Tücken jeder Art,
Wie ganz gemeine Schlechtigkeit
Und blöde Niederträchtigkeit
Und Gift und Galle und Arglist sogar
In der Eselshaut verborgen war.«

Hier rülpste der König, doch unterbrach er
Nicht lange die Rede, und weiter sprach er:

»Hochmögende Esel, ihr jungen und alten!
Ihr seht, ich kenne euch! Ungehalten,
Ganz allerhöchst ungehalten bin ich,
Daß ihr so schamlos widersinnig
Verunglimpft habt mein Regiment.
Auf eurem Eselsstandpunkt könnt
Ihr nicht die großen Löwenideen
Von meiner Politik verstehen.
Nehmt euch in acht! In meinem Reiche
Wächst manche Buche und manche Eiche,
Woraus man die schönsten Galgen zimmert,
Auch gute Stöcke. Ich rat euch, bekümmert
Euch nicht ob meinem Schalten und Walten,
Ich rat euch, ganz das Maul zu halten!
Die Räsonneure, die frechen Sünder,
Die laß ich öffentlich stäupen vom Schinder;
Sie sollen im Zuchthaus Wolle kratzen.
Wird einer gar von Aufruhr schwatzen
Und Straßen entpflastern zur Barrikade –
Ich laß ihn henken ohne Gnade.
Das hab ich euch, Esel, einschärfen wollen!
Jetzt könnt ihr euch nach Hause trollen.«

Als diese Rede der König gehalten,
Da jauchzten die Esel, die jungen und alten;
Sie riefen einstimmig: »I-A! I-A!
Es lebe der König! Hurrah! Hurrah!«

Die Wahlesel

Die Freiheit hat man satt am End,
Und die Republik der Tiere
Begehrte, daß ein einzger Regent
Sie absolut regiere.

Jedwede Tiergattung versammelte sich,
Wahlzettel wurden geschrieben;
Parteisucht wütete fürchterlich,
Intrigen wurden getrieben.

Das Komitee der Esel ward
Von Alt-Langohren regieret;
Sie hatten die Köpfe mit einer Kokard,
Die schwarz-rot-gold, verzieret.

Es gab eine kleine Pferdepartei,
Doch wagte sie nicht zu stimmen;
Sie hatte Angst vor dem Geschrei
Der Alt-Langohren, der grimmen.

Als einer jedoch die Kandidatur
Des Rosses empfahl, mit Zeter
Ein Alt-Langohr in die Rede ihm fuhr,
Und schrie: Du bist ein Verräter!

Du bist ein Verräter, es fließt in dir
Kein Tropfen vom Eselsblute;
Du bist kein Esel, ich glaube schier,
Dich warf eine welsche Stute.

Du stammst vom Zebra vielleicht, die Haut
Sie ist gestreift zebräisch;
Auch deiner Stimme näselnder Laut
Klingt ziemlich ägyptisch-hebräisch.

Und wärst du kein Fremdling, so bist du doch nur
Verstandesesel, ein kalter;
Du kennst nicht die Tiefen der Eselsnatur,
Dir klingt nicht ihr mystischer Psalter.

Ich aber versenkte die Seele ganz
In jenes süße Gedösel;
Ich bin ein Esel, in meinem Schwanz
Ist jedes Haar ein Esel.

Ich bin kein Römling, ich bin kein Slaw;
Ein deutscher Esel bin ich,
Gleich meinen Vätern. Sie waren so brav,
So pflanzenwüchsig, so sinnig.

Sie spielten nicht mit Galanterei
Frivole Lasterspiele;
Sie trabten täglich, frisch-fromm-fröhlich-frei,
Mit ihren Säcken zur Mühle.

Die Väter sind nicht tot! Im Grab
Nur ihre Häute liegen,
Die sterblichen Hüllen. Vom Himmel herab
Schaun sie auf uns mit Vergnügen.

Verklärte Esel im Glorialicht!
Wir wollen euch immer gleichen
Und niemals von dem Pfad der Pflicht
Nur einen Fingerbreit weichen.

O welche Wonne, ein Esel zu sein!
Ein Enkel von solchen Langohren!
Ich möcht es von allen Dächern schrein:
Ich bin als ein Esel geboren.

Der große Esel, der mich erzeugt,
Er war von deutschem Stamme;
Mit deutscher Eselsmilch gesäugt
Hat mich die Mutter, die Mamme.

Ich bin ein Esel, und will getreu,
Wie meine Väter, die Alten,
An der alten, lieben Eselei,
Am Eseltume halten.

Und weil ich ein Esel, so rat ich euch,
Den Esel zum König zu wählen;
Wir stiften das große Eselreich,
Wo nur die Esel befehlen.

Wir alle sind Esel! I-A! I-A!
Wir sind keine Pferdeknechte.
Fort mit den Rossen! Es lebe, hurrah!
Der König vom Eselsgeschlechte!

So sprach der Patriot. Im Saal
Die Esel Beifall rufen.
Sie waren alle national,
Und stampften mit den Hufen.

Sie haben des Redners Haupt geschmückt
Mit einem Eichenkranze.
Er dankte stumm, und hochbeglückt
Wedelt' er mit dem Schwanze.

1649–1793–????

Die Briten zeigten sich sehr rüde
Und ungeschliffen als Regicide.
Schlaflos hat König Karl verbracht
In Whitehall seine letzte Nacht.
Vor seinem Fenster sang der Spott
Und ward gehämmert an seinem Schafott.

Viel höflicher nicht die Franzosen waren.
In einem Fiaker haben diese
Den Ludwig Capet zum Richtplatz gefahren;
Sie gaben ihm keine Calèche de Remise,
Wie nach der alten Etikette
Der Majestät gebühret hätte.

Noch schlimmer ergings der Marie Antoinette,
Denn sie bekam nur eine Charrette;
Statt Chambellan und Dame d'Atour
Ein Sansculotte mit ihr fuhr.
Die Witwe Capet hob höhnisch und schnippe
Die dicke habsburgische Unterlippe.

Franzosen und Briten sind von Natur
Ganz ohne Gemüt; Gemüt hat nur
Der Deutsche, er wird gemütlich bleiben
Sogar im terroristischen Treiben.
Der Deutsche wird die Majestät
Behandeln stets mit Pietät.
In einer sechsspännigen Hofkarosse,
Schwarz panaschiert und beflort die Rosse,
Hoch auf dem Bock mit der Trauerpeitsche
Der weinende Kutscher – so wird der deutsche
Monarch einst nach dem Richtplatz kutschiert
Und untertänigst guillotiniert.

Die Menge tut es

>Die Pfannekuchen, die ich gegeben bisher für
drei Silbergroschen, ich geb sie nunmehr für
zwei Silbergroschen; die Menge tut es.«

Nie löscht, als wär sie gegossen in Bronze,
Mir im Gedächtnis jene Annonce,
Die einst ich las im Intelligenzblatt
Der intelligenten Borussenhauptstadt.

Borussenhauptstadt, mein liebes Berlin,
Dein Ruhm wird blühen ewig *grihn*
Als wie die *Beeme* deiner Linden –
Leiden sie immer noch an Winden?
Wie gehts dem Tiergarten? Gibts dort noch ein Tier,
Das ruhig trinkt sein blondes Bier,
Mit der blonden Gattin, in den Hütten,
Wo kalte Schale und fromme Sitten?

Borussenhauptstadt, Berlin, was machst du?
Ob welchem Eckensteher lachst du?

Zu meiner Zeit gabs noch keinen Nante:
Es haben damals nur gewitzelt
Der Herr Wisotzki und der bekannte
Kronprinz, der jetzt auf dem Throne sitzelt.
Es ist ihm seitdem der Spaß vergangen,
Und den Kopf mit der Krone läßt er hangen.
Ich habe ein Faible für diesen König;
Ich glaube, wir sind uns ähnlich ein wenig.
Ein vornehmer Geist, hat viel Talent –
Auch ich, ich wäre ein schlechter Regent.
Wie mir, ist auch zuwider ihm
Die Musik, das edle Ungetüm;
Aus diesem Grund protegiert auch er
Den Musikverderber, den Meyerbeer.
Der König bekam von ihm kein Geld,
Wie fälschlich behauptet die böse Welt.
Man lügt so viel! Auch keinen Dreier
Kostet der König dem Beerenmeyer.
Derselbe dirigiert für ihn
Die große Oper zu Berlin,
Und doch auch er, der edle Mensch,
Wird nur bezahlt en monnaie de singe,
Mit Titel und Würden – Das ist gewiß,
Er arbeitet dort für den Roi de Prusse.

    Denk ich an Berlin, auch vor mir steht
Sogleich die Universität.
Dort reiten vorüber die roten Husaren,
Mit klingendem Spiel, Trompetenfanfaren –
Es dringen die soldatesken Töne
Bis in die Aula der Musensöhne.
Wie geht es dort den Professoren
Mit mehr oder minder langen Ohren?
Wie geht es dem elegant geleckten,
Süßlichen Troubadour der Pandekten,
Dem Savigny? Die holde Person,
Vielleicht ist sie längst gestorben schon –
Ich weiß es nicht – ihr dürfts mir entdecken,
Ich werde nicht zu sehr erschrecken.
Auch Lott ist tot! Die Sterbestunde,
Sie schlägt für Menschen wie für Hunde,

Zumal für Hunde jener Zunft,
Die immer angebellt die Vernunft
Und gern zu einem römischen Knechte
Den deutschen Freiling machen möchte.
Und der Maßmann mit der platten Nas,
Hat Maßmann noch nicht gebissen ins Gras?
Ich will es nicht wissen, o sagt es mir nicht,
Wenn er verreckt – ich würde weinen.

O mag er noch lange im Lebenslicht
Hintrippeln auf seinen kurzen Beinchen,
Das Wurzelmännchen, das Alräunchen
Mit dem Hängewanst! O diese Figur
War meine Lieblingskreatur
So lange Zeit – ich sehe sie noch –
So klein sie war, sie soff wie ein Loch,
Mit seinen Schülern, die bierentzügelt
Den armen Turnmeister am Ende geprügelt.
Und welche Prügel! Die jungen Helden,
Sie wollten beweisen, daß rohe Kraft
Und Flegeltum noch nicht erschlafft
Beim Enkel von Hermann und Thusnelden!
Die ungewaschnen germanischen Hände,
Sie schlugen so gründlich, das nahm kein Ende,
Zumal in den Steiß die vielen Fußtritte,
Die das arme Luder geduldig litte.
Ich kann, rief ich, dir nicht versagen
All meine Bewundrung; wie kannst du ertragen
So viele Prügel? Du bist ein Brutus!
Doch Maßmann sprach: »Die Menge tut es.«

    Und apropos: wie sind geraten
In diesem Jahr die Teltower Rüben
Und sauren Gurken in meiner lieben
Borussenstadt? Und die Literaten,
Befinden sie sich noch frisch und munter?
Und ist immer noch kein Genie darunter?
Jedoch, wozu ein Genie? Wir laben
Uns besser an frommen, bescheidnen Gaben,
Auch sittliche Menschen haben ihr Gutes –
Zwölf machen ein Dutzend – die Menge tut es.

Und wie gehts in Berlin den Leutenants
Der Garde? Haben sie noch ihre Arroganz
Und ihre ungeschnürte Taille?
Schwadronieren sie noch von Kanaille?

Ich rate euch, nehmt euch in acht,
Es bricht noch nicht, jedoch es kracht;
Und es ist das Brandenburger Tor
Noch immer so groß und so weit wie zuvor,
Und man könnt euch auf einmal
   zum Tor hinaus schmeißen,
Euch alle, mitsamt dem Prinzen von Preußen –

Die Menge tut es.

Simplicissimus I.

Der eine kann das Unglück nicht,
Der andre nicht das Glück verdauen.
Durch Männerhaß verdirbt der eine,
Der andre durch die Gunst der Frauen.

Als ich dich sah zum ersten Mal,
War fremd dir alles galante Gehöfel;
Es deckten die plebejischen Hände
Noch nicht Glacéhandschuhe von Rehfell.

Das Röcklein, das du trugest, war grün
Und zählte schon sehr viele Lenze;
Die Ärmel zu kurz, zu lang die Schöße,
Erinnernd an Bachstelzenschwänze.

Du trugest ein Halstuch, das der Mama
Als Serviette gedienet hatte;
Noch wiegte sich nicht dein Kinn so vornehm
In einer gestickten Atlaskrawatte.

Die Stiefel sahen so ehrlich aus,
Als habe Hans Sachs sie fabrizieret;

Noch nicht mit gleißend französischem Firnis,
Sie waren mit deutschem Tran geschmieret.

Nach Bisam und Moschus rochest du nicht,
Am Halse hing noch keine Lorgnette,
Du hattest noch keine Weste von Sammet
Und keine Frau und goldne Kette.

Du trugest dich zu jener Zeit
Ganz nach der allerneusten Mode
Von Schwäbisch-Hall – und dennoch, damals
War deines Lebens Glanzperiode.

Du hattest Haare auf dem Kopf,
Und unter den Haaren, groß und edel,
Wuchsen Gedanken – aber jetzo
Ist kahl und leer dein armer Schädel.

Verschwunden ist auch der Lorbeerkranz,
Der dir bedecken könnte die Glatze –
Wer hat dich so gerauft? Wahrhaftig,
Siehst aus wie eine geschorene Katze!

Die goldnen Dukaten des Schwiegerpapas,
Des Seidenhändlers, sind auch zerronnen –
Der Alte klagt: Bei der deutschen Dichtkunst
Habe er keine Seide gesponnen.

Ist das der Lebendige, der die Welt
Mit all ihren Knödeln, Dampfnudeln und Würsten
Verschlingen wollte, und in den Hades
Verwies den Pückler-Muskau, den Fürsten?

Ist das der irrende Ritter, der einst,
Wie jener andere, der Manchaner,
Absagebriefe schrieb an Tyrannen,
Im Stile der kecksten Tertianer?

Ist das der Generalissimus
Der deutschen Freiheit, der Gonfaloniere

Der Emanzipation, der hoch zu Rosse
Einherritt vor seinem Freischarenheere?

Der Schimmel, den er ritt, war weiß,
Wie alle Schimmel, worauf die Götter
Und Helden geritten, die längst verschimmelt;
Begeistrung jauchzte dem Vaterlandsretter.

Er war ein reitender Virtuos,
Ein Liszt zu Pferde, ein somnambüler
Marktschreier, Hansnarr, Philistergünstling,
Ein miserabler Heldenspieler!

Als Amazone ritt neben ihm
Die Gattin mit der langen Nase;
Sie trug auf dem Hut eine kecke Feder,
Im schönen Auge blitzte Ekstase.

Die Sage geht, es habe die Frau
Vergebens bekämpft den Kleinmut des Gatten,
Als Flintenschüsse seine zarten
Unterleibsnerven erschüttert hatten.

Sie sprach zu ihm: »Sei jetzt kein Has,
Entmemme dich deiner verzagten Gefühle,
Jetzt gilt es zu siegen oder zu sterben –
Die Kaiserkrone steht auf dem Spiele.

Denk an die Not des Vaterlands
Und an die eignen Schulden und Nöten.
In Frankfurt laß ich dich krönen, und Rothschild
Borgt dir wie andren Majestäten.

Wie schön der Mantel von Hermelin
Dich kleiden wird! Das Vivatschreien,
Ich hör es schon; ich seh auch die Mädchen,
Die weißgekleidet dir Blumen streuen« –

Vergebliches Mahnen! Antipathien
Gibt es, woran die Besten siechen,

Wie Goethe nicht den Rauch des Tabaks,
Kann unser Held kein Pulver riechen.

Die Schüsse knallen – der Held erblaßt,
Er stottert manche unsinnige Phrase,
Er phantasieret gelb – die Gattin
Hält sich das Tuch vor der langen Nase.

So geht die Sage – Ist sie wahr?
Wer weiß es? Wir Menschen sind nicht vollkommen.
Sogar der große Horatius Flaccus
Hat in der Schlacht Reißaus genommen.

Das ist auf Erden des Schönen Los!
Die Feinen gehn unter, ganz wie die Plumpen;
Ihr Lied wird Makulatur, sie selber,
Die Dichter, werden am Ende Lumpen.

Die Wanderratten

Es gibt zwei Sorten Ratten:
Die hungrigen und satten.
Die satten bleiben vergnügt zu Haus,
Die hungrigen aber wandern aus.

Sie wandern viel tausend Meilen,
Ganz ohne Rasten und Weilen,
Gradaus in ihrem grimmigen Lauf,
Nicht Wind noch Wetter hält sie auf.

Sie klimmen wohl über die Höhen,
Sie schwimmen wohl durch die Seen;
Gar manche ersäuft oder bricht das Genick,
Die lebenden lassen die toten zurück.

Es haben diese Käuze
Gar fürchterliche Schnäuze;
Sie tragen die Köpfe geschoren egal,
Ganz radikal, ganz rattenkahl.

Die radikale Rotte
Weiß nichts von einem Gotte.
Sie lassen nicht taufen ihre Brut,
Die Weiber sind Gemeindegut.

Der sinnliche Rattenhaufen,
Er will nur fressen und saufen,
Er denkt nicht, während er säuft und frißt,
Daß unsre Seele unsterblich ist.

So eine wilde Ratze,
Die fürchtet nicht Hölle, nicht Katze;
Sie hat kein Gut, sie hat kein Geld
Und wünscht aufs neue zu teilen die Welt.

Die Wanderratten, o wehe!
Sie sind schon in der Nähe.
Sie rücken heran, ich höre schon
Ihr Pfeifen – die Zahl ist Legion.

O wehe! Wir sind verloren,
Sie sind schon vor den Toren!
Der Bürgermeister und Senat,
Sie schütteln die Köpfe, und keiner weiß Rat.

Die Bürgerschaft greift zu den Waffen,
Die Glocken läuten die Pfaffen.
Gefährdet ist das Palladium
Des sittlichen Staats, das Eigentum.

Nicht Glockengeläute, nicht Pfaffengebete,
Nicht hochwohlweise Senatsdekrete,
Auch nicht Kanonen, viel Hundertpfünder,
Sie helfen euch heute, ihr lieben Kinder!

Heut helfen euch nicht die Wortgespinste
Der abgelebten Redekünste.
Man fängt nicht Ratten mit Syllogismen,
Sie springen über die feinsten Sophismen.

Im hungrigen Magen Eingang finden
Nur Suppenlogik mit Knödelgründen,
Nur Argumente von Rinderbraten,
Begleitet von Göttinger Wurstzitaten.

Ein schweigender Stockfisch, in Butter gesotten,
Behaget den radikalen Rotten
Viel besser als ein Mirabeau
Und alle Redner seit Cicero.

– 1856 –

FÜR DIE MOUCHE

Dich fesselt mein Gedankenbann,
Und was ich dachte, was ich sann,
Das mußt du denken, mußt du sinnen, –
Du kannst nicht meinem Geist entrinnen.

Stets weht dich an sein wilder Hauch,
Und wo du bist, da ist er auch;
Du bist sogar im Bett nicht sicher
Vor seinem Kusse und Gekicher!

Mein Leib liegt tot im Grab, jedoch
Mein Geist, der ist lebendig noch,
Er wohnt gleich einem Hauskobolde
In deinem Herzchen, meine Holde!

Vergönn das traute Nestchen ihm,
Du wirst nicht los das Ungetüm,
Und flöhest du bis China, Japan –
Du wirst nicht los den armen Schnapphahn!

Denn überall, wohin du reist,
Sitzt ja im Herzen dir mein Geist,
Und denken mußt du, was ich sann –
Dich fesselt mein Gedankenbann!

Lotosblume

Wahrhaftig, wir beide bilden
Ein kurioses Paar,
Die Liebste ist schwach auf den Beinen,
Der Liebhaber lahm sogar.

Sie ist ein leidendes Kätzchen,
Und er ist krank wie ein Hund,
Ich glaube, im Kopfe sind beide
Nicht sonderlich gesund.

Sie sei eine Lotosblume,
Bildet die Liebste sich ein;
Doch er, der blasse Geselle,
Vermeint, der Mond zu sein.

Die Lotosblume erschließet
Ihr Kelchlein im Mondenlicht,
Doch statt des befruchtenden Lebens
Empfängt sie nur ein Gedicht.

—

Worte! Worte! keine Taten!
Niemals Fleisch, geliebte Puppe,
Immer Geist und keinen Braten,
Keine Knödel in der Suppe!

Doch vielleicht ist dir zuträglich
Nicht die wilde Lendenkraft,
Welche galoppieret täglich
Auf dem Roß der Leidenschaft.

Ja, ich fürchte fast, es riebe,
Zartes Kind, dich endlich auf
Jene wilde Jagd der Liebe,
Amors Steeple-chase-Wettlauf.

Viel gesünder, glaub ich schier,
Ist für dich ein kranker Mann

Als Liebhaber, der gleich mir
Kaum ein Glied bewegen kann.

Deshalb unsrem Herzensbund,
Liebste, widme deine Triebe;
Solches ist dir sehr gesund,
Eine Art Gesundheitsliebe.

—

Laß mich mit glühnden Zangen kneipen,
Laß grausam schinden mein Gesicht,
Laß mich mit Ruten peitschen, stäupen –
Nur warten, warten laß mich nicht!

Laß mit Torturen aller Arten
Verrenken, brechen mein Gebein,
Doch laß mich nicht vergebens warten,
Denn warten ist die schlimmste Pein!

Den ganzen Nachmittag bis Sechse
Hab gestern ich umsonst geharrt –
Umsonst; du kamst nicht, kleine Hexe,
So daß ich fast wahnsinnig ward.

Die Ungeduld hielt mich umringelt
Wie Schlangen; – jeden Augenblick
Fuhr ich empor, wenn man geklingelt,
Doch kamst du nicht – ich sank zurück!

Du kamest nicht – ich rase, schnaube,
Und Satanas raunt mir ins Ohr:
Die Lotosblume, wie ich glaube,
Mokiert sich deiner, alter Tor!

—

Es träumte mir von einer Sommernacht,
Wo bleich, verwittert, in des Mondes Glanze
Bauwerke lagen, Reste alter Pracht,
Ruinen aus der Zeit der Renaissance.

Nur hie und da, mit dorisch ernstem Knauf,
Hebt aus dem Schutt sich einzeln eine Säule,
Und schaut ins hohe Firmament hinauf,
Als ob sie spotte seiner Donnerkeile.

Gebrochen auf dem Boden liegen rings
Portale, Giebeldächer mit Skulpturen,
Wo Mensch und Tier vermischt, Zentaur und Sphinx,
Satyr, Chimäre – Fabelzeitfiguren.

Es steht ein offner Marmorsarkophag
Ganz unverstümmelt unter den Ruinen,
Und gleichfalls unversehrt im Sarge lag
Ein toter Mann mit leidend sanften Mienen.

Karyatiden mit gerecktem Hals,
Sie scheinen mühsam ihn emporzuhalten.
An beiden Seiten sieht man ebenfalls
Viel basrelief gemeißelte Gestalten.

Hier sieht man des Olympos Herrlichkeit
Mit seinen lüderlichen Heidengöttern,
Adam und Eva stehn dabei, sind beid
Versehn mit keuschem Schurz von Feigenblättern.

Hier sieht man Trojas Untergang und Brand,
Paris und Helena, auch Hektor sah man;
Moses und Aaron gleich daneben stand,
Auch Esther, Judith, Holofern und Haman.

Desgleichen war zu sehn der Gott Amur,
Phöbus Apoll, Vulkanus und Frau Venus,
Pluto und Proserpine und Merkur,
Gott Bacchus und Priapus und Silenus.

Daneben stand der Esel Balaams
– Der Esel war zum Sprechen gut getroffen –
Dort sah man auch die Prüfung Abrahams
Und Lot, der mit den Töchtern sich besoffen.

Hier war zu schaun der Tanz Herodias',
Das Haupt des Täufers trägt man auf der Schüssel,
Die Hölle sah man hier und Satanas,
Und Petrus mit dem großen Himmelsschlüssel.

Abwechselnd wieder sah man hier skulpiert
Des geilen Jovis Brunst und Freveltaten,
Wie er als Schwan die Leda hat verführt,
Die Danaë als Regen von Dukaten.

Hier war zu sehn Dianas wilde Jagd,
Ihr folgen hochgeschürzte Nymphen, Doggen,
Hier sah man Herkules in Frauentracht,
Die Spindel drehend hält sein Arm den Rocken.

Daneben ist der Sinai zu sehn,
Am Berg steht Israel mit seinen Ochsen,
Man schaut den Herrn als Kind im Tempel stehn
Und disputieren mit den Orthodoxen.

Die Gegensätze sind hier grell gepaart,
Des Griechen Lustsinn und der Gottgedanke
Judäas! Und in Arabeskenart
Um beide schlingt der Efeu seine Ranke.

Doch, wunderbar! Derweilen solcherlei
Bildwerke träumend ich betrachtet habe,
Wird plötzlich mir zu Sinn, ich selber sei
Der tote Mann im schönen Marmorgrabe.

Zu Häupten aber meiner Ruhestätt
Stand eine Blume, rätselhaft gestaltet,
Die Blätter schwefelgelb und violett,
Doch wilder Liebreiz in der Blume waltet.

Das Volk nennt sie die Blum der Passion
Und sagt, sie sei dem Schädelberg entsprossen,
Als man gekreuzigt hat den Gottessohn,
Und dort sein welterlösend Blut geflossen.

Blutzeugnis, heißt es, gebe diese Blum,
Und alle Marterinstrumente, welche
Dem Henker dienten bei dem Märtyrtum,
Sie trüge sie abkonterfeit im Kelche.

Ja, alle Requisiten der Passion
Sähe man hier, die ganze Folterkammer,
Zum Beispiel: Geißel, Stricke, Dornenkron,
Das Kreuz, den Kelch, die Nägel und den Hammer.

Solch eine Blum an meinem Grabe stand,
Und über meinen Leichnam niederbeugend,
Wie Frauentrauer, küßt sie mir die Hand,
Küßt Stirne mir und Augen, trostlos schweigend.

Doch, Zauberei des Traumes! Seltsamlich,
Die Blum der Passion, die schwefelgelbe,
Verwandelt in ein Frauenbildnis sich,
Und das ist *sie* – die Liebste, ja, dieselbe!

Du warst die Blume, du geliebtes Kind,
An deinen Küssen mußt ich dich erkennen.
So zärtlich keine Blumenlippen sind,
So feurig keine Blumentränen brennen!

Geschlossen war mein Aug, doch angeblickt
Hat meine Seel beständig dein Gesichte,
Du sahst mich an, beseligt und verzückt,
Und geisterhaft beglänzt vom Mondenlichte!

Wir sprachen nicht, jedoch mein Herz vernahm,
Was du verschwiegen dachtest im Gemüte –
Das ausgesprochne Wort ist ohne Scham,
Das Schweigen ist der Liebe keusche Blüte.

Lautloses Zwiegespräch! Man glaubt es kaum,
Wie bei dem stummen, zärtlichen Geplauder
So schnell die Zeit verstreicht im schönen Traum
Der Sommernacht, gewebt aus Lust und Schauder.

Was wir gesprochen, frag es niemals, ach!
Den Glühwurm frag, was er dem Grase glimmert,
Die Welle frage, was sie rauscht im Bach,
Den Westwind frage, was er weht und wimmert.

Frag, was er strahlet, den Karfunkelstein,
Frag, was sie duften, Nachtviol und Rosen –
Doch frage nie, wovon im Mondenschein
Die Marterblume und ihr Toter kosen!

Ich weiß es nicht, wie lange ich genoß
In meiner schlummerkühlen Marmortruhe
Den schönen Freudentraum. Ach, es zerfloß
Die Wonne meiner ungestörten Ruhe!

O Tod! Mit deiner Grabesstille, du,
Nur du kannst uns die beste Wollust geben;
Den Krampf der Leidenschaft, Lust ohne Ruh,
Gibt uns für Glück das albern rohe Leben!

Doch wehe mir! Es schwand die Seligkeit,
Als draußen plötzlich sich ein Lärm erhoben;
Es war ein scheltend, stampfend wüster Streit,
Ach, meine Blum verscheuchte dieses Toben!

Ja, draußen sich erhob mit wildem Grimm
Ein Zanken, ein Gekeife, ein Gekläffe,
Ich glaubte zu erkennen manche Stimm –
Es waren meines Grabmals Basrelieffe.

Spukt in dem Stein der alte Glaubenswahn?
Und disputieren diese Marmorschemen?
Der Schreckensruf des wilden Waldgotts Pan
Wetteifernd wild mit Mosis Anathemen!

O, dieser Streit wird enden nimmermehr,
Stets wird die Wahrheit hadern mit dem Schönen,
Stets wird geschieden sein der Menschheit Heer
In zwei Partein: Barbaren und Hellenen.

Das fluchte, schimpfte! Gar kein Ende nahms
Mit dieser Kontroverse, der langweilgen,
Da war zumal der Esel Balaams,
Der überschrie die Götter und die Heilgen!

Mit diesem I–A, I–A, dem Gewiehr,
Dem schluchzend ekelhaften Mißlaut, brachte
Mich zur Verzweiflung schier das dumme Tier,
Ich selbst zuletzt schrie auf – und ich erwachte.

—

Es kommt der Tod – jetzt will ich sagen,
Was zu verschweigen ewiglich
Mein Stolz gebot: Für dich, für dich,
Es hat mein Herz für dich geschlagen.

Der Sarg ist fertig, sie versenken
Mich in die Gruft. Da hab ich Ruh.
Doch du, doch du, Maria, du,
Wirst weinen oft und mein gedenken.

Du ringst sogar die schönen Hände –
O tröste dich – Das ist das Los,
Das Menschenlos: – Was gut und groß
Und schön, das nimmt ein schlechtes Ende.

DEUTSCHLAND

Ein Wintermärchen

Geschrieben im Januar 1844

—

Vorwort

Das nachstehende Gedicht schrieb ich im diesjährigen Monat Januar zu Paris, und die freie Luft des Ortes wehete in manche Strophe weit schärfer hinein, als mir eigentlich lieb war. Ich unterließ nicht, schon gleich zu mildern und auszuscheiden, was mit dem deutschen Klima unverträglich schien. Nichtsdestoweniger, als ich das Manuskript im Monat März an meinen Verleger nach Hamburg schickte, wurden mir noch mannigfache Bedenklichkeiten in Erwägung gestellt. Ich mußte mich dem fatalen Geschäfte des Umarbeitens nochmals unterziehen, und da mag es wohl geschehen sein, daß die ernsten Töne mehr als nötig abgedämpft oder von den Schellen des Humors gar zu heiter überklingelt wurden. Einigen nackten Gedanken habe ich im hastigen Unmut ihre Feigenblätter wieder abgerissen, und zimperlich spröde Ohren habe ich vielleicht verletzt. Es ist mir leid, aber ich tröste mich mit dem Bewußtsein, daß größere Autoren sich ähnliche Vergehen zu Schulden kommen ließen. Des Aristophanes will ich zu solcher Beschönigung gar nicht erwähnen, denn der war ein blinder Heide, und sein Publikum zu Athen hatte zwar eine klassische Erziehung genossen, wußte aber wenig von Sittlichkeit. Auf Cervantes und Molière könnte ich mich schon viel besser berufen; und ersterer schrieb für den hohen Adel beider Kastilien, letzterer für den großen König und den großen Hof von Versailles! Ach, ich vergesse, daß wir in einer sehr bürgerlichen Zeit leben, und ich sehe leider voraus, daß viele Töchter gebildeter Stände an der Spree, wo nicht gar an der Alster, über mein armes Gedicht die mehr oder minder gebogenen Näschen rümpfen werden! Was ich aber mit noch größerem Leidwesen voraussehe, das ist das Zeter jener Pharisäer der Nationalität, die jetzt mit den Antipathien der Regierungen Hand in Hand gehen, auch die volle Liebe und Hochachtung der Zensur genießen und in der Tagespresse den Ton angeben können, wo es gilt, jene Gegner zu befehden, die auch zugleich die Gegner ihrer allerhöchsten Herrschaften sind. Wir sind im Herzen gewappnet gegen das Mißfallen dieser heldenmütigen Lakaien in schwarz-rot-goldner Livree. Ich höre schon ihre Bierstimmen: Du lästerst sogar unsere Farben, Verächter des Vaterlands, Freund der Franzosen, denen du den freien Rhein abtreten willst! Beruhigt euch. Ich werde eure Farben achten und ehren, wenn sie es verdienen, wenn sie nicht mehr eine müßige oder knechtische Spielerei sind. Pflanzt die schwarz-rot-goldne Fahne auf die Höhe des deutschen Gedankens, macht sie zur Standarte des freien Menschtums, und ich will mein bestes Herzblut für sie hingeben. Beruhigt euch, ich liebe das Vaterland ebensosehr, wie ihr. Wegen dieser Liebe habe ich dreizehn Lebensjahre im Exile verlebt, und wegen eben dieser Liebe kehre ich wieder zurück ins Exil, vielleicht für immer, jedenfalls ohne zu flennen oder eine schiefmäulige Duldergrimasse zu schneiden. Ich bin der Freund der Franzosen, wie ich der Freund aller Menschen bin, wenn sie vernünftig und gut sind, und weil ich selber nicht so dumm oder so schlecht bin, als daß ich wünschen sollte, daß meine Deutschen und die Franzosen, die beiden auserwählten Völker der Humanität, sich die Hälse brächen zum Besten von England und Rußland und zur Schadenfreude aller Junker und Pfaffen dieses Erdballs. Seid ruhig, ich werde den Rhein nimmermehr den Franzosen abtreten, schon aus dem ganz einfachen Grunde: weil mir der Rhein gehört. Ja, mir gehört er, durch unveräußerliches Geburtsrecht, ich bin des freien Rheins noch weit freierer Sohn, an seinem Ufer stand meine Wiege, und ich sehe gar nicht ein, warum der Rhein irgendeinem andern gehören soll als den Landeskindern. Elsaß und Lothringen kann ich freilich dem deutschen Reiche nicht so leicht einverleiben, wie ihr es tut, denn die Leute in jenen Landen hängen fest an Frankreich wegen der Rechte, die sie durch die französische Staatsumwälzung gewonnen, wegen jener Gleichheitsgesetze und freien Institutionen, die dem bürgerlichen Gemüte sehr angenehm sind, aber dem Magen der großen Menge dennoch vieles zu wünschen übriglassen. Indessen, die Elsasser und Lothringer werden sich wieder an Deutschland anschließen, wenn wir das vollenden, was die Franzosen begonnen haben, wenn wir diese überflügeln in der Tat, wie wir es schon getan im Gedanken, wenn wir uns bis zu den letzten Folgerungen desselben emporschwingen, wenn wir die

Dienstbarkeit bis in ihrem letzten Schlupfwinkel, dem Himmel, zerstören, wenn wir den Gott, der auf Erden im Menschen wohnt, aus seiner Erniedrigung retten, wenn wir die Erlöser Gottes werden, wenn wir das arme, glückenterbte Volk und den verhöhnten Genius und die geschändete Schönheit wieder in ihre Würde einsetzen, wie unsere großen Meister gesagt und gesungen, und wie wir es wollen, wir, die Jünger – ja, nicht bloß Elsaß und Lothringen, sondern ganz Frankreich wird uns alsdann zufallen, ganz Europa, die ganze Welt – die ganze Welt wird deutsch werden! Von dieser Sendung und Universalherrschaft Deutschlands träume ich oft, wenn ich unter Eichen wandle. Das ist *mein* Patriotismus.

Ich werde in einem nächsten Buche auf dieses Thema zurückkommen, mit letzter Entschlossenheit, mit strenger Rücksichtslosigkeit, jedenfalls mit Loyalität. Den entschiedensten Widerspruch werde ich zu achten wissen, wenn er aus einer Überzeugung hervorgeht. Selbst der rohesten Feindseligkeit will ich alsdann geduldig verzeihen; ich will sogar der Dummheit Rede stehen, wenn sie nur ehrlich gemeint ist. Meine ganze schweigende Verachtung widme ich hingegen dem gesinnungslosen Wichte, der aus leidiger Scheelsucht oder unsauberer Privatgiftigkeit meinen guten Leumund in der öffentlichen Meinung herabzuwürdigen sucht, und dabei die Maske des Patriotismus, wo nicht gar die der Religion und der Moral, benutzt. Der anarchische Zustand der deutschen politischen und literarischen Zeitungsblätterwelt ward in solcher Beziehung zuweilen mit einem Talente ausgebeutet, das ich schier bewundern mußte. Wahrhaftig, Schufterle ist nicht tot, er lebt noch immer und steht seit Jahren an der Spitze einer wohlorganisierten Bande von literarischen Strauchdieben, die in den böhmischen Wäldern unserer Tagespresse ihr Wesen treiben, hinter jedem Busch, hinter jedem Blatt versteckt liegen und dem leisesten Pfiff ihres würdigen Hauptmanns gehorchen.

Noch ein Wort. Das Wintermärchen bildet den Schluß der »Neuen Gedichte«, die in diesem Augenblick bei Hoffmann und Campe erscheinen. Um den Einzeldruck veranstalten zu können, mußte mein Verleger das Gedicht den überwachenden Behörden zu besonderer Sorgfalt überliefern, und neue Varianten und Ausmerzungen sind das Ergebnis dieser höheren Kritik. –

Hamburg, den 17. September 1844.

Heinrich Heine

Caput I

Im traurigen Monat November wars,
Die Tage wurden trüber,
Der Wind riß von den Bäumen das Laub,
Da reist ich nach Deutschland hinüber.

Und als ich an die Grenze kam,
Da fühlt ich ein stärkeres Klopfen
In meiner Brust, ich glaube sogar,
Die Augen begunnen zu tropfen.

Und als ich die deutsche Sprache vernahm,
Da ward mir seltsam zu Mute;
Ich meinte nicht anders, als ob das Herz
Recht angenehm verblute.

Ein kleines Harfenmädchen sang.
Sie sang mit wahrem Gefühle
Und falscher Stimme, doch ward ich sehr
Gerühret von ihrem Spiele.

Sie sang von Liebe und Liebesgram,
Aufopfrung und Wiederfinden
Dort oben, in jener besseren Welt,
Wo alle Leiden schwinden.

Sie sang vom irdischen Jammertal,
Von Freuden, die bald zerronnen,
Vom Jenseits, wo die Seele schwelgt
Verklärt in ewgen Wonnen.

Sie sang das alte Entsagungslied,
Das Eiapopeia vom Himmel,
Womit man einlullt, wenn es greint,
Das Volk, den großen Lümmel.

Ich kenne die Weise, ich kenne den Text,
Ich kenn auch die Herren Verfasser;
Ich weiß, sie tranken heimlich Wein
Und predigten öffentlich Wasser.

Ein neues Lied, ein besseres Lied,
O Freunde, will ich euch dichten!
Wir wollen hier auf Erden schon
Das Himmelreich errichten.

Wir wollen auf Erden glücklich sein,
Und wollen nicht mehr darben;
Verschlemmen soll nicht der faule Bauch,
Was fleißige Hände erwarben.

Es wächst hienieden Brot genug
Für alle Menschenkinder,
Auch Rosen und Myrten, Schönheit und Lust,
Und Zuckererbsen nicht minder.

Ja, Zuckererbsen für jedermann,
Sobald die Schoten platzen!
Den Himmel überlassen wir
Den Engeln und den Spatzen.

Und wachsen uns Flügel nach dem Tod,
So wollen wir euch besuchen
Dort oben, und wir, wir essen mit euch
Die seligsten Torten und Kuchen.

Ein neues Lied, ein besseres Lied,
Es klingt wie Flöten und Geigen!
Das Miserere ist vorbei,
Die Sterbeglocken schweigen.

Die Jungfer Europa ist verlobt
Mit dem schönen Geniusse
Der Freiheit, sie liegen einander im Arm,
Sie schwelgen im ersten Kusse.

Und fehlt der Pfaffensegen dabei,
Die Ehe wird gültig nicht minder –
Es lebe Bräutigam und Braut,
Und ihre zukünftigen Kinder!

Ein Hochzeitkarmen ist mein Lied,
Das bessere, das neue!
In meiner Seele gehen auf
Die Sterne der höchsten Weihe –

Begeisterte Sterne, sie lodern wild,
Zerfließen in Flammenbächen –
Ich fühle mich wunderbar erstarkt,
Ich könnte Eichen zerbrechen!

Seit ich auf deutsche Erde trat,
Durchströmen mich Zaubersäfte –
Der Riese hat wieder die Mutter berührt,
Und es wuchsen ihm neu die Kräfte.

Caput II

Während die Kleine von Himmelslust
Getrillert und musizieret,
Ward von den preußischen Douaniers
Mein Koffer visitieret.

Beschnüffelten alles, kramten herum
In Hemden, Hosen, Schnupftüchern;
Sie suchten nach Spitzen, nach Bijouterien,
Auch nach verbotenen Büchern.

Ihr Toren, die ihr im Koffer sucht!
Hier werdet ihr nichts entdecken!
Die Konterbande, die mit mir reist,
Die hab ich im Kopfe stecken.

Hier hab ich Spitzen, die feiner sind
Als die von Brüssel und Mecheln,
Und pack ich einst meine Spitzen aus,
Sie werden euch sticheln und hecheln.

Im Kopfe trage ich Bijouterien,
Der Zukunft Krondiamanten,
Die Tempelkleinodien des neuen Gotts,
Des großen Unbekannten.

Und viele Bücher trag ich im Kopf!
Ich darf es euch versichern,
Mein Kopf ist ein zwitscherndes Vogelnest
Von konfiszierlichen Büchern.

Glaubt mir, in Satans Bibliothek
Kann es nicht schlimmere geben;
Sie sind gefährlicher noch als die
Von Hoffmann von Fallersleben! –

Ein Passagier, der neben mir stand,
Bemerkte mir, ich hätte
Jetzt vor mir den preußischen Zollverein,
Die große Douanenkette.

»Der Zollverein« – bemerkte er –
»Wird unser Volkstum begründen,
Er wird das zersplitterte Vaterland
Zu einem Ganzen verbinden.

Er gibt die äußere Einheit uns,
Die sogenannt materielle;
Die geistige Einheit gibt uns die Zensur,
Die wahrhaft ideelle –

Sie gibt die innere Einheit uns,
Die Einheit im Denken und Sinnen;
Ein einiges Deutschland tut uns not,
Einig nach außen und innen.«

Caput III

Zu Aachen, im alten Dome, liegt
Carolus Magnus begraben.
(Man muß ihn nicht verwechseln mit Karl
Mayer, der lebt in Schwaben.)

Ich möchte nicht tot und begraben sein
Als Kaiser zu Aachen im Dome;
Weit lieber lebt ich als kleinster Poet
Zu Stukkert am Neckarstrome.

Zu Aachen langweilen sich auf der Straß
Die Hunde, sie flehn untertänig:
Gib uns einen Fußtritt, o Fremdling, das wird
Vielleicht uns zerstreuen ein wenig.

Ich bin in diesem langweilgen Nest
Ein Stündchen herumgeschlendert.
Sah wieder preußisches Militär,
Hat sich nicht sehr verändert.

Es sind die grauen Mäntel noch
Mit dem hohen, roten Kragen –
(Das Rot bedeutet Franzosenblut,
Sang Körner in früheren Tagen.)

Noch immer das hölzern pedantische Volk,
Noch immer ein rechter Winkel
In jeder Bewegung, und im Gesicht
Der eingefrorene Dünkel.

Sie stelzen noch immer so steif herum,
So kerzengrade geschniegelt,
Als hätten sie verschluckt den Stock,
Womit man sie einst geprügelt.

Ja, ganz verschwand die Fuchtel nie,
Sie tragen sie jetzt im Innern;
Das trauliche Du wird immer noch
An das alte Er erinnern.

Der lange Schnurrbart ist eigentlich nur
Des Zopftums neuere Phase:
Der Zopf, der ehemals hinten hing,
Der hängt jetzt unter der Nase.

Nicht übel gefiel mir das neue Kostüm
Der Reuter, das muß ich loben,
Besonders die Pickelhaube, den Helm,
Mit der stählernen Spitze nach oben.

Das ist so rittertümlich und mahnt
An der Vorzeit holde Romantik,
An die Burgfrau Johanna von Montfaucon,
An den Freiherrn Fouqué, Uhland, Tieck.

Das mahnt an das Mittelalter so schön,
An Edelknechte und Knappen,
Die in dem Herzen getragen die Treu
Und auf dem Hintern ein Wappen.

Das mahnt an Kreuzzug und Turnei,
An Minne und frommes Dienen,
An die ungedruckte Glaubenszeit,
Wo noch keine Zeitung erschienen.

Ja, ja, der Helm gefällt mir, er zeugt
Vom allerhöchsten Witze!
Ein königlicher Einfall wars!
Es fehlt nicht die Pointe, die Spitze!

Nur fürcht ich, wenn ein Gewitter entsteht,
Zieht leicht so eine Spitze
Herab auf euer romantisches Haupt
Des Himmels modernste Blitze! --

Zu Aachen, auf dem Posthausschild,
Sah ich den Vogel wieder,
Der mir so tief verhaßt! Voll Gift
Schaute er auf mich nieder.

Du häßlicher Vogel, wirst du einst
Mir in die Hände fallen,
So rupfe ich dir die Federn aus
Und hacke dir ab die Krallen.

Du sollst mir dann, in luftger Höh,
Auf einer Stange sitzen,
Und ich rufe zum lustigen Schießen herbei
Die Rheinischen Vogelschützen.

Wer mir den Vogel herunterschießt,
Mit Zepter und Krone belehn ich
Den wackern Mann! Wir blasen Tusch
Und rufen: Es lebe der König!

Caput IV

Zu Köllen kam ich spät abends an,
Da hörte ich rauschen den Rheinfluß,
Da fächelte mich schon deutsche Luft,
Da fühlt ich ihren Einfluß –

Auf meinen Appetit. Ich aß
Dort Eierkuchen mit Schinken,
Und da er sehr gesalzen war,
Mußt ich auch Rheinwein trinken.

Der Rheinwein glänzt noch immer wie Gold
Im grünen Römerglase,
Und trinkst du etwelche Schoppen zuviel,
So steigt er dir in die Nase.

In die Nase steigt ein Prickeln so süß,
Man kann sich vor Wonne nicht lassen!
Es trieb mich hinaus in die dämmernde Nacht,
In die widerhallenden Gassen.

Die steinernen Häuser schauten mich an,
Als wollten sie mir berichten
Legenden aus altverschollener Zeit,
Der heilgen Stadt Köllen Geschichten.

Ja, hier hat einst die Klerisei
Ihr frommes Wesen getrieben,
Hier haben die Dunkelmänner geherrscht,
Die Ulrich von Hutten beschrieben.

Der Cancan des Mittelalters ward hier
Getanzt von Nonnen und Mönchen;
Hier schrieb Hochstraaten, der Menzel von Köln,
Die giftgen Denunziatiönchen.

Die Flamme des Scheiterhaufens hat hier
Bücher und Menschen verschlungen;
Die Glocken wurden geläutet dabei
Und Kyrie Eleison gesungen.

Dummheit und Bosheit buhlten hier
Gleich Hunden auf freier Gasse;
Die Enkelbrut erkennt man noch heut
An ihrem Glaubenshasse. –

Doch siehe! dort im Mondenschein
Den kolossalen Gesellen!
Er ragt verteufelt schwarz empor,
Das ist der Dom von Köllen.

Er sollte des Geistes Bastille sein,
Und die listigen Römlinge dachten:
In diesem Riesenkerker wird
Die deutsche Vernunft verschmachten!

Da kam der Luther, und er hat
Sein großes »Halt!« gesprochen –
Seit jenem Tage blieb der Bau
Des Domes unterbrochen.

Er ward nicht vollendet – und das ist gut.
Denn eben die Nichtvollendung
Macht ihn zum Denkmal von Deutschlands Kraft
Und protestantischer Sendung.

Ihr armen Schelme vom Domverein,
Ihr wollt mit schwachen Händen
Fortsetzen das unterbrochene Werk
Und die alte Zwingburg vollenden!

O törichter Wahn! Vergebens wird
Geschüttelt der Klingelbeutel,
Gebettelt bei Ketzern und Juden sogar;
Ist alles fruchtlos und eitel.

Vergebens wird der große Franz Liszt
Zum Besten des Doms musizieren,
Und ein talentvoller König wird
Vergebens deklamieren!

Er wird nicht vollendet, der Kölner Dom,
Obgleich die Narren in Schwaben
Zu seinem Fortbau ein ganzes Schiff
Voll Steine gesendet haben.

Er wird nicht vollendet, trotz allem Geschrei
Der Raben und der Eulen,
Die, altertümlich gesinnt, so gern
In hohen Kirchtürmen weilen.

Ja, kommen wird die Zeit sogar,
Wo man, statt ihn zu vollenden,
Die inneren Räume zu einem Stall
Für Pferde wird verwenden.

»Und wird der Dom ein Pferdestall,
Was sollen wir dann beginnen
Mit den heilgen drei Kön'gen, die da ruhn
Im Tabernakel da drinnen?«

So höre ich fragen. Doch brauchen wir uns
In unserer Zeit zu genieren?
Die heilgen drei Kön'ge aus Morgenland,
Sie können woanders logieren.

Folgt meinem Rat und steckt sie hinein
In jene drei Körbe von Eisen,
Die hoch zu Münster hängen am Turm,
Der Sankt Lamberti geheißen.

Der Schneiderkönig saß darin
Mit seinen beiden Räten,
Wir aber benutzen die Körbe jetzt
Für andre Majestäten.

Zur Rechten soll Herr Balthasar,
Zur Linken Herr Melchior schweben,
In der Mitte Herr Gaspar – Gott weiß, wie einst
Die drei gehaust im Leben!

Die heilge Allianz des Morgenlands,
Die jetzt kanonisieret,
Sie hat vielleicht nicht immer schön
Und fromm sich aufgeführet.

Der Balthasar und der Melchior,
Das waren vielleicht zwei Gäuche,
Die in der Not eine Konstitution
Versprochen ihrem Reiche,

Und später nicht Wort gehalten – Es hat
Herr Gaspar, der König der Mohren,
Vielleicht mit schwarzem Undank sogar
Belohnt sein Volk, die Toren!

Caput V

Und als ich an die Rheinbrück kam,
Wohl an die Hafenschanze,
Da sah ich fließen den Vater Rhein
Im stillen Mondenglanze.

Sei mir gegrüßt, mein Vater Rhein,
Wie ist es dir ergangen?
Ich habe oft an dich gedacht
Mit Sehnsucht und Verlangen.

So sprach ich, da hört ich im Wasser tief
Gar seltsam grämliche Töne,
Wie Hüsteln eines alten Manns,
Ein Brümmeln und weiches Gestöhne:

»Willkommen, mein Junge, das ist mir lieb,
Daß du mich nicht vergessen;
Seit dreizehn Jahren sah ich dich nicht,
Mir ging es schlecht unterdessen.

Zu Biberich hab ich Steine verschluckt,
Wahrhaftig, sie schmeckten nicht lecker!
Doch schwerer liegen im Magen mir
Die Verse von Niklas Becker.

Er hat mich besungen, als ob ich noch
Die reinste Jungfer wäre,
Die sich von niemand rauben läßt
Das Kränzlein ihrer Ehre.

Wenn ich es höre, das dumme Lied,
Dann möcht ich mir zerraufen
Den weißen Bart, ich möchte fürwahr
Mich in mir selbst ersaufen!

Daß ich keine reine Jungfer bin,
Die Franzosen wissen es besser,
Sie haben mit meinem Wasser so oft
Vermischt ihr Siegergewässer.

Das dumme Lied und der dumme Kerl!
Er hat mich schmählich blamieret,
Gewissermaßen hat er mich auch
Politisch kompromittieret.

Denn kehren jetzt die Franzosen zurück,
So muß ich vor ihnen erröten,
Ich, der um ihre Rückkehr so oft
Mit Tränen zum Himmel gebeten.

Ich habe sie immer so lieb gehabt,
Die lieben kleinen Französchen –
Singen und springen sie noch wie sonst?
Tragen noch weiße Höschen?

Ich möchte sie gerne wiedersehn,
Doch fürcht ich die Persiflage,
Von wegen des verwünschten Lieds,
Von wegen der Blamage.

Der Alfred de Musset, der Gassenbub,
Der kommt an ihrer Spitze
Vielleicht als Tambour, und trommelt mir vor
All seine schlechten Witze.«

So klagte der arme Vater Rhein,
Konnt sich nicht zufrieden geben.
Ich sprach zu ihm manch tröstendes Wort,
Um ihm das Herz zu heben:

O fürchte nicht, mein Vater Rhein,
Den spöttelnden Scherz der Franzosen;
Sie sind die alten Franzosen nicht mehr,
Auch tragen sie andere Hosen.

Die Hosen sind rot und nicht mehr weiß,
Sie haben auch andere Knöpfe,
Sie singen nicht mehr, sie springen nicht mehr,
Sie senken nachdenklich die Köpfe.

Sie philosophieren und sprechen jetzt
Von Kant, von Fischte und Hegel,
Sie rauchen Tabak, sie trinken Bier,
Und manche schieben auch Kegel.

Sie werden Philister ganz wie wir
Und treiben es endlich noch ärger;
Sie sind keine Voltairianer mehr,
Sie werden Hengstenberger.

Der Alfred de Musset, das ist wahr,
Ist noch ein Gassenjunge;
Doch fürchte nichts, wir fesseln ihm
Die schändliche Spötterzunge.

Und trommelt er dir einen schlechten Witz,
So pfeifen wir ihm einen schlimmern,
Wir pfeifen ihm vor, was ihm passiert
Bei schönen Frauenzimmern.

Gib dich zufrieden, Vater Rhein,
Denk nicht an schlechte Lieder,
Ein besseres Lied vernimmst du bald –
Leb wohl, wir sehen uns wieder.

Caput VI

Den Paganini begleitete stets
Ein Spiritus Familiaris,
Manchmal als Hund, manchmal in Gestalt
Des seligen Georg Harris.

Napoleon sah einen roten Mann
Vor jedem wichtgen Ereignis.
Sokrates hatte seinen Dämon,
Das war kein Hirnerzeugnis.

Ich selbst, wenn ich am Schreibtisch saß
Des Nachts, hab ich gesehen
Zuweilen einen vermummten Gast
Unheimlich hinter mir stehen.

Unter dem Mantel hielt er etwas
Verborgen, das seltsam blinkte,
Wenn es zum Vorschein kam, und ein Beil,
Ein Richtbeil, zu sein mir dünkte.

Er schien von untersetzter Statur,
Die Augen wie zwei Sterne;
Er störte mich im Schreiben nie,
Blieb ruhig stehn in der Ferne.

Seit Jahren hatte ich nicht gesehn
Den sonderbaren Gesellen,
Da fand ich ihn plötzlich wieder hier
In der stillen Mondnacht zu Köllen.

Ich schlenderte sinnend die Straßen entlang,
Da sah ich ihn hinter mir gehen,
Als ob er mein Schatten wäre, und stand
Ich still, so blieb er stehen.

Blieb stehen, als wartete er auf was,
Und förderte ich die Schritte,
Dann folgte er wieder. So kamen wir
Bis auf des Domplatz Mitte.

Es ward mir unleidlich, ich drehte mich um
Und sprach: Jetzt steh mir Rede,
Was folgst du mir auf Weg und Steg,
Hier in der nächtlichen Öde?

Ich treffe dich immer in der Stund,
Wo Weltgefühle sprießen
In meiner Brust und durch das Hirn
Die Geistesblitze schießen.

Du siehst mich an so stier und fest –
Steh Rede: Was verhüllst du
Hier unter dem Mantel, das heimlich blinkt?
Wer bist du und was willst du?

Doch jener erwiderte trockenen Tons,
Sogar ein bißchen phlegmatisch:
»Ich bitte dich, exorziere mich nicht,
Und werde nur nicht emphatisch!

Ich bin kein Gespenst der Vergangenheit,
Kein grabentstiegener Strohwisch,
Und von Rhetorik bin ich kein Freund,
Bin auch nicht sehr philosophisch.

Ich bin von praktischer Natur,
Und immer schweigsam und ruhig.
Doch wisse: Was du ersonnen im Geist,
Das führ ich aus, das tu ich.

»Und gehn auch Jahre drüber hin,
Ich raste nicht, bis ich verwandle
In Wirklichkeit, was du gedacht;
Du denkst, und ich, ich handle.

Du bist der Richter, der Büttel bin ich,
Und mit dem Gehorsam des Knechtes
Vollstreck ich das Urteil, das du gefällt,
Und sei es ein ungerechtes.

Dem Konsul trug man ein Beil voran,
Zu Rom, in alten Tagen.
Auch du hast deinen Liktor, doch wird
Das Beil dir nachgetragen.

Ich bin dein Liktor, und ich geh
Beständig mit dem blanken
Richtbeile hinter dir – ich bin
Die Tat von deinem Gedanken.«

Caput VII

Ich ging nach Haus und schlief, als ob
Die Engel gewiegt mich hätten.
Man ruht in deutschen Betten so weich,
Denn das sind Federbetten.

Wie sehnt ich mich oft nach der Süßigkeit
Des vaterländischen Pfühles,
Wenn ich auf harten Matratzen lag,
In der schlaflosen Nacht des Exiles!

Man schläft sehr gut und träumt auch gut
In unseren Federbetten.
Hier fühlt die deutsche Seele sich frei
Von allen Erdenketten.

Sie fühlt sich frei und schwingt sich empor
Zu den höchsten Himmelsräumen.
O deutsche Seele, wie stolz ist dein Flug
In deinen nächtlichen Träumen!

Die Götter erbleichen, wenn du nahst!
Du hast auf deinen Wegen
Gar manches Sternlein ausgeputzt
Mit deinen Flügelschlägen!

Franzosen und Russen gehört das Land,
Das Meer gehört den Briten,
Wir aber besitzen im Luftreich des Traums
Die Herrschaft unbestritten.

Hier üben wir die Hegemonie,
Hier sind wir unzerstückelt;
Die andern Völker haben sich
Auf platter Erde entwickelt. – –

Und als ich einschlief, da träumte mir,
Ich schlenderte wieder im hellen
Mondschein die hallenden Straßen entlang,
In dem altertümlichen Köllen.

Und hinter mir ging wieder einher
Mein schwarzer, vermummter Begleiter.
Ich war so müde, mir brachen die Knie,
Doch immer gingen wir weiter.

Wir gingen weiter. Mein Herz in der Brust
War klaffend aufgeschnitten,
Und aus der Herzenswunde hervor
Die roten Tropfen glitten.

Ich tauchte manchmal die Finger hinein,
Und manchmal ist es geschehen,
Daß ich die Haustürpfosten bestrich
Mit dem Blut im Vorübergehen.

Und jedes Mal, wenn ich ein Haus
Bezeichnet in solcher Weise,
Ein Sterbeglöckchen erscholl fernher,
Wehmütig wimmernd und leise.

Am Himmel aber erblich der Mond,
Er wurde immer trüber;
Gleich schwarzen Rossen jagten an ihm
Die wilden Wolken vorüber.

Und immer ging hinter mir einher
Mit seinem verborgenen Beile
Die dunkle Gestalt – so wanderten wir
Wohl eine gute Weile.

Wir gehen und gehen, bis wir zuletzt
Wieder zum Domplatz gelangen;
Weit offen standen die Pforten dort,
Wir sind hineingegangen.

Es herrschte im ungeheuren Raum
Nur Tod und Nacht und Schweigen;
Es brannten Ampeln hie und da,
Um die Dunkelheit recht zu zeigen.

Ich wandelte lange den Pfeilern entlang
Und hörte nur die Tritte
Von meinem Begleiter, er folgte mir
Auch hier bei jedem Schritte.

Wir kamen endlich zu einem Ort,
Wo funkelnde Kerzenhelle
Und blitzendes Gold und Edelstein;
Das war die Drei-Königs-Kapelle.

Die heilgen drei Könige jedoch,
Die sonst so still dort lagen,
O Wunder! Sie saßen aufrecht jetzt
Auf ihren Sarkophagen.

Drei Totengerippe, phantastisch geputzt,
Mit Kronen auf den elenden
Vergilbten Schädeln, sie trugen auch
Das Zepter in knöchernen Händen.

Wie Hampelmänner bewegten sie
Die längstverstorbenen Knochen;
Die haben nach Moder und zugleich
Nach Weihrauchduft gerochen.

Der eine bewegte sogar den Mund
Und hielt eine Rede, sehr lange;
Er setzte mir auseinander, warum
Er meinen Respekt verlange.

Zuerst weil er ein Toter sei,
Und zweitens weil er ein König,
Und drittens weil er ein Heilger sei –
Das alles rührte mich wenig.

Ich gab ihm zur Antwort lachenden Muts:
Vergebens ist deine Bemühung!
Ich sehe, daß du der Vergangenheit
Gehörst in jeder Beziehung.

Fort! Fort von hier! Im tiefen Grab
Ist eure natürliche Stelle.
Das Leben nimmt jetzt in Beschlag
Die Schätze dieser Kapelle.

Der Zukunft fröhliche Kavallerie
Soll hier im Dome hausen.
Und weicht ihr nicht willig, so brauch ich Gewalt
Und laß euch mit Kolben lausen!

So sprach ich, und ich drehte mich um,
Da sah ich furchtbar blinken
Des stummen Begleiters furchtbares Beil –
Und er verstand mein Winken.

Er nahte sich, und mit dem Beil
Zerschmetterte er die armen
Skelette des Aberglaubens, er schlug
Sie nieder ohn Erbarmen.

Es dröhnte der Hiebe Widerhall
Aus allen Gewölben, entsetzlich, –
Blutströme schossen aus meiner Brust,
Und ich erwachte plötzlich.

Caput VIII

Von Köllen bis Hagen kostet die Post
Fünf Taler sechs Groschen Preußisch.
Die Diligence war leider besetzt,
Und ich kam in die offene Beichais'.

Ein Spätherbstmorgen, feucht und grau,
Im Schlamme keuchte der Wagen;
Doch trotz des schlechten Wetters und Wegs
Durchströmte mich süßes Behagen.

Das ist ja meine Heimatluft!
Die glühende Wange empfand es!
Und dieser Landstraßenkot, er ist
Der Dreck meines Vaterlandes!

Die Pferde wedelten mit dem Schwanz
So traulich wie alte Bekannte,
Und ihre Mistküchlein dünkten mir schön
Wie die Äpfel der Atalante!

Wir fuhren durch Mülheim. Die Stadt ist nett,
Die Menschen still und fleißig.
War dort zuletzt im Monat Mai
Das Jahres einunddreißig.

Damals stand alles im Blütenschmuck,
Und die Sonnenlichter lachten,
Die Vögel sangen sehnsuchtvoll,
Und die Menschen hofften und dachten –

Sie dachten: »Die magere Ritterschaft
Wird bald von hinnen reisen,
Und der Abschiedstrunk wird ihnen kredenzt
Aus langen Flaschen von Eisen!

Und die Freiheit kommt mit Spiel und Tanz,
Mit der Fahne, der weiß-blau-roten;
Vielleicht holt sie sogar aus dem Grab
Den Bonaparte, den Toten!«

Ach Gott! Die Ritter sind immer noch hier,
Und manche dieser Gäuche,
Die spindeldürre gekommen ins Land,
Die haben jetzt dicke Bäuche.

Die blassen Kanaillen, die ausgesehn
Wie Liebe, Glauben und Hoffen,
Sie haben seitdem in unserm Wein
Sich rote Nasen gesoffen – – –

Und die Freiheit hat sich den Fuß verrenkt,
Kann nicht mehr springen und stürmen;
Die Trikolore in Paris
Schaut traurig herab von den Türmen.

Der Kaiser ist auferstanden seitdem,
Doch die englischen Würmer haben
Aus ihm einen stillen Mann gemacht,
Und er ließ sich wieder begraben.

Hab selber sein Leichenbegängnis gesehn,
Ich sah den goldnen Wagen
Und die goldenen Siegesgöttinnen drauf,
Die den goldenen Sarg getragen.

Den Elysäischen Feldern entlang,
Durch des Triumphes Bogen,
Wohl durch den Nebel, wohl über den Schnee
Kam langsam der Zug gezogen.

Mißtönend schauerlich war die Musik.
Die Musikanten starrten
Vor Kälte. Wehmütig grüßten mich
Die Adler der Standarten.

Die Menschen schauten so geisterhaft
In alter Erinnerung verloren –
Der imperiale Märchentraum
War wieder heraufbeschworen.

Ich weinte an jenem Tag. Mir sind
Die Tränen ins Auge gekommen,
Als ich den verschollenen Liebesruf,
Das Vive l'Empereur! vernommen.

Caput IX

Von Köllen war ich drei Viertel auf acht
Des Morgens fortgereiset;
Wir kamen nach Hagen schon gegen drei,
Da wird zu Mittag gespeiset.

Der Tisch war gedeckt. Hier fand ich ganz
Die altgermanische Küche.
Sei mir gegrüßt, mein Sauerkraut,
Holdselig sind deine Gerüche!

Gestovte Kastanien im grünen Kohl!
So aß ich sie einst bei der Mutter!
Ihr heimischen Stockfische, seid mir gegrüßt!
Wie schwimmt ihr klug in der Butter!

Jedwedem fühlenden Herzen bleibt
Das Vaterland ewig teuer –
Ich liebe auch recht braun geschmort
Die Bücklinge und Eier.

Wie jauchzten die Würste im spritzelnden Fett!
Die Krammetsvögel, die frommen
Gebratenen Englein mit Apfelmus,
Sie zwitscherten mir: Willkommen!

Willkommen, Landsmann, – zwitscherten sie –
Bist lange ausgeblieben,
Hast dich mit fremdem Gevögel so lang
In der Fremde herumgetrieben!

Es stand auf dem Tische eine Gans,
Ein stilles, gemütliches Wesen.
Sie hat vielleicht mich einst geliebt,
Als wir beide noch jung gewesen.

Sie blickte mich an so bedeutungsvoll,
So innig, so treu, so wehe!
Besaß eine schöne Seele gewiß,
Doch war das Fleisch sehr zähe.

Auch einen Schweinskopf trug man auf
In einer zinnernen Schüssel;
Noch immer schmückt man den Schweinen bei uns
Mit Lorbeerblättern den Rüssel.

Caput X

Dicht hinter Hagen ward es Nacht,
Und ich fühlte in den Gedärmen
Ein seltsames Frösteln. Ich konnte mich erst
Zu Unna, im Wirtshaus, erwärmen.

Ein hübsches Mädchen fand ich dort,
Die schenkte mir freundlich den Punsch ein;
Wie gelbe Seide das Lockenhaar,
Die Augen sanft wie Mondschein.

Den lispelnd westfälischen Akzent
Vernahm ich mit Wollust wieder.
Viel süße Erinnerung dampfte der Punsch,
Ich dachte der lieben Brüder,

Der lieben Westfalen, womit ich so oft
In Göttingen getrunken,
Bis wir gerührt einander ans Herz
Und unter die Tische gesunken!

Ich habe sie immer so lieb gehabt,
Die lieben, guten Westfalen,
Ein Volk so fest, so sicher, so treu,
Ganz ohne Gleißen und Prahlen.

Wie standen sie prächtig auf der Mensur
Mit ihren Löwenherzen!
Es fielen so grade, so ehrlich gemeint,
Die Quarten und die Terzen.

Sie fechten gut, sie trinken gut,
Und wenn sie die Hand dir reichen
Zum Freundschaftsbündnis, dann weinen sie;
Sind sentimentale Eichen.

Der Himmel erhalte dich, wackres Volk,
Er segne deine Saaten,
Bewahre dich vor Krieg und Ruhm,
Vor Helden und Heldentaten.

Er schenke deinen Söhnen stets
Ein sehr gelindes Examen,
Und deine Töchter bringe er hübsch
Unter die Haube – amen!

Caput XI

Das ist der Teutoburger Wald,
Den Tacitus beschrieben,
Das ist der klassische Morast,
Wo Varus steckengeblieben.

Hier schlug ihn der Cheruskerfürst,
Der Hermann, der edle Recke;
Die deutsche Nationalität,
Die siegte in diesem Drecke.

Wenn Hermann nicht die Schlacht gewann
Mit seinen blonden Horden,
So gäb es deutsche Freiheit nicht mehr,
Wir wären römisch geworden!

In unserem Vaterland herrschten jetzt
Nur römische Sprache und Sitten,
Vestalen gäb es in München sogar,
Die Schwaben hießen Quiriten!

Der Hengstenberg wär ein Haruspex
Und grübelte in den Gedärmen
Von Ochsen. Neander wär ein Augur
Und schaute nach Vögelschwärmen.

Birch-Pfeiffer söffe Terpentin,
Wie einst die römischen Damen.
(Man sagt, daß sie dadurch den Urin
Besonders wohlriechend bekamen.)

Der Raumer wäre kein deutscher Lump,
Er wäre ein römscher Lumpacius.
Der Freiligrath dichtete ohne Reim,
Wie weiland Flaccus Horatius.

Der grobe Bettler, Vater Jahn,
Der hieße jetzt Grobianus.
Me hercule! Maßmann spräche Latein,
Der Marcus Tullius Maßmanus!

Die Wahrheitsfreunde würden jetzt
Mit Löwen, Hyänen, Schakalen
Sich raufen in der Arena, anstatt
Mit Hunden in kleinen Journalen.

Wir hätten *einen* Nero jetzt
Statt Landesväter drei Dutzend.
Wir schnitten uns die Adern auf,
Den Schergen der Knechtschaft trutzend.

Der Schelling wär ganz ein Seneca,
Und käme in solchem Konflikt um.
Zu unsrem Cornelius sagten wir:
Cacatum non est pictum.

Gottlob! Der Hermann gewann die Schlacht,
Die Römer wurden vertrieben,
Varus mit seinen Legionen erlag,
Und wir sind Deutsche geblieben!

Wir blieben deutsch, wir sprechen Deutsch,
Wie wir es gesprochen haben;
Der Esel heißt Esel, nicht asinus,
Die Schwaben blieben Schwaben.

Der Raumer blieb ein deutscher Lump
Und kriegt den Adlerorden.
In Reimen dichtet Freiligrath,
Ist kein Horaz geworden.

Gottlob, der Maßmann spricht kein Latein,
Birch-Pfeiffer schreibt nur Dramen
Und säuft nicht schnöden Terpentin
Wie Roms galante Damen.

O Hermann, dir verdanken wir das!
Drum wird dir, wie sich gebühret,
Zu Detmold ein Monument gesetzt;
Hab selber subskribieret.

Caput XII

Im nächtlichen Walde humpelt dahin
Die Chaise. Da kracht es plötzlich –
Ein Rad ging los. Wir halten still.
Das ist nicht sehr ergötzlich.

Der Postillon steigt ab und eilt
Ins Dorf, und ich verweile
Um Mitternacht allein im Wald.
Ringsum ertönt ein Geheule.

Das sind die Wölfe, die heulen so wild,
Mit ausgehungerten Stimmen.
Wie Lichter in der Dunkelheit
Die feurigen Augen glimmen.

Sie hörten von meiner Ankunft gewiß,
Die Bestien, und mir zu Ehre
Illuminierten sie den Wald
Und singen sie ihre Chöre.

Das ist ein Ständchen, ich merke es jetzt,
Ich soll gefeiert werden!
Ich warf mich gleich in Positur
Und sprach mit gerührten Gebärden:

»Mitwölfe! Ich bin glücklich, heut
In eurer Mitte zu weilen,
Wo so viel edle Gemüter mir
Mit Liebe entgegenheulen.

Was ich in diesem Augenblick
Empfinde, ist unermeßlich;
Ach! diese schöne Stunde bleibt
Mir ewig unvergeßlich.

Ich danke euch für das Vertraun,
Womit ihr mich beehret
Und das ihr in jeder Prüfungszeit
Durch treue Beweise bewähret.

Mitwölfe! Ihr zweifeltet nie an mir,
Ihr ließet euch nicht fangen
Von Schelmen, die euch gesagt, ich sei
Zu den Hunden übergegangen,

Ich sei abtrünnig und werde bald
Hofrat in der Lämmerhürde –
Dergleichen zu widersprechen war
Ganz unter meiner Würde.

Der Schafpelz, den ich umgehängt
Zuweilen, um mich zu wärmen,
Glaubt mirs, er brachte mich nie dahin,
Für das Glück der Schafe zu schwärmen.

Ich bin kein Schaf, ich bin kein Hund,
Kein Hofrat und kein Schellfisch –
Ich bin ein Wolf geblieben, mein Herz
Und meine Zähne sind wölfisch.

Ich bin ein Wolf und werde stets
Auch heulen mit den Wölfen –
Ja, zählt auf mich und helft euch selbst,
Dann wird auch Gott euch helfen!«

Das war die Rede, die ich hielt,
Ganz ohne Vorbereitung;
Verstümmelt hat Kolb sie abgedruckt
In der Allgemeinen Zeitung.

Caput XIII

Die Sonne ging auf bei Paderborn,
Mit sehr verdroßner Gebärde.
Sie treibt in der Tat ein verdrießlich Geschäft –
Beleuchten die dumme Erde!

Hat sie die eine Seite erhellt,
Und bringt sie mit strahlender Eile
Der andern ihr Licht, so verdunkelt schon
Sich jene mittlerweile.

Der Stein entrollt dem Sisyphus,
Der Danaiden Tonne
Wird nie gefüllt, und den Erdenball
Beleuchtet vergeblich die Sonne! –

Und als der Morgennebel zerrann,
Da sah ich am Wege ragen,
Im Frührotschein, das Bild des Manns,
Der an das Kreuz geschlagen.

Mit Wehmut erfüllt mich jedesmal
Dein Anblick, mein armer Vetter,
Der du die Welt erlösen gewollt,
Du Narr, du Menschheitsretter!

Sie haben dir übel mitgespielt,
Die Herren vom Hohen Rate.
Wer hieß dich auch reden so rücksichtslos
Von der Kirche und vom Staate!

Zu deinem Malheur war die Buchdruckerei
Noch nicht in jenen Tagen
Erfunden; du hättest geschrieben ein Buch
Über die Himmelsfragen.

Der Zensor hätte gestrichen darin,
Was etwa anzüglich auf Erden,
Und liebend bewahrte dich die Zensur
Vor dem Gekreuzigtwerden.

Ach! hättest du nur einen andern Text
Zu deiner Bergpredigt genommen,
Besaßest ja Geist und Talent genug,
Und konntest schonen die Frommen!

Geldwechsler, Bankiers hast du sogar
Mit der Peitsche gejagt aus dem Tempel –
Unglücklicher Schwärmer, jetzt hängst du am Kreuz
Als warnendes Exempel!

Caput XIV

Ein feuchter Wind, ein kahles Land,
Die Chaise wackelt im Schlamme,
Doch singt es und klingt es in meinem Gemüt:
Sonne, du klagende Flamme!

Das ist der Schlußreim des alten Lieds,
Das oft meine Amme gesungen –
»Sonne, du klagende Flamme!« das hat
Wie Waldhornruf geklungen.

Es kommt im Lied ein Mörder vor,
Der lebt' in Lust und Freude;
Man findet ihn endlich im Walde, gehenkt
An einer grauen Weide.

Des Mörders Todesurteil war
Genagelt am Weidenstamme;
Das haben die Rächer der Feme getan –
Sonne, du klagende Flamme!

Die Sonne war Kläger, sie hatte bewirkt,
Daß man den Mörder verdamme.
Ottilie hatte sterbend geschrien:
Sonne, du klagende Flamme!

Und denk ich des Liedes, so denk ich auch
Der Amme, der lieben Alten;
Ich sehe wieder ihr braunes Gesicht,
Mit allen Runzeln und Falten.

Sie war geboren im Münsterland,
Und wußte, in großer Menge,
Gespenstergeschichten, grausenhaft,
Und Märchen und Volksgesänge.

Wie pochte mein Herz, wenn die alte Frau
Von der Königstochter erzählte,
Die einsam auf der Heide saß
Und die goldnen Haare strählte.

Die Gänse mußte sie hüten dort
Als Gänsemagd, und trieb sie
Am Abend die Gänse wieder durchs Tor,
Gar traurig stehen blieb sie.

Denn angenagelt über dem Tor
Sah sie ein Roßhaupt ragen,
Das war der Kopf des armen Pferds,
Das sie in die Fremde getragen.

Die Königstochter seufzte tief:
O, Falada, daß du hangest!
Der Pferdekopf herunter rief:
O wehe! daß du gangest!

Die Königstochter seufzte tief:
Wenn das meine Mutter wüßte!
Der Pferdekopf herunter rief:
Ihr Herze brechen müßte!

Mit stockendem Atem horchte ich hin,
Wenn die Alte ernster und leiser
Zu sprechen begann und vom Rotbart sprach,
Von unserem heimlichen Kaiser.

Sie hat mir versichert, er sei nicht tot,
Wie da glauben die Gelehrten,
Er hause versteckt in einem Berg
Mit seinen Waffengefährten.

Kyffhäuser ist der Berg genannt,
Und drinnen ist eine Höhle;
Die Ampeln erhellen so geisterhaft
Die hochgewölbten Säle.

Ein Marstall ist der erste Saal,
Und dorten kann man sehen
Viel tausend Pferde, blankgeschirrt,
Die an den Krippen stehen.

Sie sind gesattelt und gezäumt,
Jedoch von diesen Rossen
Kein einziges wiehert, kein einziges stampft,
Sind still, wie aus Eisen gegossen.

Im zweiten Saale, auf der Streu,
Sieht man Soldaten liegen,
Viel tausend Soldaten, bärtiges Volk,
Mit kriegerisch trotzigen Zügen.

Sie sind gerüstet von Kopf bis Fuß,
Doch alle diese Braven,
Sie rühren sich nicht, bewegen sich nicht,
Sie liegen fest und schlafen.

Hochaufgestapelt im dritten Saal
Sind Schwerter, Streitäxte, Speere,
Harnische, Helme, von Silber und Stahl,
Altfränkische Feuergewehre.

Sehr wenig Kanonen, jedoch genug,
Um eine Trophäe zu bilden.
Hoch ragt daraus eine Fahne hervor,
Die Farbe ist schwarz-rot-gülden.

Der Kaiser bewohnt den vierten Saal.
Schon seit Jahrhunderten sitzt er
Auf steinernem Stuhl, am steinernen Tisch,
Das Haupt auf den Armen stützt er.

Sein Bart, der bis zur Erde wuchs,
Ist rot wie Feuerflammen,
Zuweilen zwinkert er mit dem Aug,
Zieht manchmal die Braunen zusammen.

Schläft er oder denkt er nach?
Man kanns nicht genau ermitteln;
Doch wenn die rechte Stunde kommt,
Wird er gewaltig sich rütteln.

Die gute Fahne ergreift er dann
Und ruft: Zu Pferd! Zu Pferde!
Sein reisiges Volk erwacht und springt
Laut rasselnd empor von der Erde.

Ein jeder schwingt sich auf sein Roß,
Das wiehert und stampft mit den Hufen!
Sie reiten hinaus in die klirrende Welt,
Und die Trompeten rufen.

Sie reiten gut, sie schlagen gut,
Sie haben ausgeschlafen.
Der Kaiser hält ein strenges Gericht,
Er will die Mörder bestrafen –

Die Mörder, die gemeuchelt einst
Die teure, wundersame,
Goldlockige Jungfrau Germania –
Sonne, du klagende Flamme!

Wohl mancher, der sich geborgen geglaubt,
Und lachend auf seinem Schloß saß,
Er wird nicht entgehen dem rächenden Strang,
Dem Zorne Barbarossas! – – –

Wie klingen sie lieblich, wie klingen sie süß,
Die Märchen der alten Amme!
Mein abergläubisches Herze jauchzt:
Sonne, du klagende Flamme!

Caput XV

Ein feiner Regen prickelt herab,
Eiskalt, wie Nähnadelspitzen.
Die Pferde bewegen traurig den Schwanz,
Sie waten im Kot und schwitzen.

Der Postillon stößt in sein Horn,
Ich kenne das alte Getute –
»Es reiten drei Reiter zum Tor hinaus!« –
Es wird mir so dämmrig zu Mute.

Mich schläferte und ich entschlief,
Und siehe! Mir träumte am Ende,
Daß ich mich in dem Wunderberg
Beim Kaiser Rotbart befände.

Er saß nicht mehr auf steinernem Stuhl,
Am steinernen Tisch, wie ein Steinbild;
Auch sah er nicht so ehrwürdig aus,
Wie man sich gewöhnlich einbildt.

Er watschelte durch die Säle herum
Mit mir im trauten Geschwätze.
Er zeigte wie ein Antiquar
Mir seine Kuriosa und Schätze.

Im Saale der Waffen erklärte er mir,
Wie man sich der Kolben bediene,
Von einigen Schwertern rieb er den Rost
Mit seinem Hermeline.

Er nahm ein Pfauenwedel zur Hand,
Und reinigte vom Staube
Gar manchen Harnisch, gar manchen Helm,
Auch manche Pickelhaube.

Die Fahne stäubte er gleichfalls ab,
Und er sprach: »Mein größter Stolz ist,
Daß noch keine Motte die Seide zerfraß,
Und auch kein Wurm im Holz ist.«

Und als wir kamen in den Saal,
Wo schlafend am Boden liegen
Viel tausend Krieger, kampfbereit,
Der Alte sprach mit Vergnügen:

»Hier müssen wir leiser reden und gehn,
Damit wir nicht wecken die Leute;
Wieder verflossen sind hundert Jahr,
Und Löhnungstag ist heute.«

Und siehe! Der Kaiser nahte sich sacht
Den schlafenden Soldaten,
Und steckte heimlich in die Tasch
Jedwedem einen Dukaten.

Er sprach mit schmunzelndem Gesicht,
Als ich ihn ansah verwundert:
»Ich zahle einen Dukaten per Mann,
Als Sold, nach jedem Jahrhundert.«

Im Saale, wo die Pferde stehn
In langen, schweigenden Reihen,
Da rieb der Kaiser sich die Händ,
Schien sonderbar sich zu freuen.

Er zählte die Gäule, Stück vor Stück,
Und klätschelte ihnen die Rippen;
Er zählte und zählte, mit ängstlicher Hast
Bewegten sich seine Lippen.

»Das ist noch nicht die rechte Zahl« –
Sprach er zuletzt verdrossen –
»Soldaten und Waffen hab ich genug,
Doch fehlt es noch an Rossen.

Roßkämme habe ich ausgeschickt
In alle Welt, die kaufen
Für mich die besten Pferde ein,
Hab schon einen guten Haufen.

Ich warte, bis die Zahl komplett,
Dann schlag ich los und befreie
Mein Vaterland, mein deutsches Volk,
Das meiner harret mit Treue.«

So sprach der Kaiser, ich aber rief:
Schlag los, du alter Geselle,
Schlag los, und hast du nicht Pferde genug,
Nimm Esel an ihrer Stelle.

Der Rotbart erwiderte lächelnd: »Es hat
Mit dem Schlagen gar keine Eile,
Man baute nicht Rom in einem Tag,
Gut Ding will haben Weile.

Wer heute nicht kommt, kommt morgen gewiß,
Nur langsam wächst die Eiche,
Und chi va piano va sano, so heißt
Das Sprüchwort im römischen Reiche.«

Caput XVI

Das Stoßen des Wagens weckte mich auf,
Doch sanken die Augenlider
Bald wieder zu, und ich entschlief
Und träumte vom Rotbart wieder.

Ging wieder schwatzend mit ihm herum
Durch alle die hallenden Säle;
Er frug mich dies, er frug mich das,
Verlangte, daß ich erzähle.

Er hatte aus der Oberwelt
Seit vielen, vielen Jahren,
Wohl seit dem Siebenjährigen Krieg,
Kein Sterbenswort erfahren.

Er frug nach Moses Mendelssohn,
Nach der Karschin, mit Intresse
Frug er nach der Gräfin Dubarry,
Des fünfzehnten Ludwigs Mätresse.

O Kaiser, rief ich, wie bist du zurück!
Der Moses ist längst gestorben,
Nebst seiner Rebekka, auch Abraham,
Der Sohn, ist gestorben, verdorben.

Der Abraham hatte mit Lea erzeugt
Ein Bübchen, Felix heißt er,
Der brachte es weit im Christentum,
Ist schon Kapellenmeister.

Die alte Karschin ist gleichfalls tot,
Auch die Tochter ist tot, die Klenke;
Helmine Chézy, die Enkelin,
Ist noch am Leben, ich denke.

Die Dubarry lebte lustig und flott,
Solange Ludwig regierte,
Der Fünfzehnte nämlich, sie war schon alt,
Als man sie guillotinierte.

Der König Ludwig der Fünfzehnte starb
Ganz ruhig in seinem Bette,
Der Sechzehnte aber ward guillotiniert
Mit der Königin Antoinette.

Die Königin zeigte großen Mut,
Ganz wie es sich gebührte,
Die Dubarry aber weinte und schrie,
Als man sie guillotinierte. – –

Der Kaiser blieb plötzlich stille stehn,
Und sah mich an mit den stieren
Augen und sprach: »Um Gottes willn,
Was ist das, guillotinieren?«

Das Guillotinieren – erklärte ich ihm –
Ist eine neue Methode,
Womit man die Leute jeglichen Stands
Vom Leben bringt zu Tode.

Bei dieser Methode bedient man sich
Auch einer neuen Maschine,
Die hat erfunden Herr Guillotin,
Drum nennt man sie Guillotine.

Du wirst hier an ein Brett geschnallt; –
Das senkt sich; – du wirst geschoben
Geschwinde zwischen zwei Pfosten; – es hängt
Ein dreieckig Beil ganz oben; –

Man zieht eine Schnur, dann schießt herab
Das Beil, ganz lustig und munter; –
Bei dieser Gelegenheit fällt dein Kopf
In einen Sack hinunter.

Der Kaiser fiel mir in die Red:
»Schweig still, von deiner Maschine
Will ich nichts wissen, Gott bewahr,
Daß ich mich ihrer bediene!

Der König und die Königin!
Geschnallt! an einem Brette!
Das ist ja gegen allen Respekt
Und alle Etikette!

Und du, wer bist du, daß du es wagst,
Mich so vertraulich zu duzen?
Warte, du Bürschchen, ich werde dir schon
Die kecken Flügel stutzen!

Es regt mir die innerste Galle auf,
Wenn ich dich höre sprechen,
Dein Odem schon ist Hochverrat
Und Majestätsverbrechen!«

Als solchermaßen in Eifer geriet
Der Alte und sonder Schranken
Und Schonung mich anschnob, da platzten heraus
Auch mir die geheimsten Gedanken.

Herr Rotbart – rief ich laut – du bist
Ein altes Fabelwesen,
Geh, leg dich schlafen, wir werden uns
Auch ohne dich erlösen.

Die Republikaner lachen uns aus,
Sehn sie an unserer Spitze
So ein Gespenst mit Zepter und Kron;
Sie rissen schlechte Witze.

Auch deine Fahne gefällt mir nicht mehr,
Die altdeutschen Narren verdarben
Mir schon in der Burschenschaft die Lust
An den schwarz-rot-goldnen Farben.

Das beste wäre, du bliebest zu Haus,
Hier in dem alten Kyffhäuser –
Bedenk ich die Sache ganz genau,
So brauchen wir gar keinen Kaiser.

Caput XVII

Ich habe mich mit dem Kaiser gezankt
Im Traum, im Traum versteht sich, –
Im wachenden Zustand sprechen wir nicht
Mit Fürsten so widersetzig.

Nur träumend, im idealen Traum,
Wagt ihnen der Deutsche zu sagen
Die deutsche Meinung, die er so tief
Im treuen Herzen getragen.

Als ich erwacht', fuhr ich einem Wald
Vorbei, der Anblick der Bäume,
Der nackten hölzernen Wirklichkeit,
Verscheuchte meine Träume.

Die Eichen schüttelten ernsthaft das Haupt,
Die Birken und Birkenreiser
Sie nickten so warnend – und ich rief:
Vergib mir, mein teurer Kaiser!

Vergib mir, o Rotbart, das rasche Wort!
Ich weiß, du bist viel weiser
Als ich, ich habe so wenig Geduld –
Doch komme du bald, mein Kaiser!

Behagt dir das Guillotinieren nicht,
So bleib bei den alten Mitteln:
Das Schwert für Edelleute, der Strick
Für Bürger und Bauern in Kitteln.

Nur manchmal wechsle ab, und laß
Den Adel hängen, und köpfe
Ein bißchen die Bürger und Bauern, wir sind
Ja alle Gottesgeschöpfe.

Stell wieder her das Halsgericht,
Das peinliche Karls des Fünften,
Und teile wieder ein das Volk
Nach Ständen, Gilden und Zünften.

Das alte Heilige Römische Reich,
Stells wieder her, das ganze,
Gib uns den modrigsten Plunder zurück
Mit allem Firlifanze.

Das Mittelalter, immerhin,
Das wahre, wie es gewesen,
Ich will es ertragen – erlöse uns nur
Von jenem Zwitterwesen,

Von jenem Kamaschenrittertum,
Das ekelhaft ein Gemisch ist
Von gotischem Wahn und modernem Lug,
Das weder Fleisch noch Fisch ist.

Jag fort das Komödiantenpack,
Und schließe die Schauspielhäuser,
Wo man die Vorzeit parodiert –
Komme du bald, o Kaiser!

Caput XVIII

Minden ist eine feste Burg,
Hat gute Wehr und Waffen!
Mit preußischen Festungen hab ich jedoch
Nicht gerne was zu schaffen.

Wir kamen dort an zur Abendzeit.
Die Planken der Zugbrück stöhnten
So schaurig, als wir hinübergerollt;
Die dunklen Gräben gähnten.

Die hohen Bastionen schauten mich an,
So drohend und verdrossen;
Das große Tor ging rasselnd auf,
Ward rasselnd wieder geschlossen.

Ach! meine Seele ward betrübt,
Wie des Odysseus Seele,
Als er gehört, daß Polyphem
Den Felsblock schob vor die Höhle.

Es trat an den Wagen ein Korporal
Und frug uns: Wie wir hießen?
Ich heiße Niemand, bin Augenarzt
Und steche den Star den Riesen.

Im Wirtshaus ward mir noch schlimmer zu Mut,
Das Essen wollt mir nicht schmecken.
Ging schlafen sogleich, doch schlief ich nicht,
Mich drückten so schwer die Decken.

Es war ein breites Federbett,
Gardinen von rotem Damaste,
Der Himmel von verblichenem Gold,
Mit einem schmutzigen Quaste.

Verfluchter Quast! der die ganze Nacht
Die liebe Ruhe mir raubte!
Er hing mir, wie des Damokles Schwert,
So drohend über dem Haupte!

Schien manchmal ein Schlangenkopf zu sein,
Und ich hörte ihn heimlich zischen:
Du bist und bleibst in der Festung jetzt,
Du kannst nicht mehr entwischen!

O, daß ich wäre – seufzte ich –
Daß ich zu Hause wäre,
Bei meiner lieben Frau in Paris,
Im Faubourg-Poissonière!

Ich fühlte, wie über die Stirne mir
Auch manchmal etwas gestrichen,
Gleich einer kalten Zensorhand,
Und meine Gedanken wichen –

Gendarmen, in Leichenlaken gehüllt,
Ein weißes Spukgewirre,
Umringte mein Bett, ich hörte auch
Unheimliches Kettengeklirre.

Ach! die Gespenster schleppten mich fort,
Und ich hab mich endlich befunden
An einer steilen Felsenwand;
Dort war ich festgebunden.

Der böse schmutzige Betthimmelquast!
Ich fand ihn gleichfalls wieder,
Doch sah er jetzt wie ein Geier aus,
Mit Krallen und schwarzem Gefieder.

Er glich dem preußischen Adler jetzt,
Und hielt meinen Leib umklammert;
Er fraß mir die Leber aus der Brust,
Ich habe gestöhnt und gejammert.

Ich jammerte lange – da krähte der Hahn,
Und der Fiebertraum erblaßte.
Ich lag zu Minden im schwitzenden Bett,
Der Adler ward wieder zum Quaste.

Ich reiste fort mit Extrapost,
Und schöpfte freien Odem
Erst draußen in der freien Natur,
Auf bückeburgschem Boden.

Caput XIX

O, Danton, du hast dich sehr geirrt
Und mußtest den Irrtum büßen!
Mitnehmen kann man das Vaterland
An den Sohlen, an den Füßen.

Das halbe Fürstentum Bückeburg
Blieb mir an den Stiefeln kleben;
So lehmigte Wege habe ich wohl
Noch nie gesehen im Leben.

Zu Bückeburg stieg ich ab in der Stadt,
Um dort zu betrachten die Stammburg,
Wo mein Großvater geboren ward;
Die Großmutter war aus Hamburg.

Ich kam nach Hannover um Mittagszeit,
Und ließ mir die Stiefel putzen.
Ich ging sogleich die Stadt zu besehn,
Ich reise gern mit Nutzen.

Mein Gott! Da sieht es sauber aus!
Der Kot liegt nicht auf den Gassen.
Viel Prachtgebäude sah ich dort,
Sehr imponierende Massen.

Besonders gefiel mir ein großer Platz,
Umgeben von stattlichen Häusern;
Dort wohnt der König, dort steht sein Palast,
Er ist von schönem Äußern,

(Nämlich der Palast.) Vor dem Portal
Zu jeder Seite ein Schildhaus.
Rotröcke mit Flinten halten dort Wacht,
Sie sehen drohend und wild aus.

Mein Cicerone sprach: »Hier wohnt
Der Ernst Augustus, ein alter,
Hochtoryscher Lord, ein Edelmann,
Sehr rüstig für sein Alter.

Idyllisch sicher haust er hier,
Denn besser als alle Trabanten
Beschützet ihn der mangelnde Mut
Von unseren lieben Bekannten.

Ich seh ihn zuweilen, er klagt alsdann,
Wie gar langweilig das Amt sei,
Das Königsamt, wozu er jetzt
Hier in Hannover verdammt sei.

An großbritannisches Leben gewöhnt,
Sei es ihm hier zu enge,
Ihn plage der Spleen, er fürchte schier,
Daß er sich mal erhänge.

Vorgestern fand ich ihn traurig gebückt
Am Kamin, in der Morgenstunde;
Er kochte höchstselbst ein Lavement
Für seine kranken Hunde.«

Caput XX

Von Harburg fuhr ich in einer Stund
Nach Hamburg. Es war schon Abend.
Die Sterne am Himmel grüßten mich,
Die Luft war lind und labend.

Und als ich zu meiner Frau Mutter kam,
Erschrak sie fast vor Freude;
Sie rief: »Mein liebes Kind!« und schlug
Zusammen die Hände beide.

»Mein liebes Kind, wohl dreizehn Jahr
Verflossen unterdessen!
Du wirst gewiß sehr hungrig sein –
Sag an, was willst du essen?

Ich habe Fisch und Gänsefleisch
Und schöne Apfelsinen.«
So gib mir Fisch und Gänsefleisch
Und schöne Apfelsinen.

Und als ich aß mit großem Apptit,
Die Mutter ward glücklich und munter,
Sie frug wohl dies, sie frug wohl das,
Verfängliche Fragen mitunter.

»Mein liebes Kind! Und wirst du auch
Recht sorgsam gepflegt in der Fremde?
Versteht deine Frau die Haushaltung,
Und flickt sie dir Strümpfe und Hemde?«

Der Fisch ist gut, lieb Mütterlein,
Doch muß man ihn schweigend verzehren;
Man kriegt so leicht eine Grät in den Hals,
Du darfst mich jetzt nicht stören.

Und als ich den braven Fisch verzehrt,
Die Gans ward aufgetragen.
Die Mutter frug wieder wohl dies, wohl das,
Mitunter verfängliche Fragen.

»Mein liebes Kind! In welchem Land
Läßt sich am besten leben?
Hier oder in Frankreich? Und welchem Volk
Wirst du den Vorzug geben?«

Die deutsche Gans, lieb Mütterlein,
Ist gut, jedoch die Franzosen,
Sie stopfen die Gänse besser als wir,
Auch haben sie bessere Soßen. –

Und als die Gans sich wieder empfahl,
Da machten ihre Aufwartung
Die Apfelsinen, sie schmeckten so süß,
Ganz über alle Erwartung.

Die Mutter aber fing wieder an,
Zu fragen sehr vergnüglich,
Nach tausend Dingen, mitunter sogar
Nach Dingen, die sehr anzüglich.

»Mein liebes Kind! Wie denkst du jetzt?
Treibst du noch immer aus Neigung
Die Politik? Zu welcher Partei
Gehörst du mit Überzeugung?«

Die Apfelsinen, lieb Mütterlein,
Sind gut, und mit wahrem Vergnügen
Verschlucke ich den süßen Saft,
Und ich lasse die Schalen liegen.

Caput XXI

Die Stadt, zur Hälfte abgebrannt,
Wird aufgebaut allmählich;
Wie 'n Pudel, der halb geschoren ist,
Sieht Hamburg aus, trübselig.

Gar manche Gassen fehlen mir,
Die ich nur ungern vermisse –
Wo ist das Haus, wo ich geküßt
Der Liebe erste Küsse?

Wo ist die Druckerei, wo ich
Die Reisebilder druckte?
Wo ist der Austerkeller, wo ich
Die ersten Austern schluckte?

Und der Dreckwall, wo ist der Dreckwall hin?
Ich kann ihn vergeblich suchen!
Wo ist der Pavillon, wo ich
Gegessen so manchen Kuchen?

Wo ist das Rathaus, worin der Senat
Und die Bürgerschaft gethronet?
Ein Raub der Flammen! Die Flamme hat
Das Heiligste nicht verschonet.

Die Leute seufzten noch vor Angst,
Und mit wehmütgem Gesichte
Erzählten sie mir vom großen Brand
Die schreckliche Geschichte:

»Es brannte an allen Ecken zugleich,
Man sah nur Rauch und Flammen!
Die Kirchentürme loderten auf
Und stürzten krachend zusammen.

Die alte Börse ist verbrannt,
Wo unsere Väter gewandelt
Und mit einander Jahrhunderte lang
So redlich als möglich gehandelt.

Die Bank, die silberne Seele der Stadt,
Und die Bücher, wo eingeschrieben
Jedweden Mannes Banko-Wert,
Gottlob! sie sind uns geblieben!

Gottlob! man kollektierte für uns
Selbst bei den fernsten Nationen –
Ein gutes Geschäft – die Kollekte betrug
Wohl an die acht Millionen.

Aus allen Ländern floß das Geld
In unsre offnen Hände,
Auch Viktualien nahmen wir an,
Verschmähten keine Spende.

Man schickte uns Kleider und Betten genug,
Auch Brot und Fleisch und Suppen!
Der König von Preußen wollte sogar
Uns schicken seine Truppen.

Der materielle Schaden ward
Vergütet, das ließ sich schätzen –
Jedoch den Schrecken, unseren Schreck,
Den kann uns niemand ersetzen!«

Aufmunternd sprach ich: Ihr lieben Leut,
Ihr müßt nicht jammern und flennen,
Troja war eine bessere Stadt
Und mußte doch verbrennen.

Baut eure Häuser wieder auf
Und trocknet eure Pfützen,
Und schafft euch beßre Gesetze an
Und beßre Feuerspritzen.

Gießt nicht zu viel Cayenne-Piment
In eure Mokturtelsuppen,
Auch eure Karpfen sind euch nicht gesund,
Ihr kocht sie so fett mit den Schuppen.

Kalkuten schaden euch nicht viel,
Doch hütet euch vor der Tücke
Des Vogels, der sein Ei gelegt
In des Bürgermeisters Perücke. – –

Wer dieser fatale Vogel ist,
Ich brauch es euch nicht zu sagen –
Denk ich an ihn, so dreht sich herum
Das Essen in meinem Magen.

Caput XXII

Noch mehr verändert als die Stadt
Sind mir die Menschen erschienen,
Sie gehn so betrübt und gebrochen herum,
Wie wandelnde Ruinen.

Die mageren sind noch dünner jetzt,
Noch fetter sind die feisten,
Die Kinder sind alt, die Alten sind
Kindisch geworden, die meisten.

Gar manche, die ich als Kälber verließ,
Fand ich als Ochsen wieder;
Gar manches kleine Gänschen ward
Zur Gans mit stolzem Gefieder.

Die alte Gudel fand ich geschminkt
Und geputzt wie eine Sirene;
Hat schwarze Locken sich angeschafft
Und blendend weiße Zähne.

Am besten hat sich konserviert
Mein Freund, der Papierverkäufer;
Sein Haar ward gelb und umwallt sein Haupt,
Sieht aus wie Johannes der Täufer.

Den **** den sah ich nur von fern,
Er huschte mir rasch vorüber;
Ich höre, sein Geist ist abgebrannt
Und war versichert bei Bieber.

Auch meinen alten Zensor sah
Ich wieder. Im Nebel, gebücket,
Begegnet' er mir auf dem Gänsemarkt,
Schien sehr darniedergedrücket.

Wir schüttelten uns die Hände, es schwamm
Im Auge des Manns eine Träne.
Wie freute er sich, mich wiederzusehn!
Es war eine rührende Szene. –

Nicht alle fand ich. Mancher hat
Das Zeitliche gesegnet.
Ach! meinem Gumpelino sogar
Bin ich nicht mehr begegnet.

Der Edle hatte ausgehaucht
Die große Seele soeben,
Und wird als verklärter Seraph jetzt
Am Throne Jehovahs schweben.

Vergebens suchte ich überall
Den krummen Adonis, der Tassen
Und Nachtgeschirr von Porzellan
Feilbot in Hamburgs Gassen.

Sarras, der treue Pudel, ist tot.
Ein großer Verlust! Ich wette,
Daß Campe lieber ein ganzes Schock
Schriftsteller verloren hätte. – –

Die Population des Hamburger Staats
Besteht, seit Menschengedenken,
Aus Juden und Christen; es pflegen auch
Die letztren nicht viel zu verschenken.

Die Christen sind alle ziemlich gut,
Auch essen sie gut zu Mittag,
Und ihre Wechsel bezahlen sie prompt,
Noch vor dem letzten Respittag.

Die Juden teilen sich wieder ein
In zwei verschiedne Parteien;
Die Alten gehn in die Synagog,
Und in den Tempel die Neuen.

Die Neuen essen Schweinefleisch,
Zeigen sich widersetzig,
Sind Demokraten; die Alten sind
Vielmehr aristokrätzig.

Ich liebe die Alten, ich liebe die Neu'n –
Doch schwör ich, beim ewigen Gotte,
Ich liebe gewisse Fischchen noch mehr,
Man heißt sie geräucherte Sprotte.

Caput XXIII

Als Republik war Hamburg nie
So groß wie Venedig und Florenz,
Doch Hamburg hat bessere Austern; man speist
Die besten im Keller von Lorenz.

Es war ein schöner Abend, als ich
Mich hinbegab mit Campen;
Wir wollten miteinander dort
In Rheinwein und Austern schlampampen.

Auch gute Gesellschaft fand ich dort,
Mit Freude sah ich wieder
Manch alten Genossen, zum Beispiel Chaufepié,
Auch manche neue Brüder.

Da war der Wille, dessen Gesicht
Ein Stammbuch, worin mit Hieben
Die akademischen Feinde sich
Recht leserlich eingeschrieben.

Da war der Fucks, ein blinder Heid
Und persönlicher Feind des Jehovah,
Glaubt nur an Hegel und etwa noch
An die Venus des Canova.

Mein Campe war Amphitryo
Und lächelte vor Wonne;
Sein Auge strahlte Seligkeit,
Wie eine verklärte Madonne.

Ich aß und trank, mit gutem App'tit,
Und dachte in meinem Gemüte:
»Der Campe ist wirklich ein großer Mann,
Ist aller Verleger Blüte.

Ein andrer Verleger hätte mich
Vielleicht verhungern lassen,
Der aber gibt mir zu trinken sogar;
Werde ihn niemals verlassen.

Ich danke dem Schöpfer in der Höh,
Der diesen Saft der Reben
Erschuf, und zum Verleger mir
Den Julius Campe gegeben!

Ich danke dem Schöpfer in der Höh,
Der, durch sein großes Werde,
Die Austern erschaffen in der See
Und den Rheinwein auf der Erde!

Der auch Zitronen wachsen ließ,
Die Austern zu betauen –
Nun laß mich, Vater, diese Nacht
Das Essen gut verdauen!«

Der Rheinwein stimmt mich immer weich
Und löst jedwedes Zerwürfnis
In meiner Brust, entzündet darin
Der Menschenliebe Bedürfnis.

Es treibt mich aus dem Zimmer hinaus,
Ich muß in den Straßen schlendern;
Die Seele sucht eine Seele und späht
Nach zärtlich weißen Gewändern.

In solchen Momenten zerfließe ich fast
Vor Wehmut und vor Sehnen;
Die Katzen scheinen mir alle grau,
Die Weiber alle Helenen. – – –

Und als ich auf die Drehbahn kam,
Da sah ich im Mondenschimmer
Ein hehres Weib, ein wunderbar
Hochbusiges Frauenzimmer.

Ihr Antlitz war rund und kerngesund,
Die Augen wie blaue Turkoasen,
Die Wangen wie Rosen, wie Kirschen der Mund,
Auch etwas rötlich die Nase.

Ihr Haupt bedeckte eine Mütz
Von weißem gesteiftem Linnen,
Gefältelt wie eine Mauerkron,
Mit Türmchen und zackigen Zinnen.

Sie trug eine weiße Tunika,
Bis an die Waden reichend.
Und welche Waden! Das Fußgestell
Zwei dorischen Säulen gleichend.

Die weltlichste Natürlichkeit
Konnt man in den Zügen lesen;
Doch das übermenschliche Hinterteil
Verriet ein höheres Wesen.

Sie trat zu mir heran und sprach:
»Willkommen an der Elbe,
Nach dreizehnjährger Abwesenheit –
Ich sehe, du bist noch derselbe!

Du suchst die schönen Seelen vielleicht,
Die dir so oft begegent
Und mit dir geschwärmt die Nacht hindurch,
In dieser schönen Gegend.

Das Leben verschlang sie, das Ungetüm,
Die hundertköpfige Hyder;
Du findest nicht die alte Zeit
Und die Zeitgenössinnen wieder!

Du findest die holden Blumen nicht mehr,
Die das junge Herz vergöttert;
Hier blühten sie – jetzt sind sie verwelkt,
Und der Sturm hat sie entblättert.

Verwelkt, entblättert, zertreten sogar
Von rohen Schicksalsfüßen –
Mein Freund, das ist auf Erden das Los
Von allem Schönen und Süßen!«

Wer bist du? – rief ich – du schaust mich an
Wie 'n Traum aus alten Zeiten –
Wo wohnst du, großes Frauenbild?
Und darf ich dich begleiten?

Da lächelte das Weib und sprach:
»Du irrst dich, ich bin eine feine,
Anständge, moralische Person;
Du irrst dich, ich bin nicht so eine.

Ich bin nicht so eine kleine Mamsell,
So eine welsche Lorettin –
Denn wisse: Ich bin Hammonia,
Hamburgs beschützende Göttin!

Du stutzest und erschreckst sogar,
Du sonst so mutiger Sänger!
Willst du mich noch begleiten jetzt?
Wohlan, so zögre nicht länger.«

Ich aber lachte laut und rief:
Ich folge auf der Stelle –
Schreit du voran, ich folge dir,
Und ging es in die Hölle!

Caput XXIV

Wie ich die enge Sahltrepp hinauf
Gekommen, ich kann es nicht sagen;
Es haben unsichtbare Geister mich
Vielleicht hinaufgetragen.

Hier, in Hammonias Kämmerlein,
Verflossen mir schnell die Stunden.
Die Göttin gestand die Sympathie,
Die sie immer für mich empfunden.

»Siehst du« – sprach sie – »in früherer Zeit
War mir am meisten teuer
Der Sänger, der den Messias besang
Auf seiner frommen Leier.

Dort auf der Kommode steht noch jetzt
Die Büste von meinem Klopstock,
Jedoch seit Jahren dient sie mir
Nur noch als Haubenkopfstock.

Du bist mein Liebling jetzt, es hängt
Dein Bildnis zu Häupten des Bettes;
Und, siehst du, ein frischer Lorbeer umkränzt
Den Rahmen des holden Porträtes.

Nur daß du meine Söhne so oft
Genergelt, ich muß es gestehen,
Hat mich zuweilen tief verletzt;
Das darf nicht mehr geschehen.

Es hat die Zeit dich hoffentlich
Von solcher Unart geheilet,
Und dir eine größere Toleranz
Sogar für Narren erteilet.

Doch sprich, wie kam der Gedanke dir,
Zu reisen nach dem Norden
In solcher Jahrzeit? Das Wetter ist
Schon winterlich geworden!«

O, meine Göttin! – erwiderte ich –
Es schlafen tief im Grunde
Des Menschenherzens Gedanken, die oft
Erwachen zur unrechten Stunde.

Es ging mir äußerlich ziemlich gut,
Doch innerlich war ich beklommen,
Und die Beklemmnis täglich wuchs –
Ich hatte das Heimweh bekommen.

Die sonst so leichte französische Luft,
Sie fing mich an zu drücken;
Ich mußte Atem schöpfen hier
In Deutschland, um nicht zu ersticken.

Ich sehnte mich nach Torfgeruch,
Nach deutschem Tabaksdampfe;
Es bebte mein Fuß vor Ungeduld,
Daß er deutschen Boden stampfe.

Ich seufzte des Nachts, und sehnte mich,
Daß ich sie wiedersähe,
Die alte Frau, die am Dammtor wohnt;
Das Lottchen wohnt in der Nähe.

Auch jenem edlen alten Herrn,
Der immer mich ausgescholten
Und immer großmütig beschützt, auch ihm
Hat mancher Seufzer gegolten.

Ich wollte wieder aus seinem Mund
Vernehmen den »dummen Jungen!«
Das hat mir immer wie Musik
Im Herzen nachgeklungen.

Ich sehnte mich nach dem blauen Rauch,
Der aufsteigt aus deutschen Schornsteinen,
Nach niedersächsischen Nachtigalln,
Nach stillen Buchenhainen.

Ich sehnte mich nach den Plätzen sogar,
Nach jenen Leidensstationen,
Wo ich geschleppt das Jugendkreuz
Und meine Dornenkronen.

Ich wollte weinen, wo ich einst
Geweint die bittersten Tränen –
Ich glaube, Vaterlandsliebe nennt
Man dieses törichte Sehnen.

Ich spreche nicht gern davon; es ist
Nur eine Krankheit im Grunde.
Verschämten Gemütes, verberge ich stets
Dem Publiko meine Wunde.

Fatal ist mir das Lumpenpack,
Das, um die Herzen zu rühren,
Den Patriotismus trägt zur Schau
Mit allen seinen Geschwüren.

Schamlose schäbige Bettler sinds,
Almosen wollen sie haben –
Ein'n Pfennig Popularität
Für Menzel und seine Schwaben!

O meine Göttin, du hast mich heut
In weicher Stimmung gefunden;
Bin etwas krank, doch pfleg ich mich,
Und ich werde bald gesunden.

Ja, ich bin krank, und du könntest mir
Die Seele sehr erfrischen
Durch eine gute Tasse Tee;
Du mußt ihn mit Rum vermischen.

Caput XXV

Die Göttin hat mir Tee gekocht
Und Rum hineingegossen;
Sie selber aber hat den Rum
Ganz ohne Tee genossen.

An meine Schulter lehnte sie
Ihr Haupt (die Mauerkrone,
Die Mütze, ward etwas zerknittert davon),
Und sie sprach mit sanftem Tone:

»Ich dachte manchmal mit Schrecken dran,
Daß du in dem sittenlosen
Paris so ganz ohne Aufsicht lebst,
Bei jenen frivolen Franzosen.

Du schlenderst dort herum und hast
Nicht mal an deiner Seite
Einen treuen deutschen Verleger, der dich
Als Mentor warne und leite.

Und die Verführung ist dort so groß,
Dort gibt es so viele Sylphiden,
Die ungesund, und gar zu leicht
Verliert man den Seelenfrieden.

Geh nicht zurück und bleib bei uns;
Hier herrschen noch Zucht und Sitte,
Und manches stille Vergnügen blüht
Auch hier, in unserer Mitte.

Bleib bei uns in Deutschland, es wird dir hier
Jetzt besser als ehmals munden;
Wir schreiten fort, du hast gewiß
Den Fortschritt selbst gefunden.

Auch die Zensur ist nicht mehr streng,
Hoffmann wird älter und milder
Und streicht nicht mehr mit Jugendzorn
Dir deine Reisebilder.

Du selbst bist älter und milder jetzt,
Wirst dich in manches schicken,
Und wirst sogar die Vergangenheit
In besserem Lichte erblicken.

Ja, daß es uns früher so schrecklich ging,
In Deutschland, ist Übertreibung;
Man konnte entrinnen der Knechtschaft, wie einst
In Rom, durch Selbstentleibung.

Gedankenfreiheit genoß das Volk,
Sie war für die großen Massen,
Beschränkung traf nur die gringe Zahl
Derjen'gen, die drucken lassen.

Gesetzlose Willkür herrschte nie,
Dem schlimmsten Demagogen
Ward niemals ohne Urteilspruch
Die Staatskokarde entzogen.

So übel war es in Deutschland nie,
Trotz aller Zeitbedrängnis –
Glaub mir, verhungert ist nie ein Mensch
In einem deutschen Gefängnis.

Es blühte in der Vergangenheit
So manche schöne Erscheinung
Des Glaubens und der Gemütlichkeit;
Jetzt herrscht nur Zweifel, Verneinung.

Die praktische äußere Freiheit wird einst
Das Ideal vertilgen,
Das wir im Busen getragen – es war
So rein wie der Traum der Liljen!

Auch unsre schöne Poesie
Erlischt, sie ist schon ein wenig
Erloschen; mit andern Königen stirbt
Auch Freiligraths Mohrenkönig.

Der Enkel wird essen und trinken genug,
Doch nicht in beschaulicher Stille;
Es poltert heran ein Spektakelstück,
Zu Ende geht die Idylle.

O, könntest du schweigen, ich würde dir
Das Buch des Schicksals entsiegeln,
Ich ließe dir spätere Zeiten sehn
In meinen Zauberspiegeln.

Was ich den sterblichen Menschen nie
Gezeigt, ich möcht es dir zeigen:
Die Zukunft deines Vaterlands –
Doch ach! Du kannst nicht schweigen!«

Mein Gott, o Göttin! – rief ich entzückt –
Das wäre mein größtes Vergnügen,
Laß mich das künftige Deutschland sehn –
Ich bin ein Mann und verschwiegen.

Ich will dir schwören jeden Eid,
Den du nur magst begehren,
Mein Schweigen zu verbürgen dir –
Sag an, wie soll ich schwören?

Doch jene erwiderte: »Schwöre mir
In Vater Abrahams Weise,
Wie er Eliesern schwören ließ,
Als dieser sich gab auf die Reise.

Heb auf das Gewand und lege die Hand
Hier unten an meine Hüften,
Und schwöre mir Verschwiegenheit
In Reden und in Schriften!«

Ein feierlicher Moment! Ich war
Wie angeweht vom Hauche
Der Vorzeit, als ich schwur den Eid,
Nach uraltem Erzväterbrauche.

Ich hob das Gewand der Göttin auf
Und legte an ihre Hüften
Die Hand, gelobend Verschwiegenheit
In Reden und in Schriften.

Caput XXVI

Die Wangen der Göttin glühten so rot
(Ich glaube, in die Krone
Stieg ihr der Rum), und sie sprach zu mir
In sehr wehmütigem Tone:

»Ich werde alt. Geboren bin ich
Am Tage von Hamburgs Begründung.
Die Mutter war Schellfischkönigin
Hier an der Elbe Mündung.

Mein Vater war ein großer Monarch,
Carolus Magnus geheißen,
Er war noch mächtger und klüger sogar
Als Friedrich der Große von Preußen.

Der Stuhl ist zu Aachen, auf welchem er
Am Tage der Krönung ruhte;
Den Stuhl, worauf er saß in der Nacht,
Den erbte die Mutter, die gute.

Die Mutter hinterließ ihn mir,
Ein Möbel von scheinlosem Äußern,
Doch böte mir Rothschild all sein Geld,
Ich würde ihn nicht veräußern.

Siehst du, dort in dem Winkel steht
Ein alter Sessel, zerrissen
Das Leder der Lehne, von Mottenfraß
Zernagt das Polsterkissen.

Doch gehe hin und hebe auf
Das Kissen von dem Sessel,
Du schaust eine runde Öffnung dann,
Darunter einen Kessel –

Das ist ein Zauberkessel, worin
Die magischen Kräfte brauen,
Und steckst du in die Ründung den Kopf,
So wirst du die Zukunft schauen –

Die Zukunft Deutschlands erblickst du hier,
Gleich wogenden Phantasmen,
Doch schaudre nicht, wenn aus dem Wust
Aufsteigen die Miasmen!«

Sie sprachs und lachte sonderbar,
Ich aber ließ mich nicht schrecken,
Neugierig eilte ich, den Kopf
In die furchtbare Ründung zu stecken.

Was ich gesehn, verrate ich nicht,
Ich habe zu schweigen versprochen,
Erlaubt ist mir zu sagen kaum,
O Gott! was ich gerochen! – – –

Ich denke mit Widerwillen noch
An jene schnöden, verfluchten
Vorspielgerüche, das schien ein Gemisch
Von altem Kohl und Juchten.

Entsetzlich waren die Düfte, o Gott!
Die sich nachher erhuben;
Es war, als fegte man den Mist
Aus sechsunddreißig Gruben. – – –

Ich weiß wohl, was Saint-Just gesagt
Weiland im Wohlfahrtsausschuß:
Man heile die große Krankheit nicht
Mit Rosenöl und Moschus –

Doch dieser deutsche Zukunftsduft
Mocht alles überragen,
Was meine Nase je geahnt –
Ich konnt es nicht länger ertragen – – –

Mir schwanden die Sinne, und als ich aufschlug
Die Augen, saß ich an der Seite
Der Göttin noch immer, es lehnte mein Haupt
An ihre Brust, die breite.

Es blitzte ihr Blick, es glühte ihr Mund,
Es zuckten die Nüstern der Nase,
Bacchantisch umschlang sie den Dichter und sang
Mit schauerlich wilder Ekstase:

»Bleib bei mir in Hamburg, ich liebe dich,
Wir wollen trinken und essen
Den Wein und die Austern der Gegenwart,
Und die dunkle Zukunft vergessen.

Den Deckel darauf! damit uns nicht
Der Mißduft die Freude vertrübet –
Ich liebe dich, wie je ein Weib
Einen deutschen Poeten geliebet!

Ich küsse dich, und ich fühle, wie mich
Dein Genius begeistert;
Es hat ein wunderbarer Rausch
Sich meiner Seele bemeistert.

Mir ist, als ob ich auf der Straß
Die Nachtwächter singen hörte –
Es sind Hymenäen, Hochzeitmusik,
Mein süßer Lustgefährte!

Jetzt kommen die reitenden Diener auch,
Mit üppig lodernden Fackeln,
Sie tanzen ehrbar den Fackeltanz,
Sie springen und hüpfen und wackeln.

Es kommt der hoch- und wohlweise Senat,
Es kommen die Oberalten;
Der Bürgermeister räuspert sich
Und will eine Rede halten.

In glänzender Uniform erscheint
Das Korps der Diplomaten;
Sie gratulieren mit Vorbehalt
Im Namen der Nachbarstaaten.

Es kommt die geistliche Deputation,
Rabbiner und Pastöre –
Doch ach! da kommt der Hoffmann auch
Mit seiner Zensorschere!

Die Schere klirrt in seiner Hand,
Es rückt der wilde Geselle
Dir auf den Leib – Er schneidet ins Fleisch –
Es war die beste Stelle.«

Caput XXVII

Was sich in jener Wundernacht
Des weitern zugetragen,
Erzähl ich euch ein andermal,
In warmen Sommertagen.

Das alte Geschlecht der Heuchelei
Verschwindet Gott sei Dank heut,
Es sinkt allmählich ins Grab, es stirbt
An seiner Lügenkrankheit.

Es wächst heran ein neues Geschlecht,
Ganz ohne Schminke und Sünden,
Mit freien Gedanken, mit freier Lust –
Dem werde ich alles verkünden.

Schon knospet die Jugend, welche versteht
Des Dichters Stolz und Güte,
Und sich an seinem Herzen wärmt,
An seinem Sonnengemüte.

Mein Herz ist liebend wie das Licht,
Und rein und keusch wie das Feuer;
Die edelsten Grazien haben gestimmt
Die Saiten meiner Leier.

Es ist dieselbe Leier, die einst
Mein Vater ließ ertönen,
Der selige Herr Aristophanes,
Der Liebling der Kamönen.

Es ist die Leier, worauf er einst
Den Paisteteros besungen,
Der um die Basileia gefreit,
Mit ihr sich emporgeschwungen.

Im letzten Kapitel hab ich versucht
Ein bißchen nachzuahmen
Den Schluß der »Vögel«, die sind gewiß
Das beste von Vaters Dramen.

Die »Frösche« sind auch vortrefflich. Man gibt
In deutscher Übersetzung
Sie jetzt auf der Bühne von Berlin,
Zu königlicher Ergetzung.

Der König liebt das Stück. Das zeugt
Von gutem antikem Geschmacke;
Den Alten amüsierte weit mehr
Modernes Froschgequacke.

Der König liebt das Stück. Jedoch
Wär noch der Autor am Leben,
Ich riete ihm nicht, sich in Person
Nach Preußen zu begeben.

Dem wirklichen Aristophanes,
Dem ginge es schlecht, dem Armen;
Wir würden ihn bald begleitet sehn
Mit Chören von Gendarmen.

Der Pöbel bekäm die Erlaubnis bald,
Zu schimpfen statt zu wedeln;
Die Polizei erhielte Befehl
Zu fahnden auf den Edeln.

O König! Ich meine es gut mit dir
Und will einen Rat dir geben:
Die toten Dichter, verehre sie nur,
Doch schone, die da leben.

Beleidge lebendige Dichter nicht,
Sie haben Flammen und Waffen,
Die furchtbarer sind als Jovis Blitz,
Den ja der Poet erschaffen.

Beleidge die Götter, die alten und neu'n,
Des ganzen Olymps Gelichter,
Und den höchsten Jehovah obendrein –
Beleidge nur nicht den Dichter!

Die Götter bestrafen freilich sehr hart
Des Menschen Missetaten,
Das Höllenfeuer ist ziemlich heiß,
Dort muß man schmoren und braten –

Doch Heilige gibt es, die aus der Glut
Losbeten den Sünder; durch Spenden
An Kirchen und Seelenmessen wird
Erworben ein hohes Verwenden.

Und am Ende der Tage kommt Christus herab
Und bricht die Pforten der Hölle;
Und hält er auch ein strenges Gericht,
Entschlüpfen wird mancher Geselle.

Doch gibt es Höllen, aus deren Haft
Unmöglich jede Befreiung;
Hier hilft kein Beten, ohnmächtig ist hier
Des Welterlösers Verzeihung.

Kennst du die Hölle des Dante nicht,
Die schrecklichen Terzetten?
Wen da der Dichter hineingesperrt,
Den kann kein Gott mehr retten –

Kein Gott, kein Heiland erlöst ihn je
Aus diesen singenden Flammen!
Nimm dich in acht, daß wir dich nicht
Zu solcher Hölle verdammen.

PARALIPOMENA ZU »DEUTSCHLAND«

Abschied von Paris

Ade, Paris, du teure Stadt,
Wir müssen heute scheiden,
Ich lasse dich im Überfluß
Von Wonne und von Freuden.

Das deutsche Herz in meiner Brust
Ist plötzlich krank geworden,
Der einzige Arzt, der es heilen kann,
Der wohnt daheim im Norden.

Er wird es heilen in kurzer Frist,
Man rühmt seine großen Kuren;
Doch ich gestehe, mich schaudert schon
Vor seinen derben Mixturen.

Ade, du heitres Franzosenvolk,
Ihr meine lustigen Brüder,
Gar närrische Sehnsucht treibt mich fort,
Doch komm ich in kurzem wieder.

Denkt euch, mit Schmerzen sehne ich mich
Nach Torfgeruch, nach den lieben
Heidschnucken der Lüneburger Heid,
Nach Sauerkraut und Rüben.

Ich sehne mich nach Tabaksqualm,
Hofräten und Nachtwächtern,
Nach Plattdeutsch, Schwarzbrot, Grobheit sogar,
Nach blonden Predigerstöchtern.

Auch nach der Mutter sehne ich mich,
Ich will es offen gestehen,
Seit dreizehn Jahren hab ich nicht
Die alte Frau gesehen.

Ade, mein Weib, mein schönes Weib,
Du kannst meine Qual nicht fassen,
Ich drücke dich so fest an mein Herz,
Und muß dich doch verlassen.

Die lechzende Qual, sie treibt mich fort
Von meinem süßesten Glücke –
Muß wieder atmen deutsche Luft,
Damit ich nicht ersticke.

Die Qual, die Angst, der Ungestüm,
Das steigert sich bis zum Krampfe.
Es zittert mein Fuß vor Ungeduld,
Daß er deutschen Boden stampfe.

Vor Ende des Jahres bin ich zurück
Aus Deutschland, und ich denke
Auch ganz genesen, ich kaufe dir dann
Die schönsten Neujahrsgeschenke.

Zu Caput XXIII

— — — — — — — — — —

(Str. 22)   »Du suchst vergebens! Du findest nicht mehr
Die lange Male, die dicke
Posaunenengel-Hannchen, du findest auch nicht
Die Braunschweiger Mummen-Friedrike.

Du suchst vergebens! Du findest nicht mehr
Den Schimmel, die falsche Marianne,
Pique-As-Luise, die rote Sophie,
Auch nicht die keusche Susanne.

Du findest die Strohpuppen-Jette nicht mehr,
Nicht mehr die große Malwine,
Auch nicht die Kuddelmuddel-Marie,
Auch nicht die Dragoner-Kathrine.

Das Leben verschlang sie, das Ungetüm,
Die unersättliche Hyder;
Du findest nicht die alte Zeit
Und die Zeitgenössinnen wieder!

Seitdem du uns verlassen hast,
Hat manches sich hier verwandelt,
Es wuchs ein junges Geschlecht heran,
Das anders fühlt und handelt.

Die Reste der Vergangenheit
Verwittern und verschwinden,
Du wirst jetzt auf der Schwiegerstraß
Ein neues Deutschland finden.«

Wer bist du – rief ich – daß du kennst
Die Namen jener Damen,

Die an des Jünglings Bildung einst
Den tätigsten Anteil nahmen?

Ja, ich gesteh, es hängt mein Herz
Ein bißchen an dem alten
Deutschland noch immer, ich denke noch gern
An die schönen verlornen Gestalten.

Doch du, wer bist du? Du scheinst mir bekannt,
Wie ein Bild aus alten Träumen –
Wo wohnst du? – Kann ich mit dir gehn?
Laßt uns nicht lange säumen!

Zu Caput XXVI

I

– – – – – – – – – –

Die Äser, die schon vermodert längst
Und nur noch historisch gestunken,
Sie dünsteten aus ihr letztes Gift,
Halb Tote, halb Halunken.

Und gar das heilige Gespenst,
Die auferstandene Leiche,
Die ausgesogen das Lebensblut
Von manchem Volk und Reiche,

Sie wollte noch einmal verpesten die Welt
Mit ihrem Verwesungshauche!
Entsetzliche Würmer krochen hervor
Aus ihrem faulen Bauche –

Und jeder Wurm ein neuer Vampir,
Der wieder tödlich gerochen,
Als man ihm durch den schnöden Leib
Den heilsamen Pfahl gestochen.

Es roch nach Blut, Tabak und Schnaps
Und nach gehenkten Schuften –

Wer übelriechend im Leben war,
Wie mußt er im Tode duften!

Es roch nach Pudeln und Dachsen und auch
Nach Mopsen, die zärtlich gelecket
Den Speichel der Macht und fromm und treu
Für Thron und Altar verrecket.

Das war ein giftiger Moderdunst,
Entstiegen dem Schinderpfuhle –
Drin lag die ganze Hundezunft,
Die ganze historische Schule.

2

»Es ist ein König in Thule, der hat
'nen Becher, nichts geht ihm darüber,
Und wenn er aus dem Becher trinkt,
Dann gehen die Augen ihm über.

Dann steigen in ihm Gedanken auf,
Die kaum sich ließen ahnden,
Dann ist er kapabel und dekretiert,
Auf dich, mein Kind, zu fahnden.

Geh nicht nach Norden, und hüte dich
Vor jenem König in Thule,
Hüt dich vor Gendarmen und Polizei,
Vor der ganzen historischen Schule.«

PROSA

REISEBILDER

Erster Teil

—

Die Harzreise 1824

—

Nichts ist dauernd als der Wechsel; nichts beständig als der Tod. Jeder Schlag des Herzens schlägt uns eine Wunde, und das Leben wäre ein ewiges Verbluten, wenn nicht die Dichtkunst wäre. Sie gewährt uns, was uns die Natur versagt: eine goldene Zeit, die nicht rostet, einen Frühling, der nicht abblüht, wolkenloses Glück und ewige Jugend.　　　　　　　　　　　　　　　　　Börne

Schwarze Röcke, seidne Strümpfe,
Weiße, höfliche Manschetten,
Sanfte Reden, Embrassieren –
Ach, wenn sie nur Herzen hätten!

Herzen in der Brust, und Liebe,
Warme Liebe in dem Herzen –
Ach, mich tötet ihr Gesinge
Von erlognen Liebesschmerzen.

Auf die Berge will ich steigen,
Wo die frommen Hütten stehen,
Wo die Brust sich frei erschließet,
Und die freien Lüfte wehen.

Auf die Berge will ich steigen,
Wo die dunkeln Tannen ragen,
Bäche rauschen, Vögel singen,
Und die stolzen Wolken jagen.

Lebet wohl, ihr glatten Säle,
Glatte Herren! Glatte Frauen!
Auf die Berge will ich steigen,
Lachend auf euch niederschauen.

Die Stadt Göttingen, berühmt durch ihre Würste und Universität, gehört dem Könige von Hannover, und enthält 999 Feuer-
stellen, diverse Kirchen, eine Entbindungsanstalt, eine Sternwarte,
einen Karzer, eine Bibliothek und einen Ratskeller, wo das Bier
sehr gut ist. Der vorbeifließende Bach heißt »die Leine« und dient
des Sommers zum Baden; das Wasser ist sehr kalt und an einigen
Orten so breit, daß Lüder wirklich einen großen Anlauf nehmen
mußte, als er hinübersprang. Die Stadt selbst ist schön, und gefällt einem am besten, wenn man sie mit dem Rücken ansieht. Sie
muß schon sehr lange stehen; denn ich erinnere mich, als ich vor
fünf Jahren dort immatrikuliert und bald darauf konsiliiert wurde,
hatte sie schon dasselbe graue, altkluge Ansehen, und war schon
vollständig eingerichtet mit Schnurren, Pudeln, Dissertationen,
Teedansants, Wäscherinnen, Kompendien, Taubenbraten, Guel-
fenorden, Promotionskutschen, Pfeifenköpfen, Hofräten, Justiz-
räten, Relegationsräten, Profaxen und anderen Faxen. Einige be-

haupten sogar, die Stadt sei zur Zeit der Völkerwanderung erbaut worden, jeder deutsche Stamm habe damals ein ungebundenes Exemplar seiner Mitglieder darin zurückgelassen, und davon stammten all die Vandalen, Friesen, Schwaben, Teutonen, Sachsen, Thüringer usw., die noch heut zu Tage in Göttingen, hordenweis, und geschieden durch Farben der Mützen und der Pfeifenquäste, über die Weender Straße einherziehen, auf den blutigen Walstätten der Rasenmühle, des Ritschenkrugs und Bovdens sich ewig untereinander herumschlagen, in Sitten und Gebräuchen noch immer wie zur Zeit der Völkerwanderung dahinleben, und teils durch ihre Duces, welche Haupthähne heißen, teils durch ihr uraltes Gesetzbuch, welches Komment heißt und in den legibus barbarorum eine Stelle verdient, regiert werden.

Im allgemeinen werden die Bewohner Göttingens eingeteilt in Studenten, Professoren, Philister und Vieh; welche vier Stände doch nichts weniger als streng geschieden sind. Der Viehstand ist der bedeutendste. Die Namen aller Studenten und aller ordentlichen und unordentlichen Professoren hier herzuzählen, wäre zu weitläuftig; auch sind mir in diesem Augenblick nicht alle Studentennamen im Gedächtnisse, und unter den Professoren sind manche, die noch gar keinen Namen haben. Die Zahl der Göttinger Philister muß sehr groß sein, wie Sand, oder besser gesagt, wie Kot am Meer; wahrlich, wenn ich sie des Morgens, mit ihren schmutzigen Gesichtern und weißen Rechnungen, vor den Pforten des akademischen Gerichtes aufgepflanzt sah, so mochte ich kaum begreifen, wie Gott nur so viel Lumpenpack erschaffen konnte.

Ausführlicheres über die Stadt Göttingen läßt sich sehr bequem nachlesen in der Topographie derselben von K. F. H. Marx. Obzwar ich gegen den Verfasser, der mein Arzt war und mir viel Liebes erzeigte, die heiligsten Verpflichtungen hege, so kann ich doch sein Werk nicht unbedingt empfehlen, und ich muß tadeln, daß er jener falschen Meinung, als hätten die Göttingerinnen allzu große Füße, nicht streng genug widerspricht. Ja, ich habe mich sogar seit Jahr und Tag mit einer ernsten Widerlegung dieser Meinung beschäftigt, ich habe deshalb vergleichende Anatomie gehört, die seltensten Werke auf der Bibliothek exzerpiert, auf der Weender Straße stundenlang die Füße der vorübergehenden Damen studiert, und in der grundgelehrten Abhandlung, so die Resultate dieser Studien enthalten wird, spreche ich 1. von den Füßen überhaupt, 2. von den Füßen bei den Alten, 3. von den Füßen der Elefanten, 4. von den Füßen der Göttingerinnen, 5. stelle ich alles zusammen, was über diese Füße auf Ullrichs Garten schon gesagt worden, 6. betrachte ich diese Füße in ihrem Zusammenhang, und verbreite mich bei dieser Gelegenheit auch über Waden, Knie usw., und endlich 7., wenn ich nur so großes Papier auftreiben kann, füge ich noch hinzu einige Kupfertafeln mit dem Faksimile göttingischer Damenfüße.

Es war noch sehr früh, als ich Göttingen verließ, und der gelehrte ** lag gewiß noch im Bette und träumte wie gewöhnlich: er wandle in einem schönen Garten, auf dessen Beeten lauter weiße, mit Zitaten beschriebene Papierchen wachsen, die im Sonnenlichte lieblich glänzen, und von denen er hier und da mehrere pflückt, und mühsam in ein neues Beet verpflanzt, während die Nachtigallen mit ihren süßesten Tönen sein altes Herz erfreuen.

Vor dem Weender Tore begegneten mir zwei eingeborne kleine Schulknaben, wovon der eine zum andern sagte: »Mit dem Theodor will ich gar nicht mehr umgehen, er ist ein Lumpenkerl, denn gestern wußte er nicht mal, wie der Genitiv von Mensa heißt.« So unbedeutend diese Worte klingen, so muß ich sie doch wiedererzählen, ja, ich möchte sie als Stadt-Motto gleich auf das Tor schreiben lassen; denn die Jungen piepsen, wie die Alten pfeifen, und jene Worte bezeichnen ganz den engen, trocknen Notizenstolz der hochgelahrten Georgia Augusta.

Auf der Chaussee wehte frische Morgenluft, und die Vögel sangen gar freudig, und auch mir wurde allmählich wieder frisch und freudig zu Mute. Eine solche Erquickung tat not. Ich war die letzte Zeit nicht aus dem Pandektenstall herausgekommen, römische Kasuisten hatten mir den Geist wie mit einem grauen Spinnweb überzogen, mein Herz war wie eingeklemmt zwischen den eisernen Paragraphen selbstsüchtiger Rechtssysteme, beständig klang es mir noch in den Ohren wie »Tribonian, Justinian, Hermogenian und Dummerjahn«, und ein zärtliches Liebespaar, das unter einem Baume saß, hielt ich gar für eine Corpus-juris-Ausgabe mit verschlungenen Händen. Auf der Landstraße fing es an, lebendig zu werden. Milchmädchen zogen vorüber; auch Eseltreiber mit ihren grauen Zöglingen. Hinter Weende begegneten mir der Schäfer und Doris. Dieses ist nicht das idyllische Paar, wovon Geßner singt, sondern es sind wohlbestallte Universitätspedelle, die wachsam aufpassen müssen, daß sich keine Studenten in Bovden duellieren, und daß keine neue Ideen, die noch immer einige Dezennien vor Göttingen Quarantäne halten müssen, von einem spekulierenden Privatdozenten eingeschmuggelt werden. Schäfer grüßte mich sehr kollegialisch; denn er ist ebenfalls Schriftsteller, und hat meiner in seinen halbjährigen Schriften oft erwähnt; wie er mich denn auch außerdem oft zitiert hat, und, wenn er mich nicht zu Hause fand, immer so gütig war, die Zitation mit Kreide auf meine Stubentür zu schreiben. Dann und wann rollte auch ein Einspänner vorüber, wohlbepackt mit Studenten, die für die Ferienzeit, oder auch für immer wegreisten. In solch einer Universitätsstadt ist ein beständiges Kommen und Abgehen, alle drei Jahre findet man dort eine neue Studentengeneration, das ist ein ewiger Menschenstrom, wo eine Semesterwelle die andere fortdrängt, und nur die alten Professoren bleiben stehen in dieser allgemeinen Bewegung, unerschütterlich fest, gleich den Pyramiden Ägyptens – nur daß in diesen Universitätspyramiden keine Weisheit verborgen ist.

Aus den Myrtenlauben bei Rauschenwasser sah ich zwei hoffnungsvolle Jünglinge hervorreiten. Ein Weibsbild, das dort sein horizontales Handwerk treibt, gab ihnen bis auf die Landstraße das Geleit, klätschelte mit geübter Hand die mageren Schenkel der Pferde, lachte laut auf, als der eine Reuter ihr hinten, auf die breite Spontaneität einige Galanterien mit der Peitsche überlangte, und schob sich alsdann gen Bovden. Die Jünglinge aber jagten nach Nörten, und johlten gar geistreich, und sangen gar lieblich das Rossinische Lied: »Trink Bier, liebe, liebe Liese!« Diese Töne hörte ich noch lange in der Ferne, doch die holden Sänger selbst verlor ich bald völlig aus dem Gesichte, sintemal sie ihre Pferde, die im Grunde einen deutsch langsamen Charakter zu haben schienen, gar entsetzlich anspornten und vorwärtspeitschten. Nirgends wird die Pferdeschinderei stärker getrieben als in Göttingen, und oft, wenn ich sah, wie solch eine schweißtriefende, lahme Kracke, für das bißchen Lebensfutter, von unsern Rauschenwasserrittern abgequält ward, oder wohl gar einen ganzen Wagen voll Studenten fortziehen mußte, so dachte ich auch: »O du armes Tier, gewiß haben deine Voreltern im Paradiese verbotenen Hafer gefressen!«

Im Wirtshause zu Nörten traf ich die beiden Jünglinge wieder. Der eine verzehrte einen Heringsalat, und der andere unterhielt sich mit der gelbledernen Magd, Fusia Canina, auch Trittvogel genannt. Er sagte ihr einige Anständigkeiten, und am Ende wurden sie Hand-gemein. Um meinen Ranzen zu erleichtern, nahm ich die eingepackten blauen Hosen, die in geschichtlicher Hinsicht sehr merkwürdig sind, wieder heraus und schenkte sie dem kleinen Kellner, den man Kolibri nennt. Die Bussenia, die alte Wirtin, brachte mir unterdessen ein Butterbrot, und beklagte sich, daß ich sie jetzt so selten besuche; denn sie liebt mich sehr.

Hinter Nörten stand die Sonne hoch und glänzend am Himmel. Sie meinte es recht ehrlich mit mir und erwärmte mein Haupt, daß alle unreife Gedanken darin zur Vollreife kamen. Die liebe Wirtshaussonne in Nordheim ist auch nicht zu verachten; ich kehrte hier ein, und fand das Mittagessen schon fertig. Alle Gerichte waren schmackhaft zubereitet, und wollten mir besser behagen, als die abgeschmackten akademischen Gerichte, die salzlosen, ledernen Stockfische mit ihrem alten Kohl, die mir in Göttingen vorgesetzt wurden.

Nachdem ich meinen Magen etwas beschwichtigt hatte, bemerkte ich in derselben Wirtsstube einen Herrn mit zwei Damen, die im Begriff waren abzureisen. Dieser Herr war ganz grün gekleidet, trug sogar eine grüne Brille, die auf seine rote Kupfernase einen Schein wie Grünspan warf, und sah aus, wie der König Nebukadnezar in seinen spätern Jahren ausgesehen hat, als er, der Sage nach, gleich einem Tiere des Waldes, nichts als Salat aß. Der Grüne wünschte, daß ich ihm ein Hotel in Göttingen empfehlen möchte, und ich riet ihm, dort von dem ersten besten Studenten das Hotel de Brühbach zu erfragen. Die eine Dame war die Frau Gemahlin, eine gar große, weitläuftige Dame, ein rotes Quadratmeilen-Gesicht mit Grübchen in den Wangen, die wie Spucknäpfe für Liebesgötter aussahen, ein langfleischig herabhängendes Unterkinn, das eine schlechte Fortsetzung des Gesichtes zu sein schien, und ein hochaufgestapelter Busen, der mit steifen Spitzen und vielzackig festonierten Krägen, wie mit Türmchen und Bastionen umbaut war. Die andere Dame, die Frau Schwester, bildete ganz den Gegensatz der eben beschriebenen. Stammte jene von Pharaos fetten Kühen, so stammte diese von den mageren. Das Gesicht nur ein Mund zwischen zwei Ohren, die Brust trostlos öde, wie die Lüneburger Heide; die ganze ausgekochte Gestalt glich einem Freitisch für arme Theologen. Beide Damen fragten mich zu gleicher Zeit: ob im Hotel de Brühbach auch ordentliche Leute logierten. Ich bejahte es mit gutem Gewissen, und als das holde Kleeblatt abfuhr, grüßte ich nochmals zum Fenster hinaus. Der Sonnenwirt lächelte gar schlau und mochte wohl wissen, daß der Karzer von den Studenten in Göttingen Hotel de Brühbach genannt wird.

Hinter Nordheim wird es schon gebirgig und hier und da treten schöne Anhöhen hervor. Auf dem Wege traf ich meistens Krämer, die nach der Braunschweiger Messe zogen, auch einen Schwarm

Frauenzimmer, deren jede ein großes, fast häuserhohes, mit weißem Leinen überzogenes Behältnis auf dem Rücken trug. Darin saßen allerlei eingefangene Singvögel, die beständig piepsten und zwitscherten, während ihre Trägerinnen lustig dahinhüpften und schwatzten. Mir kam es gar närrisch vor, wie so ein Vogel den andern zu Markte trägt.

In pechdunkler Nacht kam ich an zu Osterode. Es fehlte mir der Appetit zum Essen und ich legte mich gleich zu Bette. Ich war müde wie ein Hund und schlief wie ein Gott. Im Traume kam ich wieder nach Göttingen zurück, und zwar nach der dortigen Bibliothek. Ich stand in einer Ecke des juristischen Saals, durchstöberte alte Dissertationen, vertiefte mich im Lesen, und als ich aufhörte, bemerkte ich zu meiner Verwunderung, daß es Nacht war, und herabhängende Kristall-Leuchter den Saal erhellten. Die nahe Kirchenglocke schlug eben zwölf, die Saaltüre öffnete sich langsam, und herein trat eine stolze, gigantische Frau, ehrfurchtsvoll begleitet von den Mitgliedern und Anhängern der juristischen Fakultät. Das Riesenweib, obgleich schon bejahrt, trug dennoch im Antlitz die Züge einer strengen Schönheit, jeder ihrer Blicke verriet die hohe Titanin, die gewaltige Themis. Schwert und Waage hielt sie nachlässig zusammen in der einen Hand, in der andern hielt sie eine Pergamentrolle, zwei junge Doctores juris trugen die Schleppe ihres grau verblichenen Gewandes; an ihrer rechten Seite sprang windig hin und her der dünne Hofrat Rusticus, der Lykurg Hannovers, und deklamierte aus seinem neuen Gesetzentwurf; an ihrer linken Seite humpelte, gar galant und wohlgelaunt, ihr Cavaliere servente, der geheime Justizrat Cujacius, und riß beständig juristische Witze, und lachte selbst darüber so herzlich, daß sogar die ernste Göttin sich mehrmals lächelnd zu ihm herabbeugte, mit der großen Pergamentrolle ihm auf die Schulter klopfte, und freundlich flüsterte: »Kleiner, loser Schalk, der die Bäume von oben herab beschneidet!« Jeder von den übrigen Herren trat jetzt ebenfalls näher und hatte etwas hin zu bemerken und hin zu lächeln, etwa ein neu ergrübeltes Systemchen, oder Hypotheschen, oder ähnliches Mißgebürtchen des eigenen Köpfchens. Durch die geöffnete Saaltüre traten auch noch mehrere fremde Herren herein, die sich als die andern großen Männer des illustren Ordens kundgaben, meistens eckige, lauernde Gesellen, die mit breiter Selbstzufriedenheit gleich drauf los definierten und distinguierten und über jedes Titelchen eines Pandektentitels disputierten. Und immer kamen noch neue Gestalten herein, alte Rechtsgelehrten, in verschollenen Trachten, mit weißen Allongeperücken und längst vergessenen Gesichtern, und sehr erstaunt, daß man sie, die Hochberühmten des verflossenen Jahrhunderts, nicht sonderlich regardierte; und diese stimmten nun ein, auf ihre Weise, in das allgemeine Schwatzen und Schrillen und Schreien, das, wie Meeresbrandung, immer verwirrter und lauter, die hohe Göttin umrauschte, bis diese die Geduld verlor, und in einem Tone des entsetzlichsten Riesenschmerzes plötzlich aufschrie:»Schweigt! Schweigt! Ich höre die Stimme des teuren Prometheus, die höhnende Kraft und die stumme Gewalt schmieden den Schuldlosen an den Marterfelsen, und all euer Geschwätz und Gezänke kann nicht seine Wunden kühlen und seine Fesseln zerbrechen!« So rief die Göttin, und Tränenbäche stürzten aus ihren Augen, die ganze Versammlung heulte wie von Todesangst ergriffen, die Decke des Saales krachte, die Bücher taumelten herab von ihren Brettern, vergebens trat der alte Münchhausen aus seinem Rahmen hervor, um Ruhe zu gebieten, es tobte und kreischte immer wilder, – und fort aus diesem drängenden Tollhauslärm rettete ich mich in den historischen Saal, nach jener Gnadenstelle, wo die heiligen Bilder des belvederischen Apolls und der mediceischen Venus nebeneinander stehen, und ich stürzte zu den Füßen der Schönheitsgöttin, in ihrem Anblick vergaß ich all das wüste Treiben, dem ich entronnen, meine Augen tranken entzückt das Ebenmaß und die ewige Lieblichkeit ihres hochgebenedeiten Leibes, griechische Ruhe zog durch meine Seele, und über mein Haupt, wie himmlischen Segen, goß seine süßesten Lyraklänge Phöbus Apollo.

Erwachend hörte ich noch immer ein freundliches Klingen. Die Herden zogen auf die Weide und es läuteten ihre Glöckchen. Die liebe, goldene Sonne schien durch das Fenster und beleuchtete die Schildereien an den Wänden des Zimmers. Es waren Bilder aus dem Befreiungskriege, worauf treu dargestellt stand, wie wir alle Helden waren, dann auch Hinrichtungs-Szenen aus der Revolutionszeit, Ludwig XVI. auf der Guillotine, und ähnliche Kopfabschneidereien, die man gar nicht ansehen kann, ohne Gott zu danken, daß man ruhig im Bette liegt, und guten Kaffee trinkt und den Kopf noch so recht komfortabel auf den Schultern sitzen hat.

Nachdem ich Kaffee getrunken, mich angezogen, die Inschriften auf den Fensterscheiben gelesen, und alles im Wirtshause berichtigt hatte, verließ ich Osterode.

Diese Stadt hat soundsoviel Häuser, verschiedene Einwohner, worunter auch mehrere Seelen, wie in Gottschalks »Taschenbuch für Harzreisende« genauer nachzulesen ist. Ehe ich die Landstraße einschlug, bestieg ich die Trümmer der uralten Osteroder Burg. Sie bestehen nur noch aus der Hälfte eines großen, dickmaurigen, wie von Krebsschäden angefressenen Turms. Der Weg nach Klaustal führte mich wieder bergauf, und von einer der ersten Höhen schaute ich nochmals hinab in das Tal, wo Osterode mit seinen roten Dächern aus den grünen Tannenwäldern hervorguckt, wie eine Moosrose. Die Sonne gab eine gar liebe, kindliche Beleuchtung. Von der erhaltenen Turmhälfte erblickt man hier die imponierende Rückseite.

Nachdem ich eine Strecke gewandert, traf ich zusammen mit einem reisenden Handwerksburschen, der von Braunschweig kam und mir als ein dortiges Gerücht erzählte: der junge Herzog sei auf dem Wege nach dem gelobten Lande von den Türken gefangen worden, und könne nur gegen ein großes Lösegeld freikommen. Die große Reise des Herzogs mag diese Sage veranlaßt haben. Das Volk hat noch immer den traditionell fabelhaften Ideengang, der sich so lieblich ausspricht in seinem »Herzog Ernst«. Der Erzähler jener Neuigkeit war ein Schneidergesell, ein niedlicher, kleiner junger Mensch, so dünn, daß die Sterne durchschimmern konnten, wie durch Ossians Nebelgeister, und im ganzen eine volkstümlich barocke Mischung von Laune und Wehmut. Dieses äußerte sich besonders in der drollig rührenden Weise, womit er das wunderbare Volkslied sang: »Ein Käfer auf dem Zaune saß; summ, summ!« Das ist schön bei uns Deutschen; keiner ist so verrückt, daß er nicht einen noch Verrückteren fände, der ihn versteht. Nur ein Deutscher kann jenes Lied nachempfinden, und sich dabei totlachen und totweinen. Wie tief das Goethesche Wort ins Leben des Volks gedrungen, bemerkte ich auch hier. Mein dünner Weggenosse trillerte ebenfalls zuweilen vor sich hin: »Leidvoll und freudvoll, Gedanken sind frei!« Solche Korruption des Textes ist beim Volke etwas Gewöhnliches. Er sang auch ein Lied, wo »Lottchen bei dem Grabe ihres Werthers« trauert. Der Schneider zerfloß vor Sentimentalität bei den Worten: »Einsam wein ich an der Rosenstelle, wo uns oft der späte Mond belauscht! Jammernd irr ich an der Silberquelle, die uns lieblich Wonne zugerauscht.« Aber bald darauf ging er in Mutwillen über, und erzählte mir: »Wir haben einen Preußen in der Herberge zu Kassel, der eben solche Lieder selbst macht; er kann keinen seligen Stich nähen; hat er einen Groschen in der Tasche, so hat er für zwei Groschen Durst, und wenn er im Tran ist, hält er den Himmel für ein blaues Kamisol, und weint wie eine Dachtraufe, und

singt ein Lied mit der doppelten Poesie!« Von letzterem Ausdruck
wünschte ich eine Erklärung, aber mein Schneiderlein, mit seinen
Ziegenhainer Beinchen, hüpfte hin und her und rief beständig: »Die
doppelte Poesie ist die doppelte Poesie!« Endlich brachte ich es
heraus, daß er doppelt gereimte Gedichte, namentlich Stanzen, im
Sinne hatte. – Unterdes, durch die große Bewegung und durch den
konträren Wind, war der Ritter von der Nadel sehr müde geworden.
Er machte freilich noch einige große Anstalten zum Gehen und bra-
marbasierte: »Jetzt will ich den Weg zwischen die Beine nehmen!«
Doch bald klagte er, daß er sich Blasen unter die Füße gegangen,
und die Welt viel zu weitläuftig sei; und endlich, bei einem Baum-
stamme, ließ er sich sachte niedersinken, bewegte sein zartes Häupt-
lein wie ein betrübtes Lämmerschwänzchen, und wehmütig lächelnd
rief er: »Da bin ich armes Schindluderchen schon wieder marode!«

Die Berge wurden hier noch steiler, die Tannenwälder wogten
unten wie ein grünes Meer, und am blauen Himmel oben schifften
die weißen Wolken. Die Wildheit der Gegend war durch ihre Einheit und Einfachheit gleichsam gezähmt. Wie ein guter Dichter,
liebt die Natur keine schroffen Übergänge. Die Wolken, so bizarr
gestaltet sie auch zuweilen erscheinen, tragen ein weißes, oder doch
ein mildes, mit dem blauen Himmel und der grünen Erde harmonisch korrespondierendes Kolorit, so daß alle Farben einer Gegend
wie leise Musik ineinanderschmelzen, und jeder Naturanblick
krampfstillend und gemütberuhigend wirkt. – Der selige Hoffmann
würde die Wolken buntscheckig bemalt haben. – Eben wie ein großer Dichter, weiß die Natur auch mit den wenigsten Mitteln die
größten Effekte hervorzubringen. Da sind nur eine Sonne, Bäume,
Blumen, Wasser und Liebe. Freilich, fehlt letztere im Herzen des
Beschauers, so mag das Ganze wohl einen schlechten Anblick gewähren, und die Sonne hat dann bloß soundsoviel Meilen im Durch-
messer, und die Bäume sind gut zum Einheizen, und die Blumen
werden nach dem Staubfäden klassifiziert, und das Wasser ist naß.

Ein kleiner Junge, der für seinen kranken Oheim im Walde Reisig suchte, zeigte mir das Dorf Lerbach, dessen kleine Hütten, mit
grauen Dächern, sich über eine halbe Stunde durch das Tal hinzie-
hen. »Dort«, sagte er, »wohnen dumme Kropfleute und weiße
Mohren« – mit letzterem Namen werden die Albinos vom Volke
benannt. Der kleine Junge stand mit den Bäumen in gar eigenem
Einverständnis; er grüßte sie wie gute Bekannte, und sie schienen
rauschend seinen Gruß zu erwidern. Er pfiff wie ein Zeisig, ringsum antworteten zwitschernd die andern Vögel, und ehe ich mich

dessen versah, war er mit seinen nackten Füßchen und seinem Bündel Reisig ins Walddickicht fortgesprungen. Die Kinder, dacht ich, sind jünger als wir, können sich noch erinnern, wie sie ebenfalls Bäume oder Vögel waren, und sind also noch im Stande, dieselben zu verstehen; unsereins aber ist schon alt und hat zu viel Sorgen, Jurisprudenz und schlechte Verse im Kopf. Jene Zeit, wo es anders war, trat mir bei meinem Eintritt in Klaustal wieder recht lebhaft ins Gedächtnis. In dieses nette Bergstädtchen, welches man nicht früher erblickt, als bis man davor steht, gelangte ich, als eben die Glocke zwölf schlug und die Kinder jubelnd aus der Schule kamen. Die lieben Knaben, fast alle rotbäckig, blauäugig und flachshaarig, sprangen und jauchzten, und weckten in mir die wehmütig heitere Erinnerung, wie ich einst selbst, als ein kleines Bübchen, in einer dumpfkatholischen Klosterschule zu Düsseldorf den ganzen lieben Vormittag von der hölzernen Bank nicht aufstehen durfte, und so viel Latein, Prügel und Geographie ausstehen mußte, und dann ebenfalls unmäßig jauchzte und jubelte, wenn die alte Franziskanerglocke endlich zwölf schlug. Die Kinder sahen an meinem Ranzen, daß ich ein Fremder sei, und grüßten mich recht gastfreundlich. Einer der Knaben erzählte mir, sie hätten eben Religionsunterricht gehabt, und er zeigte mir den Königl.Hannöv. Katechismus, nach welchem man ihnen das Christentum abfragt. Dieses Büchlein war sehr schlecht gedruckt, und ich fürchte, die Glaubenslehren machen dadurch schon gleich einen unerfreulich löschpapierigen Eindruck auf die Gemüter der Kinder; wie es mir denn auch schrecklich mißfiel, daß das Einmaleins, welches doch mit der heiligen Dreiheitslehre bedenklich kollidiert, im Katechismus selbst, und zwar auf dem letzten Blatte desselben, abgedruckt ist, und die Kinder dadurch schon frühzeitig zu sündhaften Zweifeln verleitet werden können. Da sind wir im Preußischen viel klüger, und bei unserem Eifer zur Bekehrung jener Leute, die sich so gut aufs Rechnen verstehen, hüten wir uns wohl, das Einmaleins hinter dem Katechismus abdrucken zu lassen.

In der »Krone« zu Klaustal hielt ich Mittag. Ich bekam frühlingsgrüne Petersiliensuppe, veilchenblauen Kohl, einen Kalbsbraten, groß wie der Chimborasso in Miniatur, so wie auch eine Art geräucherter Heringe, die Bückinge heißen, nach dem Namen ihres Erfinders, Wilhelm Bücking, der 1447 gestorben, und um jener Erfindung willen von Karl V. so verehrt wurde, daß derselbe Anno 1556 von Middelburg nach Bievlied in Seeland reiste, bloß um dort das Grab dieses großen Mannes zu sehen. Wie herrlich schmeckt doch solch ein Gericht, wenn man die historischen Notizen dazu weiß und es selbst verzehrt! Nur der Kaffee nach Tische wurde mir verleidet, indem sich ein junger Mensch diskursierend zu mir setzte und so entsetzlich schwadronierte, daß die Milch auf dem Tische sauer wurde. Es war ein junger Handlungsbeflissener mit fünfundzwanzig bunten Westen und ebensoviel goldenen Petschaften, Ringen, Brustnadeln usw. Er sah aus wie ein Affe, der eine rote Jacke angezogen hat und nun zu sich selber sagt: Kleider machen Leute. Eine ganze Menge Charaden wußte er auswendig, so wie auch Anekdoten, die er immer da anbrachte, wo sie am wenigsten paßten. Er fragte mich, was es in Göttingen Neues gäbe, und ich erzählte ihm: daß vor meiner Abreise von dort ein Dekret des akademischen Senats erschienen, worin bei drei Taler Strafe verboten wird, den Hunden die Schwänze abzuschneiden, indem die tollen Hunde in den Hundstagen die Schwänze zwischen den Beinen tragen, und man sie dadurch von den Nichttollen unterscheidet, was doch nicht geschehen könnte, wenn sie gar keine Schwänze haben. – Nach Tische machte ich mich auf den Weg, die Gruben, die Silberhütten und die Münze zu besuchen.

In den Silberhütten habe ich, wie oft im Leben, den Silberblick verfehlt. In der Münze traf ich es schon besser, und konnte zusehen, wie das Geld gemacht wird. Freilich, weiter hab ich es auch nie bringen können. Ich hatte bei solcher Gelegenheit immer das Zusehen, und ich glaube, wenn mal die Taler vom Himmel herunter regneten, so bekäme ich davon nur Löcher in den Kopf, während die Kinder Israel die silberne Manna mit lustigem Mute einsammeln würden. Mit einem Gefühle, worin gar komisch Ehrfurcht und Rührung gemischt waren, betrachtete ich die neugebornen, blanken Taler, nahm einen, der eben vom Prägstocke kam, in die Hand, und sprach zu ihm: Junger Taler! Welche Schicksale erwarten dich! Wie viel Gutes und wie viel Böses wirst du stiften! Wie wirst du das Laster beschützen und die Tugend flicken, wie wirst du geliebt und dann wieder verwünscht werden! Wie wirst du schwelgen, kuppeln, lügen und morden helfen! Wie wirst du rastlos umherirren, durch reine und schmutzige Hände, jahrhundertelang, bis du endlich, schuldbeladen und sündenmüd, versammelt wirst zu den Deinen im großen Schoße Abrahams, der dich einschmelzt und läutert und umbildet zu einem neuen besseren Sein.

Das Befahren der zwei vorzüglichsten Klaustaler Gruben, der »Dorothea« und »Carolina«, fand ich sehr interessant und ich muß ausführlich davon erzählen.

Eine halbe Stunde vor der Stadt gelangt man zu zwei großen schwärzlichen Gebäuden. Dort wird man gleich von den Bergleuten in Empfang genommen. Diese tragen dunkle, gewöhnlich stahlblaue, weite, bis über den Bauch herabhängende Jacken, Hosen von ähnlicher Farbe, ein hinten aufgebundenes Schurzfell und kleine grüne Filzhüte, ganz randlos, wie ein abgekappter Kegel. In eine solche Tracht, bloß ohne Hinterleder, wird der Besuchende ebenfalls eingekleidet, und ein Bergmann, ein Steiger, nachdem er sein Grubenlicht angezündet, führt ihn nach einer dunklen Öffnung, die wie ein Kaminfegeloch aussieht, steigt bis an die Brust hinab, gib Regeln, wie man sich an den Leitern festzuhalten habe, und bittet angstlos zu folgen. Die Sache selbst ist nichts weniger als gefährlich; aber man glaubt es nicht im Anfang, wenn man gar nichts vom Bergwerkswesen versteht. Es gibt schon eine eigene Empfindung, daß man sich ausziehen und die dunkle Delinquententracht anziehen muß. Und nun soll man auf allen vieren hinabklettern, und das dunkle Loch ist so dunkel, und Gott weiß, wie lang die Leiter sein mag. Aber bald merkt man doch, daß es nicht eine einzige, in die schwarze Ewigkeit hinablaufende Leiter ist, sondern daß es mehrere von funfzehn bis zwanzig Sprossen sind, deren jede auf ein kleines Brett leitet, worauf man stehen kann, und worin wieder ein neues Loch nach einer neuen Leiter hinabführt. Ich war zuerst in die Carolina gestiegen. Das ist die schmutzigste und unerfreulichste Carolina, die ich je kennengelernt habe. Die Leitersprossen sind kotig naß. Und von einer Leiter zur andern gehts hinab, und der Steiger voran, und dieser beteuert immer: es sei gar nicht gefährlich, nur müsse man sich mit den Händen fest an die Sprossen halten, und nicht nach den Füßen sehen, und nicht schwindlicht werden, und nur bei Leibe nicht auf das Seitenbrett treten, wo jetzt das schnurrende Tonnenseil heraufgeht und wo, vor vierzehn Tagen, ein unvorsichtiger Mensch hinuntergestürzt und leider den Hals gebrochen. Da unten ist ein verworrenes Rauschen und Summen, man stößt beständig an Balken und Seile, die in Bewegung sind, um die Tonnen mit geklopften Erzen, oder das hervorgesinterte Wasser, heraufzuwinden. Zuweilen gelangt man auch in durchgehauene Gänge, Stollen genannt, wo man das Erz wachsen sieht, und wo der einsame Bergmann den ganzen Tag sitzt und mühsam mit dem Hammer die Erzstücke aus der Wand herausklopft. Bis in die unterste Tiefe, wo man, wie einige behaupten, schon hören kann, wie die Leute in Amerika »Hurrah Lafayette!« schreien, bin ich nicht gekommen; unter uns gesagt, dort, bis wohin ich kam, schien es mir bereits tief genug: – immerwährendes Brausen und Sausen, unheimliche Maschinenbewegung, unterirdisches Quellengeriesel, von allen Seiten herabtriefendes Wasser, qualmig aufsteigende Erddünste, und das Grubenlicht immer bleicher hinein flimmernd in die einsame Nacht. Wirklich, es war betäubend, das Atmen wurde mir schwer, mit Mühe hielt ich mich an den glitschrigen Leitersprossen. Ich habe keinen Anflug von sogenannter Angst empfunden, aber, seltsam genug, dort unten in der Tiefe erinnerte ich mich, daß ich im vorigen Jahre, ungefähr um dieselbe Zeit, einen Sturm auf der Nordsee erlebte, und ich meinte jetzt, es sei doch eigentlich recht traulich angenehm, wenn das Schiff hin und her schaukelt, die Winde ihre Trompeterstückchen losblasen, zwischendrein der lustige Matrosenlärm erschallt und alles frisch überschauert wird von Gottes lieber, freier Luft. Ja, Luft! – Nach Luft schnappend stieg ich einige Dutzend Leitern wieder in die Höhe, und mein Steiger führte mich durch einen schmalen, sehr langen, in den Berg gehauenen Gang nach der Grube Dorothea. Hier ist es luftiger und frischer, und die Leitern sind reiner, aber auch länger und steiler als in der Carolina. Hier wurde mir schon besser zu Mute, besonders da ich wieder Spuren lebendiger Menschen gewahrte. In der Tiefe zeigten sich nämlich wandelnde Schimmer; Bergleute mit ihren Grubenlichtern kamen allmählich in die Höhe, mit dem Gruße »Glückauf!« und mit demselben Wiedergruße von unserer Seite stiegen sie an uns vorüber; und wie eine befreundet ruhige, und doch zugleich quälend rätselhafte Erinnerung, trafen mich, mit ihren tiefsinnig klaren Blicken, die ernstfrommen, etwas blassen, und vom Grubenlicht geheimnisvoll beleuchteten Gesichter dieser jungen und alten Männer, die in ihren dunkeln, einsamen Bergschachten den ganzen Tag gearbeitet hatten, und sich jetzt hinauf sehnten nach dem lieben Tageslicht, und nach den Augen von Weib und Kind.

Mein Cicerone selbst war eine kreuzehrliche, pudeldeutsche Natur. Mit innerer Freudigkeit zeigte er mir jene Stolle, wo der Herzog von Cambridge, als er die Grube befahren, mit seinem ganzen Gefolge gespeist hat, und wo noch der lange hölzerne Speisetisch steht, so wie auch der große Stuhl von Erz, worauf der Herzog gesessen. Dieser bleibe zum ewigen Andenken stehen, sagte der gute Bergmann, und mit Feuer erzählte er: wie viele Festlichkeiten damals stattgefunden, wie der ganze Stollen mit Lichtern, Blumen und Laubwerk verziert gewesen, wie ein Bergknappe die Zither gespielt und gesungen, wie der vergnügte, liebe, dicke Herzog sehr viele Gesundheiten ausgetrunken habe, und wie viele Bergleute, und er selbst ganz besonders, sich gern würden totschlagen lassen für den lieben, dicken Herzog und das ganze Haus Hannover. – Innig rührt es mich jedesmal, wenn ich sehe, wie sich dieses Gefühl der Untertanstreue in seinen einfachen Naturlauten ausspricht. Es ist ein so schönes Gefühl! Und es ist ein so wahrhaft deutsches Gefühl! Andere Völker mögen gewandter sein, und witziger und ergötzlicher, aber keines ist so treu, wie das treue deutsche Volk. Wüßte ich nicht, daß die Treue so alt ist, wie die Welt, so würde ich glauben, ein deutsches Herz habe sie erfunden. Deutsche Treue! sie ist keine moderne Adressenfloskel. An euren Höfen, ihr deutschen Fürsten, sollte man singen und wieder singen das Lied von dem getreuen Eckart und dem bösen Burgund, der ihm die lieben Kinder töten lassen, und ihn alsdann doch noch immer treu befunden hat. Ihr habt das treueste Volk, und ihr irrt, wenn ihr glaubt, der alte, verständige, treue Hund sei plötzlich toll geworden, und schnappe nach euren geheiligten Waden.

Wie die deutsche Treue, hatte uns jetzt das kleine Grubenlicht, ohne viel Geflacker, still und sicher geleitet durch das Labyrinth der Schachten und Stollen; wir stiegen hervor aus der dumpfigen Bergnacht, das Sonnenlicht strahlt' – Glück auf!

Die meisten Bergarbeiter wohnen in Klaustal und in dem damit verbundenen Bergstädtchen Zellerfeld. Ich besuchte mehrere dieser wackern Leute, betrachtete ihre kleine häusliche Einrichtung, hörte einige ihrer Lieder, die sie mit der Zither, ihrem Lieblingsinstrumente, gar hübsch begleiten, ließ mir alte Bergmärchen von ihnen erzählen, und auch die Gebete hersagen, die sie in Gemeinschaft zu halten pflegen, ehe sie in den dunkeln Schacht hinunter steigen, und manches gute Gebet habe ich mit gebetet. Ein alter Steiger meinte sogar, ich sollte bei ihnen bleiben und Bergmann werden; und als ich dennoch Abschied nahm, gab er mir einen Auftrag an seinen Bruder, der in der Nähe von Goslar wohnt, und viele Küsse für seine liebe Nichte.

So stillstehend ruhig auch das Leben dieser Leute erscheint, so ist es dennoch ein wahrhaftes, lebendiges Leben. Die steinalte, zitternde Frau, die, dem großen Schranke gegenüber, hinterm Ofen saß, mag dort schon ein Vierteljahrhundert lang gesessen haben, und ihr Denken und Fühlen ist gewiß innig verwachsen mit allen Ecken dieses Ofens und allen Schnitzeleien dieses Schrankes. Und Schrank und Ofen leben, denn ein Mensch hat ihnen einen Teil seiner Seele eingeflößt.

Nur durch solch tiefes Anschauungsleben, durch die »Unmittelbarkeit« entstand die deutsche Märchenfabel, deren Eigentümlichkeit darin besteht, daß nicht nur die Tiere und Pflanzen, sondern auch ganz leblos scheinende Gegenstände sprechen und handeln. Sinnigem, harmlosem Volke, in der stillen, umfriedeten Heimlichkeit seiner niedern Berg- oder Waldhütten offenbarte sich das innere Leben solcher Gegenstände, diese gewannen einen notwendigen, konsequenten Charakter, eine süße Mischung von phantastischer Laune und rein menschlicher Gesinnung; und so sehen wir im Märchen, wunderbar und doch als wenn es sich von selbst verstände: Nähnadel und Stecknadel kommen von der Schneiderherberge und verirren sich im Dunkeln; Strohhalm und Kohle wollen über den Bach setzen und verunglücken; Schippe und Besen stehen auf der Treppe und zanken und schmeißen sich; der befragte Spiegel zeigt das Bild der schönsten Frau; sogar Blutstropfen fangen an zu sprechen, bange, dunkle Worte des besorglichsten Mitleids. – Aus demselben Grunde ist unser Leben in der Kindheit so unendlich bedeutend, in jener Zeit ist uns alles gleich wichtig, wir hören alles, wir sehen alles, bei allen Eindrücken ist Gleichmäßigkeit, statt daß wir späterhin absichtlicher werden, uns mit dem einzelnen ausschließlicher beschäftigen, das klare Gold der Anschauung für das Papiergeld der Bücherdefinitionen mühsam einwechseln, und an Lebensbreite gewinnen, was wir an Lebenstiefe verlieren. Jetzt sind wir ausgewachsene, vornehme Leute; wir beziehen oft neue Wohnungen, die Magd räumt täglich auf, und verändert nach Gutdünken die Stellung der Möbeln, die uns wenig interessieren, da sie entweder neu sind, oder heute dem Hans, morgen dem Isaak gehören; selbst unsere Kleider bleiben uns fremd, wir wissen kaum, wie viel Knöpfe an dem Rocke sitzen, den wir eben jetzt auf dem Leibe tragen; wir wechseln ja so oft als möglich mit Kleidungsstücken, keines derselben bleibt im Zusammenhange mit unserer inneren und äußeren Geschichte; – kaum vermögen wir uns zu erinnern, wie jene braune Weste aussah, die uns einst so viel Gelächter zugezogen hat, und auf deren breiten Streifen dennoch die liebe Hand der Geliebten so lieblich ruhte!

Die alte Frau, dem großen Schrank gegenüber, hinterm Ofen, trug einen geblümten Rock von verschollenem Zeuge, das Brautkleid ihrer seligen Mutter. Ihr Urenkel, ein als Bergmann gekleideter, blonder, blitzäugiger Knabe, saß zu ihren Füßen und zählte die Blumen ihres Rockes, und sie mag ihm von diesem Rocke wohl schon viele Geschichtchen erzählt haben, viele ernsthafte, hübsche Geschichten, die der Junge gewiß nicht so bald vergißt, die ihm noch oft vorschweben werden, wenn er bald, als ein erwachsener Mann, in den nächtlichen Stollen der Carolina einsam arbeitet, und die er vielleicht wieder erzählt, wenn die liebe Großmutter längst tot ist, und er selber, ein silberhaariger, erloschener Greis, im Kreise seiner Enkel sitzt, dem großen Schranke gegenüber, hinterm Ofen.

Ich blieb die Nacht ebenfalls in der Krone, wo unterdessen auch der Hofrat B. aus Göttingen angekommen war. Ich hatte das Vergnügen, dem alten Herrn meine Aufwartung zu machen. Als ich mich ins Fremdenbuch einschrieb und im Monat Juli blätterte, fand ich auch den vielteuern Namen Adalbert von Chamisso, den Biographen des unsterblichen Schlemihl. Der Wirt erzählte mir: dieser Herr sei in einem unbeschreibbar schlechten Wetter angekommen, und in einem ebenso schlechten Wetter wieder abgereist.

Den andern Morgen mußte ich meinen Ranzen nochmals erleichtern, das eingepackte Paar Stiefel warf ich über Bord, und ich hob auf meine Füße und ging nach Goslar. Ich kam dahin, ohne zu wissen wie. Nur so viel kann ich mich erinnern: ich schlenderte wieder bergauf, bergab; schaute hinunter in manches hübsche Wiesental; silberne Wasser brausten, süße Waldvögel zwitscherten, die Herdenglöckchen läuteten, die mannigfaltig grünen Bäume wurden von der lieben Sonne goldig angestrahlt, und oben war die blauseidene Decke des Himmels so durchsichtig, daß man tief hinein schauen konnte, bis ins Allerheiligste, wo die Engel zu den Füßen Gottes sitzen, und in den Zügen seines Antlitzes den Generalbaß studieren. Ich aber lebte noch in dem Traum der vorigen Nacht, den ich nicht aus meiner Seele verscheuchen konnte. Es war das alte Märchen, wie ein Ritter hinabsteigt in einen tiefen Brunnen, wo unten die schönste Prinzessin zu einem starren Zauberschlafe verwünscht ist. Ich selbst war der Ritter, und der Brunnen die dunkle Klaustaler Grube, und plötzlich erschienen viele Lichter, aus allen Seitenlöchern stürzten die wachsamen Zwerglein, schnitten zornige Gesichter, hieben nach mir mit ihren kurzen Schwertern, bliesen gellend ins Horn, daß immer mehr und mehre herzu eilten, und es wackelten entsetzlich ihre breiten Häupter. Wie ich darauf zuschlug und das Blut heraus floß, merkte ich erst, daß es die rotblühenden, langbärtigen Distelköpfe waren, die ich den Tag vorher an der Landstraße mit dem Stocke abgeschlagen hatte. Da waren sie auch gleich alle verscheucht, und ich gelangte in einen hellen Prachtsaal; in der Mitte stand, weiß verschleiert, und wie eine Bildsäule starr und regungslos, die Herzgeliebte, und ich küßte ihren Mund, und, beim lebendigen Gott! ich fühlte den beseligenden Hauch ihrer Seele und das süße Beben der lieblichen Lippen. Es war mir, als hörte ich, wie Gott rief: »Es werde Licht!« Blendend schoß herab ein Strahl des ewigen Lichts; aber in demselben Augenblick wurde es wieder Nacht, und alles rann chaotisch zusanmmen in ein wildes, wüstes Meer. Ein wildes, wüstes Meer! Über das gärende Wasser jagten ängstlich die Gespenster der Verstorbenen, ihre weißen Totenhemde flatterten im Winde, hinter ihnen her, hetzend, mit klatschender Peitsche lief ein buntscheckiger Harlekin, und dieser war ich selbst – und plötzlich aus den dunklen Wellen reckten die Meerungetüme ihre mißgestalteten Häupter, und langten nach mir mit ausgebreiteten Krallen, und vor Entsetzen erwachte ich.

Wie doch zuweilen die allerschönsten Märchen verdorben werden! Eigentlich muß der Ritter, wenn er die schlafende Prinzessin gefunden hat, ein Stück aus ihrem kostbaren Schleier herausschneiden; und wenn durch seine Kühnheit ihr Zauberschlaf gebrochen ist, und sie wieder in ihrem Palast auf dem goldenen Stuhle sitzt, muß der Ritter zu ihr treten und sprechen: Meine allerschönste Prinzessin, kennst du mich? Und dann antwortet sie: Mein allertapferster Ritter, ich kenne dich nicht. Und dieser zeigt ihr alsdann das aus ihrem Schleier herausgeschnittene Stück, das just in denselben wieder hineinpaßt, und beide umarmen sich zärtlich, und die Trompeter blasen, und die Hochzeit wird gefeiert.

Es ist wirklich ein eigenes Mißgeschick, daß meine Liebesträume selten ein so schönes Ende nehmen.

Der Name Goslar klingt so erfreulich, und es knüpfen sich daran so viele uralte Kaisererinnerungen, daß ich eine imposante, stattliche Stadt erwartete. Aber so geht es, wenn man die Berühmten in der Nähe besieht! Ich fand ein Nest mit meistens schmalen, labyrinthisch krummen Straßen, allwo mittendurch ein kleines Wasser, wahrscheinlich die Gose, fließt, verfallen und dumpfig, und ein Pflaster, so holprig wie Berliner Hexameter. Nur die Altertümlichkeiten der Einfassung, nämlich Reste von Mauern, Türmen und Zinnen, geben der Stadt etwas Pikantes. Einer dieser Türme, der Zwinger genannt, hat so dicke Mauern, daß ganze Gemächer darin ausgehauen sind. Der Platz vor der Stadt, wo der weitberühmte Schützenhof gehalten wird, ist eine schöne große Wiese, ringsum hohe Berge. Der Markt ist klein, in der Mitte steht ein Springbrunnen, dessen Wasser sich in ein großes Metallbecken ergießt. Bei Feuersbrünsten wird einige Mal daran geschlagen; es gibt dann einen weitschallenden Ton. Man weiß nichts vom Ursprunge dieses Beckens. Einige sagen, der Teufel habe es einst, zur Nachtzeit, dort auf den Markt hingestellt. Damals waren die Leute noch dumm, und der Teufel war auch dumm, und sie machten sich wechselseitig Geschenke.

Das Rathaus zu Goslar ist eine weißangestrichene Wachtstube. Das daneben stehende Gildenhaus hat schon ein besseres Ansehen. Ungefähr von der Erde und vom Dach gleich weit entfernt stehen da die Standbilder deutscher Kaiser, räucherig schwarz und zum Teil vergoldet, in der einen Hand das Zepter, in der andern die Weltkugel; sehen aus wie gebratene Universitätspedelle. Einer dieser Kaiser hält ein Schwert, statt des Zepters. Ich konnte nicht erraten, was dieser Unterschied sagen soll; und es hat doch gewiß seine Bedeutung, da die Deutschen die merkwürdige Gewohnheit haben, daß sie bei allem, was sie tun, sich auch etwas denken.

In Gottschalks »Handbuch« hatte ich von dem uralten Dom und von dem berühmten Kaiserstuhl zu Goslar viel gelesen. Als ich aber beides besehen wollte, sagte man mir: der Dom sei niedergerissen und der Kaiserstuhl nach Berlin gebracht worden. Wir leben in einer bedeutungschweren Zeit: tausendjährige Dome werden abgebrochen, und Kaiserstühle in die Rumpelkammer geworfen.

Einige Merkwürdigkeiten des seligen Doms sind jetzt in der Stephanskirche aufgestellt. Glasmalereien, die wunderschön sind, einige schlechte Gemälde, worunter auch ein Lukas Cranach sein soll, ferner ein hölzerner Christus am Kreuz, und ein heidnischer Opferaltar aus unbekanntem Metall; er hat die Gestalt einer länglich viereckigen Lade, und wird von vier Karyatiden getragen, die, in geduckter Stellung, die Hände stützend über dem Kopfe halten, und unerfreulich häßliche Gesichter schneiden. Indessen noch unerfreulicher ist das dabeistehende, schon erwähnte große hölzerne Kruzifix. Dieser Christuskopf, mit natürlichen Haaren und Dornen und blutbeschmiertem Gesichte, zeigt freilich höchst meisterhaft das Hinsterben eines Menschen, aber nicht eines gottgebornen Heilands. Nur das materielle Leiden ist in dieses Gesicht hinein geschnitzelt, nicht die Poesie des Schmerzes. Solch Bild gehört eher in einen anatomischen Lehrsaal als in ein Gotteshaus.

Ich logierte in einem Gasthofe nahe dem Markte, wo mir das Mittagessen noch besser geschmeckt haben würde, hätte sich nur nicht der Herr Wirt mit seinem langen, überflüssigen Gesichte und seinen langweiligen Fragen zu mir hin gesetzt; glücklicher Weise ward ich bald erlöst durch die Ankunft eines andern Reisenden, der dieselben Fragen in derselben Ordnung aushalten mußte: quis? quid? ubi? quibus auxiliis? cur? quomodo? quando? Dieser Fremde war ein alter, müder, abgetragener Mann, der, wie aus seinen Reden hervorging, die ganze Welt durchwandert, besonders lang auf Batavia gelebt, viel Geld erworben und wieder alles verloren hatte, und jetzt, nach dreißigjähriger Abwesenheit, nach Quedlinburg, seiner Vaterstadt, zurückkehrte, – »denn«, setzte er hinzu, »unsere Familie hat dort ihr Erbbegräbnis«. Der Herr Wirt machte die sehr aufgeklärte Bemerkung: daß es doch für die Seele gleichgültig sei, wo unser Leib begraben wird. »Haben Sie es schriftlich?« antwortete der Fremde, und dabei zogen sich unheimlich schlaue Ringe um seine kümmerlichen Lippen und verblichenen Äugelein. »Aber«, setzte er ängstlich begütigend hinzu, »ich will darum über fremde Gräber doch nichts Böses gesagt haben; – die Türken begraben ihre Toten noch weit schöner als wir, ihre Kirchhöfe sind ordentlich Gärten, und da sitzen sie auf ihren weißen, beturbanten Grabsteinen, unter dem Schatten einer Zypresse, und streichen ihre ernsthaften Bärte, und rauchen ruhig ihren türkischen Tabak, aus ihren langen türkischen Pfeifen; – und bei den Chinesen gar ist es eine ordentliche Lust zuzusehen, wie sie auf den Ruhestätten ihrer Toten manierlich herumtänzeln, und beten, und Tee trinken, und die Geige spielen, und die geliebten Gräber gar hübsch zu verzieren wissen mit allerlei vergoldetem Lattenwerk, Porzellanfigürchen, Fetzen von buntem Seidenzeug, künstlichen Blumen, und farbigen Laternchen – alles sehr hübsch – Wie weit hab ich noch bis Quedlinburg?«

Der Kirchhof in Goslar hat mich nicht sehr angesprochen. Desto mehr aber jenes wunderschöne Lockenköpfchen, das bei meiner Ankunft in der Stadt aus einem etwas hohen Parterrefenster lächelnd heraus schaute. Nach Tische suchte ich wieder das liebe Fenster; aber jetzt stand dort nur ein Wasserglas mit weißen Glockenblümchen. Ich kletterte hinauf, nahm die artigen Blümchen aus dem Glase, steckte sie ruhig auf meine Mütze, und kümmerte mich wenig um die aufgesperrten Mäuler, versteinerten Nasen und Glotzaugen, womit die Leute auf der Straße, besonders die alten Weiber, diesem qualifizierten Diebstahle zusahen. Als ich eine Stunde später an demselben Hause vorbei ging, stand die Holde am Fenster, und wie sie die Glockenblümchen auf meiner Mütze gewahrte, wurde sie blutrot und stürzte zurück. Ich hatte jetzt das schöne Antlitz noch genauer gesehen; es war eine süße, durchsichtige Verkörperung von Sommerabendhauch, Mondschein, Nachtigallenlaut und Rosenduft. – Später, als es ganz dunkel geworden, trat sie vor die Türe. Ich kam – ich näherte mich – sie zieht sich langsam zurück in den dunkeln Hausflur – ich fasse sie bei der Hand und sage: Ich bin ein Liebhaber von schönen Blumen und Küssen, und was man mir nicht freiwillig gibt, das stehle ich – und ich küßte sie rasch – und wie sie entfliehen will, flüstere ich beschwichtigend: Morgen reis' ich fort und komme wohl nie wieder – und ich fühle den geheimen Widerdruck der lieblichen Lippen und der kleinen Hände – und lachend eile ich von hinnen. Ja, ich muß lachen, wenn ich bedenke, daß ich unbewußt jene Zauberformel ausgesprochen, wodurch unsere Rot- und Blauröcke, öfter als durch ihre schnurrbärtige Liebenswürdigkeit, die Herzen der Frauen bezwingen: »Ich reise morgen fort und komme wohl nie wieder!«

Mein Logis gewährte eine herrliche Aussicht nach dem Rammelsberg. Es war ein schöner Abend. Die Nacht jagte auf ihrem schwarzen Rosse, und die langen Mähnen flatterten im Winde. Ich stand am Fenster und betrachtete den Mond. Gibt es wirklich einen Mann im Monde? Die Slawen sagen, er heiße Clotar, und das Wachsen des Mondes bewirke er durch Wasseraufgießen. Als ich noch klein war, hatte ich gehört: der Mond sei eine Frucht, die, wenn sie reif geworden, vom lieben Gott abgepflückt, und, zu den übrigen Vollmonden, in den großen Schrank gelegt werde, der am Ende der Welt steht, wo sie mit Brettern zugenagelt ist. Als ich größer wurde, bemerkte ich, daß die Welt nicht so eng begrenzt ist, und daß der menschliche Geist die hölzernen Schranken durchbrochen, und mit einem riesigen Petri-Schlüssel, mit der Idee der Unsterblichkeit, alle sieben Himmel aufgeschlossen hat. Unsterblichkeit! schöner Gedanke! wer hat dich zuerst erdacht? War es ein Nürnberger Spießbürger, der, mit weißer Nachtmütze auf dem Kopfe und weißer Tonpfeife im Maule, am lauen Sommerabend vor seiner Haustüre saß, und recht behaglich meinte: es wäre doch hübsch, wenn er nun so immer fort, ohne daß sein Pfeifchen und sein Lebensatemchen ausgingen, in die liebe Ewigkeit hineinvegetieren könnte! Oder war es ein junger Liebender, der in den Armen seiner Geliebten jenen Unsterblichkeitsgedanken dachte, und ihn dachte, weil er ihn fühlte, und weil er nichts anders fühlen und denken konnte! – Liebe! Unsterblichkeit! – In meiner Brust ward es plötzlich so heiß, daß ich glaubte, die Geographen hätten den

Äquator verlegt, und er laufe jetzt gerade durch mein Herz. Und aus meinem Herzen ergossen sich die Gefühle der Liebe, ergossen sich sehnsüchtig in die weite Nacht. Die Blumen im Garten unter meinem Fenster dufteten stärker. Düfte sind die Gefühle der Blumen, und wie das Menschenherz in der Nacht, wo es sich einsam und unbelauscht glaubt, stärker fühlt, so scheinen auch die Blumen, sinnig verschämt, erst die umhüllende Dunkelheit zu erwarten, um sich gänzlich ihren Gefühlen hinzugeben, und sie auszuhauchen in süßen Düften. – Ergießt euch, ihr Düfte meines Herzens! und sucht hinter jenen Bergen die Geliebte meiner Träume! Sie liegt jetzt schon und schläft; zu ihren Füßen knien Engel, und wenn sie im Schlafe lächelt, so ist es ein Gebet, das die Engel nachbeten; in ihrer Brust liegt der Himmel mit allen seinen Seligkeiten, und wenn sie atmet, so bebt mein Herz in der Ferne; hinter den seidnen Wimpern ihrer Augen ist die Sonne untergegangen, und wenn sie die Augen wieder aufschlägt, so ist es Tag, und die Vögel singen, und die Herdenglöckchen läuten, und die Berge schimmern in ihren schmaragdenen Kleidern, und ich schnüre den Ranzen und wandre.

In jener Nacht, die ich in Goslar zubrachte, ist mir etwas höchst Seltsames begegnet. Noch immer kann ich nicht ohne Angst daran zurückdenken. Ich bin von Natur nicht ängstlich, aber vor Geistern fürchte ich mich fast so sehr wie der Östreichische Beobachter. Was ist Furcht? Kommt sie aus dem Verstande oder aus dem Gemüt? Über diese Frage disputierte ich so oft mit dem Doktor Saul Ascher, wenn wir zu Berlin, im Café royal, wo ich lange Zeit meinen Mittagstisch hatte, zufällig zusammentrafen. Er behauptete immer: Wir fürchten etwas, weil wir es durch Vernunftschlüsse für furchtbar erkennen. Nur die Vernunft sei eine Kraft, nicht das Gemüt. Während ich gut aß und gut trank, demonstrierte er mir fortwährend die Vorzüge der Vernunft. Gegen das Ende seiner Demonstration pflegte er oft nach seiner Uhr zu sehen, und immer schloß er damit: »Die Vernunft ist das höchste Prinzip!« – Vernunft! Wenn ich jetzt dieses Wort höre, so sehe ich noch immer den Doktor Saul Ascher mit seinen abstrakten Beinen, mit seinem engen, transzendentalgrauen Leibrock, und mit seinem schroffen, frierend kalten Gesichte, das einem Lehrbuche der Geometrie als Kupfertafel dienen konnte. Dieser Mann, tief in den Funfzigern, war eine personifizierte grade Linie. In seinem Streben nach dem Positiven hatte der arme Mann sich alles Herrliche aus dem Leben heraus philosophiert, alle Sonnenstrahlen, allen Glauben und alle Blumen, und es blieb ihm nichts übrig, als das kalte, positive Grab.

Auf den Apoll von Belvedere und auf das Christentum hatte er eine spezielle Malice. Gegen letzteres schrieb er sogar eine Broschüre, worin er dessen Unvernünftigkeit und Unhaltbarkeit bewies. Er hat überhaupt eine ganze Menge Bücher geschrieben, worin immer die Vernunft von ihrer eigenen Vortrefflichkeit renommiert, und wobei es der arme Doktor gewiß ernsthaft genug meinte, und also in dieser Hinsicht alle Achtung verdiente. Darin aber bestand ja eben der Hauptspaß, daß er ein so ernsthaft närrisches Gesicht schnitt, wenn er dasjenige nicht begreifen konnte, was jedes Kind begreift, eben weil es ein Kind ist. Einige Mal besuchte ich auch den Vernunftdoktor in seinem eigenen Hause, wo ich schöne Mädchen bei ihm fand; denn die Vernunft verbietet nicht die Sinnlichkeit. Als ich ihn einst ebenfalls besuchen wollte, sagte mir sein Bedienter: Der Herr Doktor ist eben gestorben. Ich fühlte nicht viel mehr dabei, als wenn er gesagt hätte: Der Herr Doktor ist ausgezogen.

Doch zurück nach Goslar. »Das höchste Prinzip ist die Vernunft«, sagte ich beschwichtigend zu mir selbst, als ich ins Bett stieg. Indessen, es half nicht. Ich hatte eben in Varnhagen von Enses »Deutsche Erzählungen«, die ich von Klaustal mitgenommen hatte, jene entsetzliche Geschichte gelesen, wie der Sohn, den sein eigener Vater ermorden wollte, in der Nacht von dem Geiste seiner toten Mutter gewarnt wird. Die wunderbare Darstellung dieser Geschichte bewirkte, daß mich während des Lesens ein inneres Grauen durchfröstelte. Auch erregen Gespenstererzählungen ein noch schauerlicheres Gefühl, wenn man sie auf der Reise liest, und zumal des Nachts, in einer Stadt, in einem Hause, in einem Zimmer, wo man noch nie gewesen. Wie viel Gräßliches mag sich schon zugetragen haben auf diesem Flecke, wo du eben liegst? so denkt man unwillkürlich. Überdies schien jetzt der Mond so zweideutig ins Zimmer herein, an der Wand bewegten sich allerlei unberufene Schatten, und als ich mich im Bett aufrichtete, um hinzusehen, erblickte ich –

Es gibt nichts Unheimlicheres, als wenn man, bei Mondschein, das eigene Gesicht zufällig im Spiegel sieht. In demselben Augenblicke schlug eine schwerfällige, gähnende Glocke, und zwar so lang und langsam, daß ich nach dem zwölften Glockenschlage sicher glaubte, es seien unterdessen volle zwölf Stunden verflossen, und es müßte wieder von vorn anfangen, zwölf zu schlagen. Zwischen dem vorletzten und letzten Glockenschlage schlug noch eine andere Uhr, sehr rasch, fast keifend gell, und vielleicht ärgerlich über die Langsamkeit ihrer Frau Gevatterin. Als beide eiserne Zungen schwiegen, und tiefe Todesstille im ganzen Hause herrschte, war es mir plötzlich, als hörte ich auf dem Korridor, vor meinem Zimmer, etwas schlottern und schlappen, wie der unsichere Gang eines alten Mannes. Endlich öffnete sich meine Tür, und langsam trat herein der verstorbene Doktor Saul Ascher. Ein kaltes Fieber rieselte mir durch Mark und Bein, ich zitterte wie Espenlaub, und kaum wagte ich das Gespenst anzusehen. Er sah aus wie sonst, derselbe transzendentalgraue Leibrock, dieselben abstrakten Beine, und dasselbe mathematische Gesicht; nur war dieses etwas gelblicher als sonst, auch der Mund, der sonst zwei Winkel von $22^1/_2$ Grad bildete, war zusammengekniffen, und die Augenkreise hatten einen größern Radius. Schwankend, und wie sonst sich auf sein spanisches Röhrchen stützend, näherte er sich mir, und in seinem gewöhnlichen mundfaulen Dialekte sprach er freundlich: »Fürchten Sie sich nicht, und glauben Sie nicht, daß ich ein Gespenst sei. Es ist Täuschung Ihrer Phantasie, wenn Sie mich als Gespenst zu sehen glauben. Was ist ein Gespenst? Geben Sie mir eine Definition? Deduzieren Sie mir die Bedingungen der Möglichkeit eines Gespenstes? In welchem vernünftigen Zusammenhange stände eine solche Erscheinung mit der Vernunft? Die Vernunft, ich sage die Vernunft –« Und nun schritt das Gespenst zu einer Analyse der Vernunft, zitierte Kants »Kritik der reinen Vernunft«, 2ter Teil, 1ster Abschnitt 2tes Buch, 3tes Hauptstück, die Unterscheidung von Phänomena und Noumena, konstruierte alsdann den problematischen Gespensterglauben, setzte einen Syllogismus auf den andern, und schloß mit dem logischen Beweise: daß es durchaus keine Gespenster gibt. Mir unterdessen lief der kalte Schweiß über den Rücken, meine Zähne klapperten wie Kastagnetten, aus Seelenangst nickte ich unbedingte Zustimmung bei jedem Satz, womit der spukende Doktor die Absurdität aller Gespensterfurcht bewies, und derselbe demonstrierte so eifrig, daß er einmal in der Zerstreuung, statt seiner goldenen Uhr, eine Hand voll Würmer aus der Uhrtasche zog, und seinen Irrtum bemerkend, mit possierlich ängstlicher Hastigkeit wieder einsteckte. »Die Vernunft ist das höchste –« da schlug die Glocke eins und das Gespenst verschwand.

Von Goslar ging ich den andern Morgen weiter, halb auf Geratewohl, halb in der Absicht, den Bruder des Klaustaler Bergmanns aufzusuchen. Wieder schönes, liebes Sonntagswetter. Ich bestieg Hügel und Berge, betrachtete, wie die Sonne den Nebel zu verscheuchen suchte, wanderte freudig durch die schauernden Wälder, und um mein träumendes Haupt klingelten die Glockenblümchen von Goslar. In ihren weißen Nachtmänteln standen die Berge, die Tannen rüttelten sich den Schlaf aus den Gliedern, der frische Morgenwind frisierte ihnen die herabhängenden, grünen Haare, die Vöglein hielten Betstunde, das Wiesental blitzte wie eine diamantenbesäte Golddecke, und der Hirt schritt darüber hin mit seiner läutenden Herde. Ich mochte mich wohl eigentlich verirrt haben. Man schlägt immer Seitenwege und Fußsteige ein, und glaubt dadurch näher zum Ziele zu gelangen. Wie im Leben überhaupt, gehts uns auch auf dem Harze. Aber es gibt immer gute Seelen, die uns wieder auf den rechten Weg bringen; sie tun es gern, und finden noch obendrein ein besonderes Vergnügen daran, wenn sie uns mit selbstgefälliger Miene und wohlwollend lauter Stimme bedeuten: welche große Umwege wir gemacht, in welche Abgründe und Sümpfe wir versinken konnten, und welch ein Glück es sei, daß wir so wegkundige Leute, wie sie sind, noch zeitig angetroffen.

Einen solchen Berichtiger fand ich unweit der Harzburg. Es war ein wohlgenährter Bürger von Goslar, ein glänzend wampiges, dummkluges Gesicht; er sah aus, als habe er die Viehseuche erfunden. Wir gingen eine Strecke zusammen, und er erzählte mir allerlei Spukgeschichten, die hübsch klingen konnten, wenn sie nicht alle darauf hinaus liefen, daß es doch kein wirklicher Spuk gewesen, sondern daß die weiße Gestalt ein Wilddieb war, und daß die wimmernden Stimmen von den eben geworfenen Jungen einer Bache (wilden Sau), und das Geräusch auf dem Boden von der Hauskatze herrührte. Nur wenn der Mensch krank ist, setzte er hinzu, glaubt er Gespenster zu sehen; was aber seine Wenigkeit anbelange, so sei er selten krank, nur zuweilen leide er an Hautübeln, und dann kuriere er sich jedesmal mit nüchternem Speichel. Er machte mich auch aufmerksam auf die Zweckmäßigkeit und Nützlichkeit in der Natur. Die Bäume sind grün, weil Grün gut für die Augen ist. Ich gab ihm recht und fügte hinzu, daß Gott das Rindvieh erschaffen, weil Fleischsuppen den Menschen stärken, daß er die Esel erschaffen, damit sie dem Menschen zu Vergleichungen dienen können, und daß er den Menschen selbst erschaffen, damit er Fleischsuppen essen und kein Esel sein soll. Mein Begleiter war entzückt, einen Gleichgestimmten gefunden zu haben, sein Antlitz erglänzte noch freudiger, und bei dem Abschiede war er gerührt.

Solange er neben mir ging, war gleichsam die ganze Natur entzaubert, sobald er aber fort war, fingen die Bäume wieder an zu
sprechen, und die Sonnenstrahlen erklangen und die Wiesenblüm-
chen tanzten, und der blaue Himmel umarmte die grüne Erde. Ja,
ich weiß es besser; Gott hat den Menschen erschaffen, damit er die
Herrlichkeit der Welt bewundere. Jeder Autor, und sei er noch so
groß, wünscht, daß sein Werk gelobt werde. Und in der Bibel, den
Memoiren Gottes, steht ausdrücklich: daß er die Menschen erschaffen zu seinem Ruhm und Preis.

Nach einem langen Hin- und Herwandern gelangte ich zu der
Wohnung des Bruders meines Klaustaler Freundes, übernachtete
alldort, und erlebte folgendes schöne Gedicht:

I

Auf dem Berge steht die Hütte,
Wo der alte Bergmann wohnt;
Dorten rauscht die grüne Tanne,
Und erglänzt der goldne Mond.

In der Hütte steht ein Lehnstuhl,
Reich geschnitzt und wunderlich,
Der darauf sitzt, der ist glücklich,
Und der Glückliche bin ich!

Auf dem Schemel sitzt die Kleine,
Stützt den Arm auf meinen Schoß;
Äuglein wie zwei blaue Sterne,
Mündlein wie die Purpurros.

Und die lieben, blauen Sterne
Schaun mich an so himmelgroß,
Und sie legt den Liljenfinger
Schalkhaft auf die Purpurros.

Nein, es sieht uns nicht die Mutter,
Denn sie spinnt mit großem Fleiß,
Und der Vater spielt die Zither,
Und er singt die alte Weis.

Und die Kleine flüstert leise,
Leise, mit gedämpftem Laut;
Manches wichtige Geheimnis
Hat sie mir schon anvertraut.

»Aber seit die Muhme tot ist,
Können wir ja nicht mehr gehn
Nach dem Schützenhof zu Goslar,
Und dort ist es gar zu schön.

Hier dagegen ist es einsam,
Auf der kalten Bergeshöh,
Und des Winters sind wir gänzlich
Wie vergraben in dem Schnee.

Und ich bin ein banges Mädchen,
Und ich fürcht mich wie ein Kind
Vor den bösen Bergesgeistern,
Die des Nachts geschäftig sind.«

Plötzlich schweigt die liebe Kleine,
Wie vom eignen Wort erschreckt,
Und sie hat mit beiden Händchen
Ihre Äugelein bedeckt.

Lauter rauscht die Tanne draußen,
Und das Spinnrad schnarrt und brummt,
Und die Zither klingt dazwischen,
Und die alte Weise summt:

»Fürcht dich nicht, du liebes Kindchen,
Vor der bösen Geister Macht;
Tag und Nacht, du liebes Kindchen,
Halten Englein bei dir Wacht!«

II

Tannenbaum, mit grünen Fingern,
Pocht ans niedre Fensterlein,
Und der Mond, der gelbe Lauscher,
Wirft sein süßes Licht herein.

Vater, Mutter schnarchen leise
In dem nahen Schlafgemach,
Doch wir beide, selig schwatzend,
Halten uns einander wach.

»Daß du gar zu oft gebetet,
Das zu glauben wird mir schwer,
Jenes Zucken deiner Lippen
Kommt wohl nicht vom Beten her.

Jenes böse, kalte Zucken,
Das erschreckt mich jedesmal,
Doch die dunkle Angst beschwichtigt
Deiner Augen frommer Strahl.

Auch bezweifl ich, daß du glaubest,
Was so rechter Glauben heißt,
Glaubst wohl nicht an Gott den Vater,
An den Sohn und heilgen Geist?«

Ach, mein Kindchen, schon als Knabe,
Als ich saß auf Mutters Schoß,
Glaubte ich an Gott den Vater,
Der da waltet gut und groß;

Der die schöne Erd erschaffen,
Und die schönen Menschen drauf,
Der den Sonnen, Monden, Sternen
Vorgezeichnet ihren Lauf.

Als ich größer wurde, Kindchen,
Noch viel mehr begriff ich schon,
Und begriff, und ward vernünftig,
Und ich glaub auch an den Sohn;

An den lieben Sohn, der liebend
Uns die Liebe offenbart,
Und zum Lohne, wie gebräuchlich,
Von dem Volk gekreuzigt ward.

Jetzo, da ich ausgewachsen,
Viel gelesen, viel gereist,
Schwillt mein Herz, und ganz von Herzen
Glaub ich an den heilgen Geist.

Dieser tat die größten Wunder,
Und viel größre tut er noch;
Er zerbrach die Zwingherrnburgen,
Und zerbrach des Knechtes Joch.

Alte Todeswunden heilt er,
Und erneut das alte Recht:
Alle Menschen, gleichgeboren,
Sind ein adliches Geschlecht.

Er verscheucht die bösen Nebel,
Und das dunkle Hirngespinst,
Das uns Lieb und Lust verleidet,
Tag und Nacht uns angegrinst.

Tausend Ritter, wohl gewappnet,
Hat der heilge Geist erwählt,
Seinen Willen zu erfüllen,
Und er hat sie mutbeseelt.

Ihre teuern Schwerter blitzen,
Ihre guten Banner wehn!
Ei, du möchtest wohl, mein Kindchen,
Solche stolze Ritter sehn?

Nun, so schau mich an, mein Kindchen,
Küsse mich und schaue dreist;
Denn ich selber bin ein solcher
Ritter von dem heilgen Geist.

III

Still versteckt der Mond sich draußen
Hinterm grünen Tannenbaum,
Und im Zimmer unsre Lampe
Flackert matt und leuchtet kaum.

Aber meine blauen Sterne
Strahlen auf in hellerm Licht,
Und es glüht die Purpurrose,
Und das liebe Mädchen spricht:

»Kleines Völkchen, Wichtelmännchen,
Stehlen unser Brot und Speck,
Abends liegt es noch im Kasten,
Und des Morgens ist es weg.

Kleines Völkchen, unsre Sahne
Nascht es von der Milch, und läßt
Unbedeckt die Schüssel stehen,
Und die Katze säuft den Rest.

Und die Katz ist eine Hexe,
Denn sie schleicht, bei Nacht und Sturm,
Drüben nach dem Geisterberge,
Nach dem altverfallnen Turm.

Dort hat einst ein Schloß gestanden,
Voller Lust und Waffenglanz;
Blanke Ritter, Fraun und Knappen
Schwangen sich im Fackeltanz.

Da verwünschte Schloß und Leute
Eine böse Zauberin,
Nur die Trümmer blieben stehen,
Und die Eulen nisten drin.

Doch die selge Muhme sagte:
Wenn man spricht das rechte Wort,
Nächtlich zu der rechten Stunde,
Drüben an dem rechten Ort:

So verwandeln sich die Trümmer
Wieder in ein helles Schloß,
Und es tanzen wieder lustig
Ritter, Fraun und Knappentroß;

Und wer jenes Wort gesprochen,
Dem gehören Schloß und Leut,
Pauken und Trompeten huldgen
Seiner jungen Herrlichkeit.«

Also blühen Märchenbilder
Aus des Mundes Röselein,
Und die Augen gießen drüber
Ihren blauen Sternenschein.

Ihre goldnen Haare wickelt
Mir die Kleine um die Händ,
Gibt den Fingern hübsche Namen,
Lacht und küßt, und schweigt am End.

Und im stillen Zimmer alles
Blickt mich an so wohlvertraut;
Tisch und Schrank, mir ist, als hätt ich
Sie schon früher mal geschaut.

Freundlich ernsthaft schwatzt die Wanduhr,
Und die Zither, hörbar kaum,
Fängt von selber an zu klingen,
Und ich sitze wie im Traum.

Jetzo ist die rechte Stunde,
Und es ist der rechte Ort;
Ei, was gilts, mit kühnen Lippen
Sprech ich aus das rechte Wort.

Siehst du schon, mein Kind, es dämmert
Und erbebt die Mitternacht,
Bach und Tannen brausen lauter,
Und der alte Berg erwacht.

Zitherklang und Zwergenlieder
Tönen aus des Berges Spalt,
Und es sprießt, wie 'n toller Frühling,
Draus hervor ein Blumenwald;

Blumen, kühne Wunderblumen,
Blätter, breit und fabelhaft,
Duftig bunt und hastig regsam,
Wie gedrängt von Leidenschaft.

Rosen, wild wie rote Flammen,
Sprühn aus dem Gewühl hervor;
Liljen, wie kristallne Pfeiler,
Schießen himmelhoch empor.

Und die Sterne, groß wie Sonnen,
Schaun herab mit Sehnsuchtsglut;
In der Liljen Riesenkelche
Strömet ihre Strahlenflut.

Doch wir selber, süßes Kindchen,
Sind verwandelt noch viel mehr;
Fackelglanz und Gold und Seide
Schimmern lustig um uns her.

Du, du wurdest zur Prinzessin,
Diese Hütte ward zum Schloß,
Und da jubeln und da tanzen
Ritter, Fraun und Knappentroß.

Aber ich, *ich* hab erworben
Dich und alles, Schloß und Leut;
Pauken und Trompeten huldgen
Meiner jungen Herrlichkeit!

★

Die Sonne ging auf. Die Nebel flohen, wie Gespenster beim dritten Hahnenschrei. Ich stieg wieder bergauf und bergab, und vor
mir schwebte die schöne Sonne, immer neue Schönheiten beleuchtend. Der Geist des Gebirges begünstigte mich ganz offenbar; er
wußte wohl, daß so ein Dichtermensch viel Hübsches wieder erzählen kann, und er ließ mich diesen Morgen seinen Harz sehen,
wie ihn gewiß nicht jeder sah. Aber auch mich sah der Harz, wie
mich nur wenige gesehen, in meinen Augenwimpern flimmerten
ebenso kostbare Perlen wie in den Gräsern des Tals. Morgentau
der Liebe feuchtete meine Wangen, die rauschenden Tannen ver-

standen mich, ihre Zweige taten sich voneinander, bewegten sich herauf und herab, gleich stummen Menschen, die mit den Händen ihre Freude bezeigen, und in der Ferne klangs wunderbar geheimnisvoll, wie Glockengeläute einer verlornen Waldkirche. Man sagt, das seien die Herdenglöckchen, die im Harz so lieblich, klar und rein gestimmt sind.

Nach dem Stand der Sonne war es Mittag, als ich auf eine solche Herde stieß, und der Hirt, ein freundlich blonder junger Mensch, sagte mir: Der große Berg, an dessen Fuß ich stände, sei der alte, weltberühmte Brocken. Viele Stunden ringsum liegt kein Haus, und ich war froh genug, daß mich der junge Mensch einlud, mit ihm zu essen. Wir setzten uns nieder zu einem Déjeuner dînatoire, das aus Käse und Brot bestand; die Schäfchen erhaschten die Krumen, die lieben, blanken Kühlein sprangen um uns herum, und klingelten schelmisch mit ihren Glöckchen, und lachten uns an mit ihren großen vergnügten Augen. Wir tafelten recht königlich; überhaupt schien mir mein Wirt ein echter König, und weil er bis jetzt der einzige König ist, der mir Brot gegeben hat, so will ich ihn auch königlich besingen.

> König ist der Hirtenknabe,
> Grüner Hügel ist sein Thron,
> Über seinem Haupt die Sonne
> Ist die schwere, goldne Kron.

> Ihm zu Füßen liegen Schafe,
> Weiche Schmeichler, rotbekreuzt;
> Kavaliere sind die Kälber,
> Und sie wandeln stolz gespreizt.

> Hofschauspieler sind die Böcklein,
> Und die Vögel und die Küh,
> Mit den Flöten, mit den Glöcklein,
> Sind die Kammermusizi.

> Und das klingt und singt so lieblich,
> Und so lieblich rauschen drein
> Wasserfall und Tannenbäume,
> Und der König schlummert ein.

Unterdessen muß regieren
Der Minister, jener Hund,
Dessen knurriges Gebelle
Widerhallet in der Rund.

Schläfrig lallt der junge König:
»Das Regieren ist so schwer,
Ach, ich wollt, daß ich zu Hause
Schon bei meiner Kön'gin wär!

In den Armen meiner Kön'gin
Ruht mein Königshaupt so weich,
Und in ihren lieben Augen
Liegt mein unermeßlich Reich!«

Wir nahmen freundschaftlich Abschied, und fröhlich stieg ich
den Berg hinauf. Bald empfing mich eine Waldung himmelhoher
Tannen, für die ich, in jeder Hinsicht, Respekt habe. Diesen Bäumen ist nämlich das Wachsen nicht so ganz leicht gemacht worden,
und sie haben es sich in der Jugend sauer werden lassen. Der Berg ist
hier mit vielen großen Granitblöcken übersät, und die meisten
Bäume mußten mit ihren Wurzeln diese Steine umranken oder
sprengen, und mühsam den Boden suchen, woraus sie Nahrung
schöpfen können. Hier und da liegen die Steine, gleichsam ein Tor
bildend, übereinander, und oben darauf stehen die Bäume, die
nackten Wurzeln über jene Steinpforte hinziehend, und erst am
Fuße derselben den Boden erfassend, so daß sie in der freien Luft zu
wachsen scheinen. Und doch haben sie sich zu jener gewaltigen
Höhe emporgeschwungen, und mit den umklammerten Steinen
wie zusammengewachsen, stehen sie fester als ihre bequemen Kollegen im zahmen Forstboden des flachen Landes. So stehen auch im
Leben jene großen Männer, die durch das Überwinden früher
Hemmungen und Hindernisse sich erst recht gestärkt und gefestigt
haben. Auf den Zweigen der Tannen kletterten Eichhörnchen, und
unter denselben spazierten die gelben Hirsche. Wenn ich solch ein
liebes, edles Tier sehe, so kann ich nicht begreifen, wie gebildete
Leute Vergnügen daran finden, es zu hetzen und zu töten. Solch ein
Tier war barmherziger als die Menschen, und säugte den schmach-
tenden Schmerzenreich der heiligen Genovefa.

Allerliebst schossen die goldenen Sonnenlichter durch das dichte
Tannengrün. Eine natürliche Treppe bildeten die Baumwurzeln.

Überall schwellende Moosbänke; denn die Steine sind fußhoch von den schönsten Moosarten, wie mit hellgrünen Sammetpolstern, bewachsen. Liebliche Kühle und träumerisches Quellengemurmel. Hier und da sieht man, wie das Wasser unter den Steinen silberhell hinrieselt und die nackten Baumwurzeln und Fasern bespült. Wenn man sich nach diesem Treiben hinab beugt, so belauscht man gleichsam die geheime Bildungsgeschichte der Pflanzen und das ruhige Herzklopfen des Berges. An manchen Orten sprudelt das Wasser aus den Steinen und Wurzeln stärker hervor und bildet kleine Kaskaden. Da läßt sich gut sitzen. Es murmelt und rauscht so wunderbar, die Vögel singen abgebrochene Sehnsuchtslaute, die Bäume flüstern wie mit tausend Mädchenzungen, wie mit tausend Mädchenaugen schauen uns an die seltsamen Bergblumen, sie strecken nach uns aus die wundersam breiten, drollig gezackten Blätter, spielend flimmern hin und her die lustigen Sonnenstrahlen, die sinnigen Kräutlein erzählen sich grüne Märchen, es ist alles wie verzaubert, es wird immer heimlicher und heimlicher, ein uralter Traum wird lebendig, die Geliebte erscheint – ach, daß sie so schnell wieder verschwindet!

Je höher man den Berg hinauf steigt, desto kürzer, zwerghafter werden die Tannen, sie scheinen immer mehr und mehr zusammenzuschrumpfen, bis nur Heidelbeer- und Rotbeersträuche und Bergkräuter übrig bleiben. Da wird es auch schon fühlbar kälter. Die wunderlichen Gruppen der Granitblöcke werden hier erst recht sichtbar; diese sind oft von erstaunlicher Größe. Das mögen wohl die Spielbälle sein, die sich die bösen Geister einander zuwerfen in der Walpurgisnacht, wenn hier die Hexen auf Besenstielen und Mistgabeln einhergeritten kommen, und die abenteuerlich verruchte Lust beginnt, wie die glaubhafte Amme es erzählt, und wie es zu schauen ist auf den hübschen Faustbildern des Meister Retzsch. Ja, ein junger Dichter, der auf einer Reise von Berlin nach Göttingen in der ersten Mainacht am Brocken vorbei ritt, bemerkte sogar, wie einige belletristische Damen auf einer Bergecke ihre ästhetische Teegesellschaft hielten, sich gemütlich die »Abendzeitung« vorlasen, ihre poetischen Ziegenböckchen, die meckernd den Teetisch umhüpften, als Universalgenies priesen und über alle Erscheinungen in der deutschen Literatur ihr Endurteil fällten; doch, als sie auch auf den »Ratcliff« und »Almansor« gerieten, und dem Verfasser alle Frömmigkeit und Christlichkeit absprachen, da sträubte sich das Haar des jungen Mannes, Entsetzen ergriff ihn – ich gab dem Pferde die Sporen und jagte vorüber.

In der Tat, wenn man die obere Hälfte des Brockens besteigt, kann man sich nicht erwehren, an die ergötzlichen Blocksbergsgeschichten zu denken, und besonders an die große, mystische, deutsche Nationaltragödie vom Doktor Faust. Mir war immer, als ob der Pferdefuß neben mir hinauf klettere, und jemand humoristisch Atem schöpfe. Und ich glaube, auch Mephisto muß mit Mühe Atem holen, wenn er seinen Lieblingsberg ersteigt; es ist ein äußerst erschöpfender Weg, und ich war froh, als ich endlich das langersehnte Brockenhaus zu Gesicht bekam.

Dieses Haus, das, wie durch vielfache Abbildungen bekannt ist, bloß aus einem Rez-de-Chaussée besteht und auf der Spitze des Berges liegt, wurde erst 1800 vom Grafen Stolberg-Wernigerode erbaut, für dessen Rechnung es auch, als Wirtshaus, verwaltet wird. Die Mauern sind erstaunlich dick, wegen des Windes und der Kälte im Winter; das Dach ist niedrig, in der Mitte desselben steht eine turmartige Warte, und bei dem Hause liegen noch zwei kleine Nebengebäude, wovon das eine, in frühern Zeiten, den Brockenbesuchern zum Obdach diente.

Der Eintritt in das Brockenhaus erregte bei mir eine etwas ungewöhnliche, märchenhafte Empfindung. Man ist nach einem langen, einsamen Umhersteigen durch Tannen und Klippen plötzlich in ein Wolkenhaus versetzt; Städte, Berge und Wälder blieben unten liegen, und oben findet man eine wunderlich zusammengesetzte, fremde Gesellschaft, von welcher man, wie es an dergleichen Orten natürlich ist, fast wie ein erwarteter Genosse, halb neugierig und halb gleichgültig, empfangen wird. Ich fand das Haus voller Gäste, und wie es einem klugen Manne geziemt, dachte ich schon an die Nacht, an die Unbehaglichkeit eines Strohlagers; mit hinsterbender Stimme verlangte ich gleich Tee, und der Herr Brockenwirt war vernünftig genug, einzusehen, daß ich kranker Mensch für die Nacht ein ordentliches Bett haben müsse. Dieses verschaffte er mir in einem engen Zimmerchen, wo schon ein junger Kaufmann, ein langes Brechpulver in einem braunen Oberrock, sich etabliert hatte.

In der Wirtsstube fand ich lauter Leben und Bewegung. Studenten von verschiedenen Universitäten. Die einen sind kurz vorher angekommen und restaurieren sich, andere bereiten sich zum Abmarsch, schnüren ihre Ranzen, schreiben ihre Namen ins Gedächtnisbuch, erhalten Brockensträuße von den Hausmädchen: da wird in die Wangen gekniffen, gesungen, gesprungen, gejohlt, man fragt, man antwortet, gut Wetter, Fußweg, Prosit, Adieu. Einige der Abgehenden sind auch etwas angesoffen, und diese haben von der schönen Aussicht einen doppelten Genuß, da ein Betrunkener alles doppelt sieht.

Nachdem ich mich ziemlich rekreiert, bestieg ich die Turmwarte, und fand daselbst einen kleinen Herrn mit zwei Damen, einer jungen und einer ältlichen. Die junge Dame war sehr schön. Eine herrliche Gestalt, auf dem lockigen Haupte ein helmartiger, schwarzer Atlashut, mit dessen weißen Federn die Winde spielten, die schlanken Glieder von einem schwarzseidenen Mantel so fest umschlossen, daß die edlen Formen hervortraten, und das freie, große Auge ruhig hinabschauend in die freie, große Welt.

Als ich noch ein Knabe war, dachte ich an nichts als an Zauber- und Wundergeschichten, und jede schöne Dame, die Straußfedern auf dem Kopfe trug, hielt ich für eine Elfenkönigin, und bemerkte ich gar, daß die Schleppe ihres Kleides naß war, so hielt ich sie für eine Wassernixe. Jetzt denke ich anders, seit ich aus der Naturgeschichte weiß, daß jene symbolischen Federn von dem dümmsten Vogel herkommen, und daß die Schleppe eines Damenkleides auf sehr natürliche Weise naß werden kann. Hätte ich mit jenen Knabenaugen die erwähnte junge Schöne, in erwähnter Stellung, auf dem Brocken gesehen, so würde ich sicher gedacht haben: Das ist die Fee des Berges, und sie hat eben den Zauber ausgesprochen, wodurch dort unten alles so wunderbar erscheint. Ja, in hohem Grade wunderbar erscheint uns alles beim ersten Hinabschauen vom Brocken, alle Seiten unseres Geistes empfangen neue Eindrücke, und diese, meistens verschiedenartig, sogar sich widersprechend, verbinden sich in unserer Seele zu einem großen, noch unentworrenen, unverstandenen Gefühl. Gelingt es uns, dieses Gefühl in seinem Begriffe zu erfassen, so erkennen wir den Charakter des Berges. Dieser Charakter ist ganz deutsch, sowohl in Hinsicht seiner Fehler, als auch seiner Vorzüge. Der Brocken ist ein Deutscher. Mit deutscher Gründlichkeit zeigt er uns, klar und deutlich, wie ein Riesenpanorama, die vielen hundert Städte, Städtchen und Dörfer, die meistens nördlich liegen, und ringsum alle Berge, Wälder, Flüsse, Flächen, unendlich weit. Aber eben dadurch erscheint alles wie eine scharf gezeichnete, rein illuminierte Spezialkarte, nirgends wird das Auge durch eigentlich schöne Landschaften erfreut; wie es denn immer geschieht, daß wir deutschen Kompilatoren wegen der ehrlichen Genauigkeit, womit wir alles und alles hingeben wollen, nie daran denken können, das einzelne auf eine schöne Weise zu geben. Der Berg hat auch so etwas Deutschruhiges, Verständiges, Tolerantes; eben weil er die Dinge so weit und klar überschauen kann. Und wenn solch ein Berg seine Riesenaugen öffnet, mag er wohl noch etwas mehr sehen, als wir Zwerge, die wir mit unsern blöden Äuglein auf ihm herum klettern. Viele wollen zwar behaupten, der Brocken sei sehr philiströse, und Claudius sang: »Der Blocksberg ist der lange Herr Philister!« Aber das ist Irrtum. Durch seinen Kahlkopf, den er zuweilen mit einer weißen Nebelkappe bedeckt, gibt er sich zwar einen Anstrich von Philiströsität; aber, wie bei manchen andern großen Deutschen, geschieht es aus purer Ironie. Es ist sogar notorisch, daß der Brocken seine burschikosen, phantastischen Zeiten hat, z. B. die erste Mainacht. Dann wirft er seine Nebelkappe jubelnd in die Lüfte, und wird, ebensogut wie wir übrigen, recht echtdeutsch romantisch verrückt.

Ich suchte gleich die schöne Dame in ein Gespräch zu verflechten: denn Naturschönheiten genießt man erst recht, wenn man sich auf der Stelle darüber aussprechen kann. Sie war nicht geistreich, aber aufmerksam sinnig. Wahrhaft vornehme Formen. Ich meine nicht die gewöhnliche, steife, negative Vornehmheit, die genau weiß, was unterlassen werden muß; sondern jene seltnere, freie, positive Vornehmheit, die uns genau sagt, was wir tun dürfen, und die uns, bei aller Unbefangenheit, die höchste gesellige Sicherheit gibt. Ich entwickelte, zu meiner eigenen Verwunderung, viele geographische Kenntnisse, nannte der wißbegierigen Schönen alle Namen der Städte, die vor uns lagen, suchte und zeigte ihr dieselben auf meiner Landkarte, die ich über den Steintisch, der in der Mitte der Turmplatte steht, mit echter Dozentenmiene ausbreitete. Manche Stadt konnte ich nicht finden, vielleicht weil ich mehr mit den Fingern suchte, als mir den Augen, die sich unterdessen auf dem Gesicht der holden Dame orientierten, und dort schönere Partien fanden, als »Schierke« und »Elend«. Dieses Gesicht gehörte zu denen, die nie reizen, selten entzücken, und immer gefallen. Ich liebe solche Gesichter, weil sie mein schlimmbewegtes Herz zur Ruhe lächeln.

In welchem Verhältnis der kleine Herr, der die Damen begleitete, zu denselben stehen mochte, konnte ich nicht erraten. Es war eine dünne, merkwürdige Figur. Ein Köpfchen, sparsam bedeckt mit grauen Härchen, die über die kurze Stirn bis an die grünlichen Libellenaugen reichten, die runde Nase weit hervortretend, dagegen Mund und Kinn sich wieder ängstlich nach den Ohren zurück ziehend. Dieses Gesichtchen schien aus einem zarten gelblichen Tone zu bestehen, woraus die Bildhauer ihre ersten Modelle kneten; und wenn die schmalen Lippen zusammenkniffen, zogen sich über die Wangen einige tausend halbkreisartige, feine Fältchen. Der kleine Mann sprach kein Wort, und nur dann und wann, wenn die ältere Dame ihm etwas Freundliches zuflüsterte, lächelte er wie ein Mops, der den Schnupfen hat.

Jene ältere Dame war die Mutter der jüngeren, und auch sie besaß die vornehmsten Formen. Ihr Auge verriet einen krankhaft schwärmerischen Tiefsinn, um ihren Mund lag strenge Frömmigkeit, doch schien mirs, als ob er einst sehr schön gewesen sei, und viel gelacht und viele Küsse empfangen und viele erwidert habe. Ihr Gesicht glich einem Codex palimpsestus, wo, unter der neuschwarzen Mönchsschrift eines Kirchenvatertextes, die halberloschenen Verse eines altgriechischen Liebesdichters hervorlauschen. Beide Damen waren mit ihrem Begleiter dieses Jahr in Italien gewesen, und erzählten mir allerlei Schönes von Rom, Florenz und Venedig. Die Mutter erzählte viel von den Raphaelschen Bildern in der Peterskirche; die Tochter sprach mehr von der Oper im Theater Fenice.

Derweilen wir sprachen, begann es zu dämmern: die Luft wurde noch kälter, die Sonne neigte sich tiefer, und die Turmplatte füllte sich mit Studenten, Handwerksburschen und einigen ehrsamen Bürgerleuten samt deren Ehefrauen und Töchtern, die alle den Sonnenuntergang sehen wollten. Es ist ein erhabener Anblick, der die Seele zum Gebet stimmt. Wohl eine Viertelstunde standen alle ernsthaft schweigend, und sahen, wie der schöne Feuerball im Westen allmählich versank; die Gesichter wurden vom Abendrot angestrahlt, die Hände falteten sich unwillkürlich; es war, als ständen wir, eine stille Gemeinde, im Schiffe eines Riesendoms, und der Priester erhöbe jetzt den Leib des Herrn, und von der Orgel herab ergösse sich Palestrinas ewiger Choral.

Während ich so in Andacht versunken stehe, höre ich, daß neben mir jemand ausruft: »Wie ist die Natur doch im allgemeinen so schön!« Diese Worte kamen aus der gefühlvollen Brust meines Zimmergenossen, des jungen Kaufmanns. Ich gelangte dadurch wieder zu meiner Werkeltagsstimmung, war jetzt im Stande, den Damen über den Sonnenuntergang recht viel Artiges zu sagen, und sie ruhig, als wäre nichts passiert, nach ihrem Zimmer zu führen. Sie erlaubten mir auch, sie noch eine Stunde zu unterhalten. Wie die Erde selbst drehte sich unsre Unterhaltung um die Sonne. Die Mutter äußerte: Die in Nebel versinkende Sonne habe ausgesehen wie eine glühende Rose, die der galante Himmel herabgeworfen in den weit ausgebreiteten, weißen Brautschleier seiner geliebten Erde. Die Tochter lächelte und meinte, der öftere Anblick solcher Naturerscheinungen schwäche ihren Eindruck. Die Mutter berichtigte diese falsche Meinung durch eine Stelle aus Goethes Reisebriefen, und frug mich, ob ich den Werther gelesen? Ich glaube, wir sprachen auch von Angorakatzen, etruskischen Vasen, türkischen Shawls, Makkaroni und Lord Byron, aus dessen Gedichten die ältere Dame einige Sonnenuntergangsstellen, recht hübsch lispelnd und seufzend, rezitierte. Der jüngern Dame, die kein Englisch verstand, und jene Gedichte kennenlernen wollte, empfahl ich die Übersetzungen meiner schönen, geistreichen Landsmännin, der Baronin Elise von Hohenhausen; bei welcher Gelegenheit ich nicht ermangelte, wie ich gegen junge Damen zu tun pflege, über Byrons Gottlosigkeit, Lieblosigkeit, Trostlosigkeit, und der Himmel weiß was noch mehr, zu eifern.

Nach diesem Geschäfte ging ich noch auf dem Brocken spazieren; denn ganz dunkel wird es dort nie. Der Nebel war nicht stark, und ich betrachtete die Umrisse der beiden Hügel, die man den Hexenaltar und die Teufelskanzel nennt. Ich schoß meine Pistolen ab, doch es gab kein Echo. Plötzlich aber höre ich bekannte Stimmen und fühle mich umarmt und geküßt. Es waren meine Landsleute, die Göttingen vier Tage später verlassen hatten, und bedeutend erstaunt waren, mich ganz allein auf dem Blocksberge wieder zu finden. Da gab es ein Erzählen und Verwundern und Verabreden, ein Lachen und Erinnern, welches freudige Wiedersehen!

Im großen Zimmer wurde eine Abendmahlzeit gehalten. Ein langer Tisch mit zwei Reihen hungriger Studenten. Im Anfange gewöhnliches Universitätsgespräch: Duelle, Duelle und wieder Duelle. Die Gesellschaft bestand meistens aus Hallensern, und Halle wurde daher Hauptgegenstand der Unterhaltung. Die Fensterscheiben des Hofrats Schütz wurden exegetisch beleuchtet. Dann erzählte man, daß die letzte Cour bei dem König von Cypern sehr glänzend gewesen sei, daß er einen natürlichen Sohn erwählt, daß er sich eine lichtensteinsche Prinzessin ans linke Bein antrauen lassen, daß er die Staatsmätresse abgedankt, und daß das ganze gerührte Ministerium vorschriftmäßig geweint habe. Ich brauche wohl nicht zu erwähnen, daß sich dieses auf Hallesche Bierwürden bezieht.

Hernach kamen die zwei Chinesen aufs Tapet, die sich vor zwei Jahren in Berlin sehen ließen, und jetzt in Halle zu Privatdozenten der chinesischen Ästhetik abgerichtet werden. Nun wur-

den Witze gerissen. Man setzte den Fall: ein Deutscher ließe sich in
China für Geld sehen; und zu diesem Zwecke wurde ein Anschlag-
zettel geschmiedet, worin die Mandarinen Tsching-Tschang-
Tschung und Hi-Ha-Ho begutachteten, daß es ein echter Deutscher sei, worin ferner seine Kunststücke aufgerechnet wurden, die
hauptsächlich in Philosophieren, Tabakrauchen und Geduld be-
standen, und worin noch schließlich bemerkt wurde, daß man um
zwölf Uhr, welches die Fütterungsstunde sei, keine Hunde mitbrin-
gen dürfe, indem diese dem armen Deutschen die besten Brocken
wegzuschnappen pflegten.

Ein junger Burschenschaftler, der kürzlich zur Purifikation in
Berlin gewesen, sprach viel von dieser Stadt; aber sehr einseitig. Er
hatte Wisotzki und das Theater besucht; beide beurteilte er falsch.
»Schnell fertig ist die Jugend mit dem Wort usw.« Er sprach von
Garderobeaufwand, Schauspieler- und Schauspielerinnenskandal
usw.

Der junge Mensch wußte nicht, daß, da in Berlin überhaupt der
Schein der Dinge am meisten gilt, was schon die allgemeine Redensart »man so duhn« hinlänglich andeutet, dieses Scheinwesen auf
den Brettern erst recht florieren muß, und daß daher die Intendanz
am meisten zu sorgen hat für die »Farbe des Barts, womit eine Rolle
gespielt wird«, für die Treue der Kostüme, die von beeidigten Hi-
storikern vorgezeichnet und von wissenschaftlich gebildeten Schnei-
dern genäht werden. Und das ist notwendig. Denn trüge mal Maria
Stuart eine Schürze, die schon zum Zeitalter der Königin Anna gehört, so würde gewiß der Bankier Christian Gumpel sich mit Recht
beklagen, daß ihm dadurch alle Illusion verloren gehe; und hätte
mal Lord Burleigh aus Versehen die Hosen von Heinrich IV. angezogen, so würde gewiß die Kriegsrätin von Steinzopf, geb. Lilien-
tau, diesen Anachronismus den ganzen Abend nicht aus den Augen
lassen.

Solche täuschende Sorgfalt der Generalintendanz erstreckt sich
aber nicht bloß auf Schürzen und Hosen, sondern auch auf die
darin verwickelten Personen. So soll künftig der Othello von einem
wirklichen Mohren gespielt werden, den Professor Lichtenstein
schon zu diesem Behufe aus Afrika verschrieben hat; in »Menschen-
haß und Reue« soll künftig die Eulalia von einem wirklich verlau-
fenen Weibsbilde, der Peter von einem wirklich dummen Jungen,
und der Unbekannte von einem wirklich geheimen Hahnrei gespielt werden, die man alle drei nicht erst aus Afrika zu verschreiben
braucht. Hatte nun obenerwähnter junger Mensch die Verhältnisse

des Berliner Schauspiels schlecht begriffen, so merkte er noch viel
weniger, daß die Spontinische Janitscharen-Oper, mit ihren Pauken, Elefanten, Trompeten und Tamtams, ein heroisches Mittel ist,
um unser erschlafftes Volk kriegerisch zu stärken, ein Mittel, das
schon Plato und Cicero staatspfiffig empfohlen haben. Am allerwenigsten begriff der junge Mensch die diplomatische Bedeutung
des Balletts. Mit Mühe zeigte ich ihm, wie in Hoguets Füßen mehr
Politik sitzt als in Buchholz' Kopf, wie alle seine Tanztouren diplomatische Verhandlungen bedeuten, wie jede seiner Bewegungen
eine politische Beziehung habe, so z.B., daß er unser Kabinett
meint, wenn er, sehnsüchtig vorgebeugt, mit den Händen weit aus-
greift; daß er den Bundestag meint, wenn er sich hundertmal auf
einem Fuße herumdreht, ohne vom Fleck zu kommen; daß er die
kleinen Fürsten im Sinne hat, wenn er wie mit gebundenen Beinen
herumtrippelt; daß er das europäische Gleichgewicht bezeichnet,
wenn er wie ein Trunkener hin und her schwankt; daß er einen
Kongreß andeutet, wenn er die gebogenen Arme knäuelartig in-
einander verschlingt, und endlich, daß er unsern allzu großen Freund
im Osten darstellt, wenn er in allmählicher Entfaltung sich in die
Höhe hebt, in dieser Stellung lange ruht und plötzlich in die er-
schrecklichsten Sprünge ausbricht. Dem jungen Manne fielen die
Schuppen von den Augen, und jetzt merkte er, warum Tänzer
besser honoriert werden, als große Dichter, warum das Ballett
beim diplomatischen Korps ein unerschöpflicher Gegenstand des
Gesprächs ist, und warum oft eine schöne Tänzerin noch privatim
von dem Minister unterhalten wird, der sich gewiß Tag und Nacht
abmüht, sie für sein politisches Systemchen empfänglich zu machen.
Beim Apis! wie groß ist die Zahl der exoterischen, und wie klein
die Zahl der esoterischen Theaterbesucher! Da steht das blöde Volk
und gafft und bewundert Sprünge und Wendungen, und studiert
Anatomie in den Stellungen der Lemiere, und applaudiert die En-
trechats der Röhnisch, und schwatzt von Grazie, Harmonie und
Lenden – und keiner merkt, daß er in getanzten Chiffern das
Schicksal des deutschen Vaterlandes vor Augen hat.

Während solcherlei Gespräche hin und her flogen, verlor man
doch das Nützliche nicht aus den Augen, und den großen Schüs-
seln, die mit Fleisch, Kartoffeln usw. ehrlich angefüllt waren, wurde
fleißig zugesprochen. Jedoch das Essen war schlecht. Dieses erwähnte ich leichthin gegen meinen Nachbar, der aber, mit einem
Akzente, woran ich den Schweizer erkannte, gar unhöflich antwortete: daß wir Deutschen wie mit der wahren Freiheit, so auch

mit der wahren Genügsamkeit unbekannt seien. Ich zuckte die Achseln und bemerkte: daß die eigentlichen Fürstenknechte und Lederkramverfertiger überall Schweizer sind und vorzugsweise so genannt werden, und daß überhaupt die jetzigen schweizerischen Freiheitshelden, die so viel Politisch-Kühnes ins Publikum hineinschwatzen, mir immer vorkommen wie Hasen, die auf öffentlichen Jahrmärkten Pistolen abschießen, alle Kinder und Bauern durch ihre Kühnheit in Erstaunen setzen und dennoch Hasen sind.

Der Sohn der Alpen hatte es gewiß nicht böse gemeint, »es war ein dicker Mann, folglich ein guter Mann«, sagt Cervantes. Aber mein Nachbar von der andern Seite, ein Greifswalder, war durch jene Äußerung sehr pikiert; er beteuerte, daß deutsche Tatkraft und Einfältigkeit noch nicht erloschen sei, schlug sich dröhnend auf die Brust und leerte eine ungeheure Stange Weißbier. Der Schweizer sagte: »Nu! Nu!« Doch, je beschwichtigender er dieses sagte, desto eifriger ging der Greifswalder ins Geschirr. Dieser war ein Mann aus jenen Zeiten, als die Läuse gute Tage hatten und die Friseure zu verhungern fürchteten. Er trug herabhängend langes Haar, ein ritterliches Barett, einen schwarzen, altdeutschen Rock, ein schmutziges Hemd, das zugleich das Amt einer Weste versah, und darunter ein Medaillon mit einem Haarbüschel von Blüchers Schimmel. Er sah aus wie ein Narr in Lebensgröße. Ich mache mir gern einige Bewegung beim Abendessen, und ließ mich daher von ihm in einen patriotischen Streit verflechten. Er war der Meinung, Deutschland müsse in 33 Gauen geteilt werden. Ich hingegen behauptete: es müßten 48 sein, weil man alsdann ein systematischeres Handbuch über Deutschland schreiben könne, und es doch notwendig sei, das Leben mit der Wissenschaft zu verbinden. Mein Greifswalder Freund war auch ein deutscher Barde, und wie er mir vertraute, arbeitete er an einem Nationalheldengedicht zur Verherrlichung Hermanns und der Hermannsschlacht. Manchen nützlichen Wink gab ich ihm für die Anfertigung dieses Epos. Ich machte ihn darauf aufmerksam, daß er die Sümpfe und Knüppelwege des Teutoburger Waldes sehr onomatopöisch durch wäßrige und holprige Verse andeuten könne, und daß es eine patriotische Feinheit wäre, wenn er den Varus und die übrigen Römer lauter Unsinn sprechen ließe. Ich hoffe, dieser Kunstkniff wird ihm, ebenso erfolgreich wie andern Berliner Dichtern, bis zur bedenklichsten Illusion gelingen.

An unserem Tische wurde es immer lauter und traulicher, der Wein verdrängte das Bier, die Punschbowlen dampften, es wurde getrunken, smolliert und gesungen. Der alte Landesvater und herrliche Lieder von W. Müller, Rückert, Uhland usw. erschollen. Schöne Methfesselsche Melodien. Am allerbesten erklangen unseres Arndts deutsche Worte: »Der Gott, der Eisen wachsen ließ, der wollte keine Knechte!« Und draußen brauste es, als ob der alte Berg mitsänge, und einige schwankende Freunde behaupteten sogar, er schüttle freudig sein kahles Haupt und unser Zimmer werde dadurch hin und her bewegt. Die Flaschen wurden leerer und die Köpfe voller. Der eine brüllte, der andere fistulierte, ein dritter deklamierte aus der »Schuld«, ein vierter sprach Latein, ein fünfter predigte von der Mäßigkeit, und ein sechster stellte sich auf den Stuhl und dozierte: »Meine Herren! Die Erde ist eine runde Walze, die Menschen sind einzelne Stiftchen darauf, scheinbar arglos zerstreut; aber die Walze dreht sich, die Stiftchen stoßen hier und da an und tönen, die einen oft, die andern selten, das gibt eine wunderbare, komplizierte Musik, und diese heißt Weltgeschichte. Wir sprechen also erst von der Musik, dann von der Welt und endlich von der Geschichte; letztere aber teilen wir ein in Positiv und spanische Fliegen –« Und so gings weiter mit Sinn und Unsinn.

Ein gemütlicher Mecklenburger, der seine Nase im Punschglase hatte, und selig lächelnd den Dampf einschnupfte, machte die Bemerkung: es sei ihm zu Mute, als stände er wieder vor dem Theaterbüfett in Schwerin! Ein anderer hielt sein Weinglas wie ein Perspektiv vor die Augen und schien uns aufmerksam damit zu betrachten, während ihm der rote Wein über die Backen ins hervortretende Maul hinablief. Der Greifswalder, plötzlich begeistert, warf sich an meine Brust und jauchzte: »O, verständest du mich, ich bin ein Liebender, ich bin ein Glücklicher, ich werde wieder geliebt, und, Gott verdamm mich! es ist ein gebildetes Mädchen, denn sie hat volle Brüste, und trägt ein weißes Kleid und spielt Klavier!« – Aber der Schweizer weinte, und küßte zärtlich meine Hand und wimmerte beständig: »O Bäbeli! O Bäbeli!«

In diesem verworrenen Treiben, wo die Teller tanzen und die Gläser fliegen lernten, saßen mir gegenüber zwei Jünglinge, schön und blaß wie Marmorbilder, der eine mehr dem Adonis, der andere mehr dem Apollo ähnlich. Kaum bemerkbar war der leichte Rosenhauch, den der Wein über ihre Wangen hinwarf. Mit unendlicher Liebe sahen sie sich einander an, als wenn einer lesen könnte in den Augen des andern, und in diesen Augen strahlte es, als wären einige Lichttropfen hinein gefallen aus jener Schale voll lodernder Liebe, die ein frommer Engel dort oben von einem Stern

zum andern hinüber trägt. Sie sprachen leise, mit sehnsuchtbeben-
der Stimme, und es waren traurige Geschichten, aus denen ein
wunderschmerzlicher Ton hervor klang. »Die Lore ist jetzt auch
tot!« sagte der eine und seufzte, und nach einer Pause erzählte er
von einem Halleschen Mädchen, das in einen Studenten verliebt
war, und als dieser Halle verließ, mit niemand mehr sprach, und
wenig aß, und Tag und Nacht weinte, und immer den Kanarien-
vogel betrachtete, den der Geliebte ihr einst geschenkt hatte. »Der
Vogel starb, und bald darauf ist auch die Lore gestorben!« so
schloß die Erzählung, und beide Jünglinge schwiegen wieder und
seufzten, als wollte ihnen das Herz zerspringen. Endlich sprach
der andere: »Meine Seele ist traurig! Komm mit hinaus in die dunkle Nacht! Einatmen will ich den Hauch der Wolken und die Strahlen des Mondes. Genosse meiner Wehmut! Ich liebe dich, deine
Worte tönen wie Rohrgeflüster, wie gleitende Ströme, sie tönen
wider in meiner Brust, aber meine Seele ist traurig!«

Nun erhoben sich die beiden Jünglinge, einer schlang den Arm
um den Nacken des andern, und sie verließen das tosende Zimmer.
Ich folgte ihnen nach und sah, wie sie in eine dunkle Kammer traten,
wie der eine, statt des Fensters, einen großen Kleiderschrank öffnete,
wie beide vor demselben, mit sehnsüchtig ausgestreckten Armen,
stehen blieben und wechselweise sprachen. »Ihr Lüfte der däm-
mernden Nacht!« rief der erste, »wie erquickend kühlt ihr meine
Wangen! Wie lieblich spielt ihr mit meinen flatternden Locken!
Ich steh auf des Berges wolkigem Gipfel, unter mir liegen die
schlafenden Städte der Menschen, und blinken die blauen Gewässer. Horch! Dort unten im Tale rauschen die Tannen! Dort über
die Hügel ziehen, in Nebelgestalten, die Geister der Väter. O,
könnt ich mit euch jagen, auf dem Wolkenroß, durch die stürmi-
sche Nacht, über die rollende See, zu den Sternen hinauf! Aber ach!
Ich bin beladen mit Leid, und meine Seele ist traurig!« – Der andere
Jüngling hatte ebenfalls seine Arme sehnsuchtsvoll nach dem Kleiderschrank ausgestreckt, Tränen stürzten aus seinen Augen, und
zu einer gelbledernen Hose, die er für den Mond hielt, sprach er
mit wehmütiger Stimme: »Schön bist du, Tochter des Himmels!
Holdselig ist deines Antlitzes Ruhe! Du wandelst einher in Lieblichkeit! Die Sterne folgen deinen blauen Pfaden im Osten. Bei
deinem Anblick erfreuen sich die Wolken, und es lichten sich ihre
düstern Gestalten. Wer gleicht dir am Himmel, Erzeugte der Nacht?
Beschämt in deiner Gegenwart sind die Sterne, und wenden ab die
grünfunkelnden Augen. Wohin, wenn des Morgens dein Antlitz

erbleicht, entfliehst du von deinem Pfade? Hast du gleich mir deine Halle? Wohnst du im Schatten der Wehmut? Sind deine Schwestern vom Himmel gefallen? Sie, die freudig mit dir die Nacht durchwallten, sind sie nicht mehr? Ja, sie fielen herab, o schönes Licht, und du verbirgst dich oft, sie zu betrauern. Doch einst wird kommen die Nacht, und du, auch du bist vergangen, und hast deine blauen Pfade dort oben verlassen. Dann erheben die Sterne ihre grünen Häupter, die einst deine Gegenwart beschämt, sie werden sich freuen. Doch jetzt bist du gekleidet in deiner Strahlenpracht und schaust herab aus den Toren des Himmels. Zerreißt die Wolken, o Winde, damit die Erzeugte der Nacht hervor zu leuchten vermag, und die buschigen Berge erglänzen und das Meer seine schäumenden Wogen rolle in Licht!«

Ein wohlbekannter, nicht sehr magerer Freund, der mehr getrunken als gegessen hatte, obgleich er auch heute abend, wie gewöhnlich, eine Portion Rindfleisch verschlungen, wovon sechs Gardeleutnants und ein unschuldiges Kind satt geworden wären, dieser kam jetzt in allzu gutem Humor, d. h. ganzen Schwein, vorbeigerannt, schob die beiden elegischen Freunde etwas unsanft in den Schrank hinein, polterte nach der Haustüre, und wirtschaftete draußen ganz mörderlich. Der Lärm im Saal wurde auch immer verworrener und dumpfer. Die beiden Jünglinge im Schranke jammerten und wimmerten, sie lägen zerschmettert am Fuße des Berges; aus dem Hals strömte ihnen der edle Rotwein, sie überschwemmten sich wechselseitig, und der eine sprach zum andern: »Lebe wohl! Ich fühle, daß ich verblute. Warum weckst du mich, Frühlingsluft? Du buhlst und sprichst: Ich betaue dich mit Tropfen des Himmels. Doch die Zeit meines Welkens ist nahe, nahe der Sturm, der meine Blätter herabstört! Morgen wird der Wanderer kommen, kommen der mich sah in meiner Schönheit, ringsum wird sein Auge im Felde mich suchen, und wird mich nicht finden. –« Aber alles übertobte die wohlbekannte Baßstimme, die draußen vor der Türe, unter Fluchen und Jauchzen, sich gottlästerlich beklagte: daß auf der ganzen dunkeln Weender Straße keine einzige Laterne brenne, und man nicht einmal sehen könne, bei wem man die Fensterscheiben eingeschmissen habe.

Ich kann viel vertragen – die Bescheidenheit erlaubt mir nicht, die Bouteillenzahl zu nennen –, und ziemlich gut konditioniert gelangte ich nach meinem Schlafzimmer. Der junge Kaufmann lag schon im Bette, mit seiner kreideweißen Nachtmütze und safrangelben Jacke von Gesundheitflanell. Er schlief noch nicht und suchte ein Gespräch mit mir anzuknüpfen. Er war ein Frankfurt-am-Mainer, und folglich sprach er gleich von den Juden, die alles Gefühl für das Schöne und Edle verloren haben, und die englischen Waren 25 Prozent unter dem Fabrikpreise verkaufen. Es ergriff mich die Lust, ihn etwas zu mystifizieren; deshalb sagte ich ihm: Ich sei ein Nachtwandler, und müsse im voraus um Entschuldigung bitten, für den Fall, daß ich ihn etwa im Schlafe stören möchte. Der arme Mensch hat deshalb, wie er mir den andern Tag gestand, die ganze Nacht nicht geschlafen, da er die Besorgnis hegte, ich könnte mit meinen Pistolen, die vor meinem Bette lagen, im Nachtwandlerzustande ein Malheur anrichten. Im Grunde war es mir nicht viel besser als ihm gegangen, ich hatte sehr schlecht geschlafen. Wüste, beängstigende Phantasiegebilde. Ein Klavierauszug aus Dantes »Hölle«. Am Ende träumte mir gar, ich sähe die Aufführung einer juristischen Oper, die Falcidia geheißen, erbrechtlicher Text von Gans, und Musik von Spontini. Ein toller Traum. Das römische Forum leuchtete prächtig, Serv. Asinius Göschenus als Prätor auf seinem Stuhle, die Toga in stolze Falten werfend, ergoß sich in polternden Rezitativen; Marcus Tullius Elversus, als Prima Donna legataria, all seine holde Weiblichkeit offenbarend, sang die liebeschmelzende Bravourarie quicunque civis romanus; ziegelrot geschminkte Referendarien brüllten als Chor der Unmündigen; Privatdozenten, als Genien in fleischfarbigen Trikot gekleidet, tanzten ein antejustinianeisches Ballett und bekränzten mit Blumen die zwölf Tafeln, unter Donner und Blitz stieg aus der Erde der beleidigte Geist der römischen Gesetzgebung, hierauf Posaunen, Tamtam, Feuerregen, cum omni causa.

Aus diesem Lärmen zog mich der Brockenwirt, indem er mich weckte, um den Sonnenaufgang anzusehen. Auf dem Turm fand ich schon einige Harrende, die sich die frierenden Hände rieben, andere, noch den Schlaf in den Augen, taumelten herauf. Endlich stand die stille Gemeinde von gestern abend wieder ganz versammelt, und schweigend sahen wir, wie am Horizonte die kleine, karmoisinrote Kugel emporstieg, eine winterlich dämmernde Beleuchtung sich verbreitete, die Berge wie in einem weißwallenden Meere schwammen, und bloß die Spitzen derselben sichtbar hervor traten, so daß man auf einem kleinen Hügel zu stehen glaubte, mitten auf einer überschwemmten Ebene, wo nur hier und da eine trockene Erdscholle hervortritt.

Um das Gesehene und Empfundene in Worten festzuhalten, zeichnete ich folgendes Gedicht:

Heller wird es schon im Osten
Durch der Sonne kleines Glimmen,
Weit und breit die Bergesgipfel
In dem Nebelmeere schwimmen.

Hätt ich Siebenmeilenstiefel,
Lief ich mit der Hast des Windes
Über jene Bergesgipfel,
Nach dem Haus des lieben Kindes.

Von dem Bettchen, wo sie schlummert,
Zög ich leise die Gardinen,
Leise küßt ich ihre Stirne,
Leise ihres Munds Rubinen.

Und noch leiser wollt ich flüstern
In die kleinen Liljenohren:
Denk im Traum, daß wir uns lieben,
Und daß wir uns nie verloren.

Indessen, meine Sehnsucht nach einem Frühstück war ebenfalls
groß, und nachdem ich meinen Damen einige Höflichkeiten gesagt, eilte ich hinab, um in der warmen Stube Kaffee zu trinken.
Es tat not; in meinem Magen sah es so nüchtern aus, wie in der
Goslarschen Stephanskirche. Aber mit dem arabischen Trank rieselte mir auch der warme Orient durch die Glieder, östliche Rosen
umdufteten mich, süße Bulbul-Lieder erklangen, die Studenten
verwandelten sich in Kamele, die Brockenhausmädchen, mit ihren
Congrevischen Blicken, wurden zu Huris, die Philisternasen
wurden Minarets usw.
Das Buch, das neben mir lag, war aber nicht der Koran. Unsinn
enthielt es freilich genug. Es war das sogenannte Brockenbuch,
worin alle Reisende, die den Berg erstiegen, ihre Namen schreiben,
und die meisten noch einige Gedanken, und in Ermangelung derselben, ihre Gefühle hinzu notieren. Viele drücken sich sogar in
Versen aus. In diesem Buche sieht man, welche Greuel entstehen,
wenn der große Philistertroß bei gebräuchlichen Gelegenheiten,
wie hier auf dem Brocken, sich vorgenommen hat, poetisch zu
werden. Der Palast des Prinzen von Pallagonia enthält keine so
große Abgeschmacktheiten, wie dieses Buch, wo besonders hervor
glänzen die Herren Akziseeinnehmer mit ihren verschimmelten

Hochgefühlen, die Comptoirjünglinge mit ihren pathetischen Seelenergüssen, die altdeutschen Revolutionsdilettanten mit ihren Turngemeinplätzen, die Berliner Schullehrer mit ihren verunglückten Entzückungsphrasen usw. Herr Johannes Hagel will sich auch mal als Schriftsteller zeigen. Hier wird des Sonnenaufgangs majestätische Pracht beschrieben; dort wird geklagt über schlechtes Wetter, über getäuschte Erwartungen, über den Nebel, der alle Aussicht versperrt. »Benebelt heraufgekommen und benebelt hinuntergegangen!« ist ein stehender Witz, der hier von Hunderten nachgerissen wird.

Das ganze Buch riecht nach Käse, Bier und Tabak; man glaubt einen Roman von Clauren zu lesen.

Während ich nun besagtermaßen Kaffee trank und im Brockenbuche blätterte, trat der Schweizer mit hochroten Wangen herein, und voller Begeisterung erzählte er von dem erhabenen Anblick, den er oben auf dem Turm genossen, als das reine, ruhige Licht der Sonne, Sinnbild der Wahrheit, mit den nächtlichen Nebelmassen gekämpft, daß es ausgesehen habe wie eine Geisterschlacht, wo zürnende Riesen ihre langen Schwerter ausstrecken, geharnischte Ritter, auf bäumenden Rossen, einher jagen, Streitwagen, flatternde Banner, abenteuerliche Tierbildungen aus dem wildesten Gewühle hervor tauchen, bis endlich alles in den wahnsinnigsten Verzerrungen zusammenkräuselt, blasser und blasser zerrinnt, und spurlos verschwindet. Diese demagogische Naturerscheinung hatte ich versäumt, und ich kann, wenn es zur Untersuchung kommt, eidlich versichern: daß ich von nichts weiß, als vom Geschmack des guten braunen Kaffees. Ach, dieser war sogar schuld, daß ich meine schöne Dame vergessen, und jetzt stand sie vor der Tür, mit Mutter und Begleiter, im Begriff den Wagen zu besteigen.

Kaum hatte ich noch Zeit, hin zu eilen und ihr zu versichern, daß es kalt sei. Sie schien unwillig, daß ich nicht früher gekommen; doch ich glättete bald die mißmütigen Falten ihrer schönen Stirn, indem ich ihr eine wunderliche Blume schenkte, die ich den Tag vorher, mit halsbrechender Gefahr, von einer steilen Felsenwand gepflückt hatte. Die Mutter verlangte den Namen der Blume zu wissen, gleichsam als ob sie es unschicklich fände, daß ihre Tochter eine fremde, unbekannte Blume vor die Brust stecke – denn wirklich, die Blume erhielt diesen beneidenswerten Platz, was sie sich gewiß gestern auf ihrer einsamen Höhe nicht träumen ließ. Der schweigsame Begleiter öffnete jetzt auf einmal den Mund, zählte die Staubfäden der Blume und sagte ganz trokken: »Sie gehört zur achten Klasse.«

Es ärgert mich jedesmal, wenn ich sehe, daß man auch Gottes liebe Blumen, ebenso wie uns, in Kasten geteilt hat, und nach ähnlichen Äußerlichkeiten, nämlich nach Staubfäden-Verschiedenheit. Soll doch mal eine Einteilung stattfinden, so folge man dem Vorschlage Theophrasts, der die Blumen mehr nach dem Geiste, nämlich nach ihrem Geruch, einteilen wollte. Was mich betrifft, so habe ich in der Naturwissenschaft mein eigenes System, und demnach teile ich alles ein: in dasjenige, was man essen kann, und in dasjenige, was man nicht essen kann.

Jedoch, der ältern Dame war die geheimnisvolle Natur der Blumen nichts weniger als verschlossen, und unwillkürlich äußerte sie: daß sie von den Blumen, wenn sie noch im Garten oder im Topfe wachsen, recht erfreut werde, daß hingegen ein leises Schmerzgefühl, traumhaft beängstigend, ihre Brust durchzittere, wenn sie eine abgebrochene Blume sehe – da eine solche doch eigentlich eine Leiche sei, und so eine gebrochene, zarte Blumenleiche ihr welkes Köpfchen recht traurig herab hängen lasse, wie ein totes Kind.

Die Dame war fast erschrocken über den trüben Widerschein ihrer Bemerkung, und es war meine Pflicht, denselben mit einigen Voltaireschen Versen zu verscheuchen. Wie doch ein paar französische Worte uns gleich in die gehörige Konvenienzstimmung zurück versetzen können! Wir lachten, Hände wurden geküßt, huldreich wurde gelächelt, die Pferde wieherten und der Wagen holperte, langsam und beschwerlich, den Berg hinunter.

Nun machten auch die Studenten Anstalt zum Abreisen, die Ranzen wurden geschnürt, die Rechnungen, die über alle Erwartung billig ausfielen, berichtigt; die empfänglichen Hausmädchen, auf deren Gesichtern die Spuren glücklicher Liebe, brachten, wie gebräuchlich ist, die Brockensträußchen, halfen solche auf die Mützen befestigen, wurden dafür mit einigen Küssen oder Groschen honoriert; und so stiegen wir alle den Berg hinab, indem die einen, wobei der Schweizer und Greifswalder, den Weg nach Schierke einschlugen, und die andern, ungefähr zwanzig Mann, wobei auch meine Landsleute und ich, angeführt von einemWegweiser, durch die sogenannten Schneelöcher hinab zogen nach Ilsenburg.

Das ging über Hals und Kopf. Hallesche Studenten marschieren schneller als die östreichische Landwehr. Ehe ich mich dessen versah, war die kahle Partie des Berges mit den darauf zerstreuten Steingruppen schon hinter uns, und wir kamen durch einen Tannenwald, wie ich ihn den Tag vorher gesehen. Die Sonne goß schon ihre festlichen Strahlen herab und beleuchtete die humoristisch buntgekleideten Burschen, die so munter durch das Dickicht drangen, hier verschwanden, dort wieder zum Vorschein kamen, bei Sumpfstellen über die quergelegten Baumstämme liefen, bei abschüssigen Tiefen an den rankenden Wurzeln kletterten, in den ergötzlichsten Tonarten empor johlten, und ebenso lustige Antwort zurück erhielten von den zwitschernden Waldvögeln, von den rauschenden Tannen, von den unsichtbar plätschernden Quellen und von dem schallenden Echo. Wenn frohe Jugend und schöne Natur zusammenkommen, so freuen sie sich wechselseitig.

Je tiefer wir hinab stiegen, desto lieblicher rauschte das unterirdische Gewässer, nur hier und da, unter Gestein und Gestrippe, blinkte es hervor, und schien heimlich zu lauschen, ob es ans Licht treten dürfe, und endlich kam eine kleine Welle entschlossen hervor gesprungen. Nun zeigt sich die gewöhnliche Erscheinung: ein Kühner macht den Anfang, und der große Troß der Zagenden wird plötzlich, zu seinem eigenen Erstaunen, von Mut ergriffen, und eilt, sich mit jenem ersten zu vereinigen. Eine Menge anderer Quellen hüpften jetzt hastig aus ihrem Versteck, verbanden sich mit der zuerst hervorgesprungenen, und bald bildeten sie zusammen ein schon bedeutendes Bächlein, das in unzähligen Wasserfällen, und in wunderlichen Windungen, das Bergtal hinab rauscht. Das ist nun die Ilse, die liebliche, süße Ilse. Sie zieht sich durch das gesegnete Ilsetal, an dessen beiden Seiten sich die Berge allmählich höher erheben, und diese sind, bis zu ihrem Fuße, meistens mit Buchen, Eichen und gewöhnlichem Blattgesträuche bewachsen, nicht mehr mit Tannen und anderm Nadelholz. Denn jene Blätterholzart wird vorherrschend auf dem »Unterharze«, wie man die Ostseite des Brockens nennt, im Gegensatz zur Westseite desselben, die der »Oberharz« heißt, und wirklich viel höher ist und also auch viel geeigneter zum Gedeihen der Nadelhölzer.

Es ist unbeschreibbar, mit welcher Fröhlichkeit, Naivetät und Anmut die Ilse sich hinunter stürzt über die abenteuerlich gebildeten Felsstücke, die sie in ihrem Laufe findet, so daß das Wasser hier wild empor zischt oder schäumend überläuft, dort aus allerlei Steinspalten, wie aus tollen Gießkannen, in reinen Bögen sich ergießt, und unten wieder über die kleinen Steine hintrippelt, wie ein munteres Mädchen. Ja, die Sage ist wahr, die Ilse ist eine Prinzessin, die

lachend und blühend den Berg hinab läuft. Wie blinkt im Sonnenschein ihr weißes Schaumgewand! Wie flattern im Winde ihre silbernen Busenbänder! Wie funkeln und blitzen ihre Diamanten!
Die hohen Buchen stehen dabei gleich ernsten Vätern, die ver-
stohlen lächelnd dem Mutwillen des lieblichen Kindes zusehen;
die weißen Birken bewegen sich tantenhaft vergnügt, und doch
zugleich ängstlich über die gewagten Sprünge; der stolze Eich-
baum schaut drein wie ein verdrießlicher Oheim, der das schöne
Wetter bezahlen soll; die Vögelein in den Lüften jubeln ihren Beifall, die Blumen am Ufer flüstern zärtlich: O, nimm uns mit,
nimm uns mit, lieb Schwesterchen! – aber das lustige Mädchen
springt unaufhaltsam weiter, und plötzlich ergreift sie den träumen-
den Dichter, und es strömt auf mich herab ein Blumenregen von
klingenden Strahlen und strahlenden Klängen, und die Sinne vergehen mir vor lauter Herrlichkeit, und ich höre nur noch die flöten-
süße Stimme:

> Ich bin die Prinzessin Ilse,
> Und wohne im Ilsenstein;
> Komm mit nach meinem Schlosse,
> Wir wollen selig sein.

> Dein Haupt will ich benetzen
> Mit meiner klaren Well,
> Du sollst deine Schmerzen vergessen,
> Du sorgenkranker Gesell!

> In meinen weißen Armen,
> An meiner weißen Brust,
> Da sollst du liegen und träumen
> Von alter Märchenlust.

> Ich will dich küssen und herzen,
> Wie ich geherzt und geküßt
> Den lieben Kaiser Heinrich,
> Der nun gestorben ist.

> Es bleiben tot die Toten,
> Und nur der Lebendige lebt;
> Und ich bin schön und blühend,
> Mein lachendes Herze bebt.

Komm in mein Schloß herunter,
In mein kristallenes Schloß,
Da tanzen die Fräulein und Ritter,
Es jubelt der Knappentroß.

Es rauschen die seidenen Schleppen,
Es klirren die Eisensporn,
Die Zwerge trompeten und pauken,
Und fiedeln und blasen das Horn.

Doch dich soll mein Arm umschlingen,
Wie er Kaiser Heinrich umschlang;
Ich hielt ihm zu die Ohren,
Wenn die Trompet erklang.

Unendlich selig ist das Gefühl, wenn die Erscheinungswelt mit unserer Gemütswelt zusammenrinnt, und grüne Bäume, Gedanken, Vögelgesang, Wehmut, Himmelsbläue, Erinnerung und Kräuterduft sich in süßen Arabesken verschlingen. Die Frauen kennen am besten dieses Gefühl, und darum mag auch ein so holdselig ungläubiges Lächeln um ihre Lippen schweben, wenn wir mit Schulstolz unsere logischen Taten rühmen, wie wir alles so hübsch eingeteilt in objektiv und subjektiv, wie wir unsere Köpfe apothekenartig mit tausend Schubladen versehen, wo in der einen Vernunft, in der andern Verstand, in der dritten Witz, in der vierten schlechter Witz, und in der fünften gar nichts, nämlich die Idee, enthalten ist.

Wie im Traume fortwandelnd, hatte ich fast nicht bemerkt, daß wir die Tiefe des Ilsetales verlassen, und wieder bergauf stiegen. Dies ging sehr steil und mühsam, und mancher von uns kam außer Atem. Doch wie unser seliger Vetter, der zu Mölln begraben liegt, dachten wir im voraus ans Bergabsteigen, und waren um so vergnügter. Endlich gelangten wir auf den Ilsenstein.

Das ist ein ungeheurer Granitfelsen, der sich lang und keck aus der Tiefe erhebt. Von drei Seiten umschließen ihn die hohen, waldbedeckten Berge, aber die vierte, die Nordseite, ist frei, und hier schaut man das unten liegende Ilsenburg und die Ilse, weit hinab ins niedere Land. Auf der turmartigen Spitze des Felsens steht ein großes eisernes Kreuz, und zur Not ist da noch Platz für vier Menschenfüße.

Wie nun die Natur, durch Stellung und Form, den Ilsenstein mit phantastischen Reizen geschmückt, so hat auch die Sage ihren

Rosenschein darüber ausgegossen. Gottschalk berichtet: »Man erzählt, hier habe ein verwünschtes Schloß gestanden, in welchem die reiche, schöne Prinzessin Ilse gewohnt, die sich noch jetzt jeden Morgen in der Ilse bade; und wer so glücklich ist, den rechten Zeitpunkt zu treffen, werde von ihr in den Felsen, wo ihr Schloß sei, geführt und königlich belohnt!« Andere erzählen von der Liebe des Fräuleins Ilse und des Ritters von Westenberg eine hübsche Geschichte, die einer unserer bekanntesten Dichter romantisch in der »Abendzeitung« besungen hat. Andere wieder erzählen anders: es soll der altsächsische Kaiser Heinrich gewesen sein, der mit Ilse, der schönen Wasserfee, in ihrer verzauberten Felsenburg die kaiserlichsten Stunden genossen. Ein neuerer Schriftsteller, Herr Niemann, Wohlgeb., der ein Harzreisebuch geschrieben, worin er die Gebirgshöhen, Abweichungen der Magnetnadel, Schulden der Städte und dergleichen mit löblichem Fleiße und genauen Zahlen angegeben, behauptet indes: »Was man von der Prinzessin Ilse erzählt, gehört dem Fabelreiche an.« So sprechen alle diese Leute, denen eine solche Prinzessin niemals erschienen ist, wir aber, die wir von schönen Damen besonders begünstigt werden, wissen das besser. Auch Kaiser Heinrich wußte es. Nicht umsonst hingen die altsächsischen Kaiser so sehr an ihrem heimischen Harze. Man blättere nur in der hübschen Lüneburger Chronik, wo die guten, alten Herren in wunderlich treuherzigen Holzschnitten abkonterfeit sind, wohlgeharnischt, hoch auf ihrem gewappneten Schlachtroß, die heilige Kaiserkrone auf dem teuren Haupte, Zepter und Schwert in festen Händen; und auf den lieben, knebelbärtigen Gesichtern kann man deutlich lesen, wie oft sie sich nach den süßen Herzen ihrer Harzprinzessinnen und dem traulichen Rauschen der Harzwälder zurück sehnten, wenn sie in der Fremde weilten, wohl gar in dem zitronen- und giftreichen Welschland, wohin sie und ihre Nachfolger so oft verlockt wurden von dem Wunsche, römische Kaiser zu heißen, einer echtdeutschen Titelsucht, woran Kaiser und Reich zu Grunde gingen.

Ich rate aber jedem, der auf der Spitze des Ilsensteins steht, weder an Kaiser und Reich, noch an die schöne Ilse, sondern bloß an seine Füße zu denken. Denn als ich dort stand, in Gedanken verloren, hörte ich plötzlich die unterirdische Musik des Zauberschlosses, und ich sah, wie sich die Berge ringsum auf die Köpfe stellten, und die roten Ziegeldächer zu Ilsenburg anfingen zu tanzen, und die grünen Bäume in der blauen Luft herum flogen, daß es mir blau und grün vor den Augen wurde, und ich sicher, vom Schwindel erfaßt, in den Abgrund gestürzt wäre, wenn ich mich nicht, in meiner Seelennot, ans eiserne Kreuz festgeklammert hätte. Daß ich, in so mißlicher Stellung, dieses letztere getan habe, wird mir gewiß niemand verdenken.

—

Die »Harzreise« ist und bleibt Fragment, und die bunten Fäden, die so hübsch hineingesponnen sind, um sich im Ganzen harmonisch zu verschlingen, werden plötzlich, wie von der Schere der unerbittlichen Parze, abgeschnitten. Vielleicht verwebe ich sie weiter in künftigen Liedern, und was jetzt kärglich verschwiegen ist, wird alsdann vollauf gesagt. Am Ende kommt es auch auf eins heraus, wann und wo man etwas ausgesprochen hat, wenn man es nur überhaupt einmal ausspricht. Mögen die einzelnen Werke immerhin Fragmente bleiben, wenn sie nur in ihrer Vereinigung ein Ganzes bilden. Durch solche Vereinigung mag hier und da das Mangelhafte ergänzt, das Schroffe ausgeglichen und das Allzuherbe gemildert werden. Dieses würde vielleicht schon bei den ersten Blättern der »Harzreise« der Fall sein, und sie könnten wohl einen minder sauern Eindruck hervorbringen, wenn man anderweitig erführe, daß der Unmut, den ich gegen Göttingen im allgemeinen hege, obschon er noch größer ist, als ich ihn ausgesprochen, doch lange nicht so groß ist wie die Verehrung, die ich für einige Individuen dort empfinde. Und warum sollte ich es verschweigen, ich meine hier ganz besonders jenen viel teueren Mann, der schon in frühern Zeiten sich so freundlich meiner annahm, mir schon damals eine innige Liebe für das Studium der Geschichte einflößte, mich späterhin in dem Eifer für dasselbe bestärkte, und dadurch meinen Geist auf ruhigere Bahnen führte, meinem Lebensmute heilsamere Richtungen anwies, und mir überhaupt jene historischen Tröstungen bereitete, ohne welche ich die qualvollen Erscheinungen des Tages nimmermehr ertragen würde. Ich spreche von Georg Sartorius, dem großen Geschichtsforscher und Menschen, dessen Auge ein klarer Stern ist in unserer dunkeln Zeit, und dessen gastliches Herz offen steht für alle fremde Leiden und Freuden, für die Besorgnisse des Bettlers und des Königs, und für die letzten Seufzer untergehender Völker und ihrer Götter. –

Ich kann nicht umhin, hier ebenfalls anzudeuten: daß der Oberharz, jener Teil des Harzes, den ich bis zum Anfang des Ilsetals beschrieben habe, bei weitem keinen so erfreulichen Anblick wie der romantisch malerische Unterharz gewährt, und in seiner wildschroffen, tannendüstern Schönheit gar sehr mit demselben kontrastiert; so wie sie ebenfalls die drei, von der Ilse, von der Bode und von der Selke gebildeten Täler des Unterharzes gar anmutig unter einander kontrastieren, wenn man den Charakter jedes Tales zu personifizieren weiß. Es sind drei Frauengestalten, wovon man nicht so leicht zu entscheiden vermag, welche die schönste sei.

Von der lieben, süßen Ilse und wie süß und lieblich sie mich empfangen, habe ich schon gesagt und gesungen. Die düstere Schöne, die Bode, empfing mich nicht so gnädig, und als ich sie im schmiededunkeln Rübeland zuerst erblickte, schien sie gar mürrisch und verhüllte sich in einen silbergrauen Regenschleier. Aber mit rascher Liebe warf sie ihn ab, als ich auf die Höhe der Roßtrappe gelangte, ihr Antlitz leuchtete mir entgegen in sonnigster Pracht, aus allen Zügen hauchte eine kolossale Zärtlichkeit, und aus der bezwungenen Felsenbrust drang es hervor wie Sehnsuchtseufzer und schmelzende Laute der Wehmut. Minder zärtlich, aber fröhlicher, zeigte sich mir die schöne Selke, die schöne, liebenswürdige Dame, deren edle Einfalt und heitre Ruhe alle sentimentale Familiarität entfernt hält, die aber doch durch ein halbverstecktes Lächeln ihren neckenden Sinn verrät; und diesem möchte ich es wohl zuschreiben, daß mich im Selketal gar mancherlei kleines Ungemach heimsuchte, daß ich, indem ich über das Wasser springen wollte, just in die Mitte hineinplumpste, daß nachher, als ich das nasse Fußzeug mit Pantoffeln vertauscht hatte, einer derselben mir abhanden oder vielmehr abfüßen kam, daß mir ein Windstoß die Mütze entführte, daß mir Walddorne die Beine zerfetzten, u. leider s. w. Doch all dieses Ungemach verzeihe ich gern der schönen Dame, denn sie ist schön. Und jetzt steht sie vor meiner Einbildung mit all ihrem stillen Liebreiz, und scheint zu sagen: Wenn ich auch lache, so meine ich es doch gut mit Ihnen, und ich bitte Sie, besingen Sie mich. Die herrliche Bode tritt ebenfalls hervor in meiner Erinnerung, und ihr dunkles Auge spricht: Du gleichst mir im Stolz und im Schmerze, und ich will, daß du mich liebst. Auch die schöne Ilse kommt herangesprungen, zierlich und bezaubernd in Miene, Gestalt und Bewegung; sie gleicht ganz dem holden Wesen, das meine Träume beseligt, und ganz wie sie, schaut sie mich an, mit unwiderstehlicher Gleichgültigkeit und doch zugleich so innig, so ewig, so durchsichtig wahr – Nun, ich bin Paris, die drei Göttinnen stehen vor mir, und den Apfel gebe ich der schönen Ilse.

Es ist heute der erste Mai. Wie ein Meer des Lebens ergießt sich der Frühling über die Erde, der weiße Blütenschaum bleibt an den

Bäumen hängen, ein weiter, warmer Nebelglanz verbreitet sich überall. In der Stadt blitzen freudig die Fensterscheiben der Häuser, an den Dächern bauen die Spatzen wieder ihre Nestchen, auf der Straße wandeln die Leute und wundern sich, daß die Luft so angreifend und ihnen selbst so wunderlich zu Mute ist; die bunten Vierlanderinnen bringen Veilchensträußer; die Waisenkinder, mit ihren blauen Jäckchen und ihren lieben, unehelichen Gesichtchen, ziehen über den Jungfernstieg und freuen sich, als sollten sie heute einen Vater wiederfinden; der Bettler an der Brücke schaut so vergnügt, als hätte er das große Los gewonnen, sogar den schwarzen, noch ungehenkten Makler, der dort mit seinem spitzbübischen Manufakturwaren-Gesicht einherläuft, bescheint die Sonne mit ihren tolerantesten Strahlen, – ich will hinauswandern vor das Tor.

Es ist der erste Mai, und ich denke deiner, du schöne Ilse – oder soll ich dich »Agnes« nennen, weil dir dieser Name am besten gefällt? – ich denke deiner, und ich möchte wieder zusehen, wie du leuchtend den Berg hinabläufst. Am liebsten aber möchte ich unten im Tale stehen und dich auffangen in meine Arme. –

Es ist ein schöner Tag! Überall sehe ich die grüne Farbe, die Farbe der Hoffnung. Überall, wie holde Wunder, blühen hervor die Blumen, und auch mein Herz will wieder blühen. Dieses Herz ist auch eine Blume, eine gar wunderliche. Es ist kein bescheidenes Veilchen, keine lachende Rose, keine reine Lilie, oder sonstiges Blümchen, das mit artiger Lieblichkeit den Mädchensinn erfreut, und sich hübsch vor den hübschen Busen stecken läßt, und heute welkt und morgen wieder blüht. Dieses Herz gleicht mehr jener schweren, abenteuerlichen Blume aus den Wäldern Brasiliens, die, der Sage nach, alle hundert Jahre nur einmal blüht. Ich erinnere mich, daß ich als Knabe eine solche Blume gesehen. Wir hörten in der Nacht einen Schuß, wie von einer Pistole, und am folgenden Morgen erzählten mir die Nachbarskinder, daß es ihre »Aloe« gewesen, die mit solchem Knalle plötzlich aufgeblüht sei. Sie führten mich in ihren Garten, und da sah ich, zu meiner Verwunderung, daß das niedrige, harte Gewächs mit den närrisch breiten, scharfgezackten Blättern, woran man sich leicht verletzen konnte, jetzt ganz in die Höhe geschossen war, und oben, wie eine goldene Krone, die herrlichste Blüte trug. Wir Kinder konnten nicht so hoch hinaufsehen, und der alte, schmunzelnde Christian, der uns lieb hatte, baute eine hölzerne Treppe um die Blume herum, und da kletterten wir hinauf, wie die Katzen, und schauten neugierig in die offenen Blumen-

kelch, woraus die gelben Strahlenfäden und wildfremden Düfte mit
unerhörter Pracht hervordrangen.

Ja, Agnes, oft und leicht kommt dieses Herz nicht zum Blühen;
soviel ich mich erinnere, hat es nur ein einziges Mal geblüht, und
das mag schon lange her sein, gewiß schon hundert Jahr. Ich glaube,
so herrlich auch damals seine Blüte sich entfaltete, so mußte sie doch
aus Mangel an Sonnenschein und Wärme elendiglich verkümmern,
wenn sie nicht gar von einem dunkeln Wintersturme gewaltsam
zerstört worden. Jetzt aber regt und drängt es sich wieder in meiner
Brust, und hörst du plötzlich den Schuß – Mädchen, erschrick
nicht! Ich hab mich nicht totgeschossen, sondern meine Liebe sprengt
ihre Knospe, und schießt empor in strahlenden Liedern, in ewigen
Dithyramben, in freudigster Sangesfülle.

Ist dir aber diese hohe Liebe zu hoch, Mädchen, so mach es dir
bequem, und besteige die hölzerne Treppe, und schaue von dieser
hinab in mein blühendes Herz.

Es ist noch früh am Tage, die Sonne hat kaum die Hälfte ihres
Weges zurückgelegt, und mein Herz duftet schon so stark, daß es
mir betäubend zu Kopfe steigt, daß ich nicht mehr weiß, wo die
Ironie aufhört und der Himmel anfängt, daß ich die Luft mit meinen Seufzern bevölkere, und daß ich selbst wieder zerrinnen möchte
in süße Atome, in die unerschaffene Gottheit, – wie soll das erst gehen, wenn es Nacht wird, und die Sterne am Himmel erscheinen,
»die unglückselgen Sterne, die dir sagen können – –«

Es ist der erste Mai, der lumpigste Ladenschwengel hat heute das
Recht, sentimental zu werden, und dem Dichter wolltest du es ver-
wehren?

REISEBILDER

Zweiter Teil

—

Die »zweite Abteilung Nordsee«, die bei der ersten Auflage diesen Band eröffnete, habe ich bei der zweiten Auflage bereits dem ersten Band einverleibt, ferner habe ich ein Dutzend Blätter aus der »dritten Abteilung Nordsee« in dieser neuen Auflage unterdrückt, und endlich sind hier die »Briefe aus Berlin« ganz ausgeschieden worden. Diese Ökonomie mag sich selber vertreten. Die Lücke, die dadurch in diesem Bande entstand, habe ich nicht mit einem Teile aus dem dritten Bande ergänzen wollen. Letzterer, der dritte Band der Reisebilder, hat nun einmal in seiner jetzigen Gestalt den Beifall meiner Freunde gewonnen, diese Gestalt scheint mir seine geistige Einheit zu bedingen, und ich möchte deshalb auch keine Zeile davon trennen, oder irgend sonst eine Veränderung, und sei sie noch so geringfügig, damit vornehmen. Die Lücke, die sich in diesem zweiten Bande bildete, suchte ich daher mit neuen Frühlingsliedern zu füllen. Ich übergebe sie um so anspruchsloser, da ich wohl weiß, daß Deutschland keinen Mangel hat an dergleichen lyrischen Gedichten. Außerdem ist es unmöglich, in dieser Gattung etwas Besseres zu geben, als schon von den älteren Meistern geliefert worden, namentlich von Ludwig Uhland, der die Lieder der Minne und des Glaubens so hold und lieblich hervorgesungen aus den Trümmern alter Burgen und Klosterhallen. Freilich, diese frommen und ritterlichen Töne, diese Nachklänge des Mittelalters, die noch unlängst in der Periode einer patriotischen Beschränktheit von allen Seiten widerhallten, verwehen jetzt im Lärmen der neuesten Freiheitskämpfe, im Getöse einer allgemein europäischen Völkerverbrüderung, und im scharfen Schmerzjubel jener modernen Lieder, die keine katholische Harmonie der Gefühle erlügen wollen und vielmehr, jakobinisch unerbittlich, die Gefühle zerschneiden, der Wahrheit wegen. Es ist interessant zu beobachten, wie die eine von den beiden Liederarten je zuweilen von der anderen die äußere Form erborgt. Noch interessanter ist es, wenn in ein und demselben Dichterherzen sich beide Arten verschmelzen.

Ich weiß nicht, ob die »Erato« des Freiherrn Franz von Gaudy und das »Skizzenbuch« von Franz Kugler schon die gebührende Anerkennung gefunden; beide Büchlein, die erst jüngst erschienen, haben mich so innig angesprochen, daß ich sie, in jedem Fall, ganz besonders rühmen muß.

Ich würde mich vielleicht noch weitläuftig über deutsche Dichter aussprechen, aber einige andre Zeitgenossen, die jetzt damit beschäftigt sind, die Freiheit und Gleichheit in Europa zu begründen, nehmen zu sehr meine Aufmerksamkeit in Anspruch.

Paris, den 20. Juni 1831.

HEINRICH HEINE

Die Nordsee 1826

Dritte Abteilung

—

Motto: Varnhagen von Enses
»Biographische Denkmale«. 1. Teil, S. 1. 2.

(Geschrieben auf der Insel Norderney)

– – – Die Eingeborenen sind meistens blutarm und leben vom Fischfang, der erst im nächsten Monat, im Oktober, bei stürmischem Wetter, seinen Anfang nimmt. Viele dieser Insulaner dienen auch als Matrosen auf fremden Kauffahrteischiffen und bleiben jahrelang vom Hause entfernt, ohne ihren Angehörigen irgendeine Nachricht von sich zukommen zu lassen. Nicht selten finden sie den Tod auf dem Wasser. Ich habe einige arme Weiber auf der Insel gefunden, deren ganze männliche Familie solcher Weise umgekommen; was sich leicht ereignet, da der Vater mit seinen Söhnen gewöhnlich auf demselben Schiffe zur See fährt.

Das Seefahren hat für diese Menschen einen großen Reiz; und dennoch, glaube ich, daheim ist ihnen allen am wohlsten zu Mute. Sind sie auch auf ihren Schiffen sogar nach jenen südlichen Ländern gekommen, wo die Sonne blühender und der Mond romantischer leuchtet, so können doch alle Blumen dort nicht den Leck ihres Herzens stopfen, und mitten in der duftigen Heimat des Frühlings sehnen sie sich wieder zurück nach ihrer Sandinsel, nach ihren kleinen Hütten, nach dem flackernden Herde, wo die Ihrigen, wohlverwahrt in wollenen Jacken, herumkauern, und einen Tee trinken, der sich von gekochtem Seewasser nur durch den Namen unterscheidet, und eine Sprache schwatzen, wovon kaum begreiflich scheint, wie es ihnen selber möglich ist, sie zu verstehen.

Was diese Menschen so fest und genügsam zusammenhält, ist nicht so sehr das innig mystische Gefühl der Liebe, als vielmehr die Gewohnheit, das naturgemäße Ineinander-Hinüberleben, die gemeinschaftliche Unmittelbarkeit. Gleiche Geisteshöhe, oder, besser gesagt, Geistesniedrigkeit, daher gleiche Bedürfnisse und gleiches Streben; gleiche Erfahrungen und Gesinnungen, daher leichtes Verständnis unter einander; und sie sitzen verträglich am Feuer in

den kleinen Hütten, rücken zusammen, wenn es kalt wird, an den
Augen sehen sie sich ab, was sie denken, die Worte lesen sie sich von
den Lippen, ehe sie gesprochen worden, alle gemeinsamen Lebensbeziehungen sind ihnen im Gedächtnisse, und durch eine einzigen
Laut, eine einzige Miene, eine einzige stumme Bewegung erregen
sie unter einander so viel Lachen, oder Weinen, oder Andacht, wie
wir bei unseresgleichen erst durch lange Expositionen, Expekto-
rationen und Deklamationen hervorbringen können. Denn wir leben im Grunde geistig einsam; durch eine besondere Erziehungs-
methode oder zufällig gewählte, besondere Lektüre hat jeder von
uns eine verschiedene Charakterrichtung empfangen; jeder von
uns, geistig verlarvt, denkt, fühlt und strebt anders als die andern,
und des Mißverständnisses wird so viel, und selbst in weiten Häusern wird das Zusammenleben so schwer, und wir sind überall beengt, überall fremd, und überall in der Fremde.

In jenem Zustand der Gedanken-und-Gefühls-Gleichheit, wie wir
ihn bei unseren Insulanern sehen, lebten oft ganze Völker und haben oft ganze Zeitalter gelebt. Die römisch-christliche Kirche im
Mittelalter hat vielleicht einen solchen Zustand in den Korporatio-
nen des ganzen Europas begründen wollen,und nahm deshalb alle
Lebensbeziehungen, alle Kräfte und Erscheinungen, den ganzen
physischen und moralischen Menschen unter ihre Vormundschaft.
Es läßt sich nicht leugnen, daß viel ruhiges Glück dadurch gegrün-
det ward und das Leben warm-inniger blühte, und die Künste, wie
still hervorgewachsene Blumen, jene Herrlichkeit entfalteten, die
wir noch jetzt anstaunen, und mit all unserem hastigen Wissen
nicht nachahmen können. Aber der Geist hat seine ewigen Rechte,
er läßt sich nicht eindämmen durch Satzungen und nicht einlullen
durch Glockengeläute; er zerbrach seinen Kerker und zerriß das
eiserne Gängelband, woran ihn die Mutterkirche leitete, und er
jagte im Befreiungstaumel über die ganze Erde, erstieg die höchsten Gipfel der Berge, jauchzte vor Übermut, gedachte wieder uralter Zweifel, grübelte über die Wunder des Tages, und zählte die
Sterne der Nacht. Wir kennen noch nicht die Zahl der Sterne, die
Wunder des Tages haben wir noch nicht enträtselt, die alten Zweifel sind mächtig geworden in unserer Seele – ist jetzt mehr Glück
darin als ehemals? Wir wissen, daß diese Frage, wenn sie den großen Haufen betrifft, nicht leicht bejaht werden kann; aber wir wissen auch, daß ein Glück, das wir der Lüge verdanken, kein wahres
Glück ist, und daß wir, in den einzelnen zerrissenen Momenten
eines gottgleicheren Zustandes, einer höheren Geisteswürde, mehr

Glück empfinden können, als in den lang hinvegetierten Jahren eines dumpfen Köhlerglaubens.

Auf jeden Fall war jene Kirchenherrschaft eine Unterjochung der schlimmsten Art. Wer bürgte uns für die gute Absicht, wie ich sie eben ausgesprochen? Wer kann beweisen, daß sich nicht zuweilen eine schlimme Absicht beimischte? Rom wollte immer herrschen, und als seine Legionen fielen, sandte es Dogmen in die Provinzen. Wie eine Riesenspinne saß Rom im Mittelpunkte der lateinischen Welt und überzog sie mit seinem unendlichen Gewebe. Generationen der Völker lebten darunter ein beruhigtes Leben, indem sie das für einen nahen Himmel hielten, was bloß römisches Gewebe war; nur der höherstrebende Geist, der dieses Gewebe durchschaute, fühlte sich beengt und elend, und wenn er hindurch brechen wollte, erhaschte ihn leicht die schlaue Weberin, und sog ihm das kühne Blut aus dem Herzen; – und war das Traumglück der blöden Menge nicht zu teuer erkauft für solches Blut? Die Tage der Geistesknechtschaft sind vorüber; altersschwach, zwischen den gebrochenen Pfeilern ihres Colisäums, sitzt die alte Kreuzspinne, und spinnt noch immer das alte Gewebe, aber es ist matt und morsch, und es verfangen sich darin nur Schmetterlinge und Fledermäuse, und nicht mehr die Steinadler des Nordens.

– Es ist doch wirklich belächelnswert, während ich im Begriff bin, mich so recht wohlwollend über die Absichten der römischen Kirche zu verbreiten, erfaßt mich plötzlich der angewöhnte protestantische Eifer, der ihr immer das Schlimmste zumutet; und eben dieser Meinungszwiespalt in mir selbst gibt mir wieder ein Bild von der Zerrissenheit der Denkweise unserer Zeit. Was wir gestern bewundert, hassen wir heute, und morgen vielleicht verspotten wir es mit Gleichgültigkeit.

Auf einem gewissen Standpunkte ist alles gleich groß und gleich klein, und an die großen europäischen Zeitverwandlungen werde ich erinnert, indem ich den kleinen Zustand unserer armen Insulaner betrachte. Auch diese stehen an der Grenze einer solchen neuen Zeit, und ihre alte Sinneseinheit und Einfalt wird gestört durch das Gedeihen des hiesigen Seebades, indem sie dessen Gästen täglich etwas Neues ablauschen, was sie nicht mit ihrer altherkömmlichen Lebensweise zu vereinen wissen. Stehen sie des Abends vor den erleuchteten Fenstern des Konversationshauses, und betrachten dort die Verhandlungen der Herren und Damen, die verständlichen Blicke, die begehrlichen Grimassen, das lüsterne Tanzen, das vergnügte Schmausen, das habsüchtige Spielen usw., so bleibt das für

diese Menschen nicht ohne schlimme Folgen, die von dem Geldge-
winn, der ihnen durch die Badeanstalt zufließt, nimmermehr auf-
gewogen werden. Dieses Geld reicht nicht hin für die eindringen-
den neuen Bedürfnisse; daher innere Lebensstörung, schlimmer
Anreiz, großer Schmerz. Als ich ein Knabe war, fühlte ich immer
eine brennende Sehnsucht, wenn schöngebackene Torten, wovon
ich nichts bekommen sollte, duftig-offen, bei mir vorübergetragen
wurden; späterhin stachelte mich dasselbe Gefühl, wenn ich mo-
disch entblößte, schöne Damen vorbeispazieren sah; und ich denke
jetzt, die armen Insulaner, die noch in einem Kindheitszustande leben, haben hier oft Gelegenheit zu ähnlichen Empfindungen, und
es wäre gut, wenn die Eigentümer der schönen Torten und Frauen
solche etwas mehr verdeckten. Diese vielen unbedeckten Delika-
tessen, woran jene Leute nur die Augen weiden können, müssen
ihren Appetit sehr stark wecken, und wenn die armen Insulanerinnen, in ihrer Schwangerschaft, allerlei süßgebackene Gelüste bekommen, und am Ende sogar Kinder zur Welt bringen, die den Ba-
degästen ähnlich sehen, so ist das leicht zu erklären. Ich will hier
durchaus auf kein unsittliches Verhältnis anspielen. Die Tugend der
Insulanerinnen wird durch ihre Häßlichkeit, und gar besonders
durch ihren Fischgeruch, der mir wenigstens unerträglich war, vor
der Hand geschützt. Ich würde, wenn ihre Kinder mit badegästli-
chen Gesichtern zur Welt kommen, vielmehr ein psychologisches
Phänomen erkennen, und mir solches durch jene materialistisch-
mystischen Gesetze erklären, die Goethe in den »Wahlverwandt-
schaften« so schön entwickelt.

Wie viele rätselhafte Naturerscheinungen sich durch jene Gesetze erklären lassen, ist erstaunlich. Als ich voriges Jahr, durch See-
sturm, nach einer anderen ostfriesischen Insel verschlagen wurde,
sah ich dort in einer Schifferhütte einen schlechten Kupferstich hängen, la tentation du vieillard überschrieben, und einen Greis dar-
stellend, der in seinen Studien gestört wird durch die Erscheinung
eines Weibes, das bis an die nackten Hüften aus einer Wolke her-
vortaucht; und sonderbar! die Tochter des Schiffers hatte dasselbe
lüsterne Mopsgesicht, wie das Weib auf jenem Bilde. Um ein anderes Beispiel zu erwähnen: Im Hause eines Geldwechslers, dessen ge-
schäftführende Frau das Gepräge der Münzen immer am sorgfältig-
sten betrachtet, fand ich, daß die Kinder in ihren Gesichtern eine
erstaunliche Ähnlichkeit hatten mit den größten Monarchen Europas, und wenn sie alle beisammen waren und miteinander stritten,
glaubte ich, einen kleinen Kongreß zu sehen.

Deshalb ist das Gepräge der Münzen kein gleichgültiger Gegenstand für den Politiker. Da die Leute das Geld so innig lieben und gewiß liebevoll betrachten, so bekommen die Kinder sehr oft die Züge des Landesfürsten, der darauf geprägt ist, und der arme Fürst kommt in den Verdacht, der Vater seiner Untertanen zu sein. Die Bourbonen haben ihre guten Gründe, die Napoleonsd'or einzuschmelzen; sie wollen nicht mehr unter ihren Franzosen so viele Napoleonsköpfe sehen. Preußen hat es in der Münzpolitik am weitesten gebracht, man weiß es dort, durch eine verständige Beimischung von Kupfer, so einzurichten, daß die Wangen des Königs auf der neuen Scheidemünze gleich rot werden, und seit einiger Zeit haben daher die Kinder in Preußen ein weit gesünderes Ansehen, als früherhin, und es ist ordentlich eine Freude, wenn man ihre blühenden Silbergroschengesichtchen betrachtet.

Ich habe, indem ich das Sittenverderbnis andeutete, womit die Insulaner hier bedroht sind, die geistliche Schutzwehr, ihre Kirche, unerwähnt gelassen. Wie diese eigentlich aussieht, kann ich nicht genau berichten, da ich noch nicht darin gewesen. Gott weiß, daß ich ein guter Christ bin, und oft sogar im Begriff stehe, sein Haus zu besuchen, aber ich werde immer fatalerweise daran verhindert, es findet sich gewöhnlich ein Schwätzer, der mich auf dem Wege festhält, und gelange ich auch einmal bis an die Pforten des Tempels, so erfaßt mich unversehens eine spaßhafte Stimmung, und dann halte ich es für sündhaft, hineinzutreten. Vorigen Sonntag begegnete mir etwas der Art, indem mir vor der Kirchtür die Stelle aus Goethes Faust in den Kopf kam, wo dieser mit dem Mephistopheles bei einem Kreuze vorübergeht und ihn fragt:

> Mephisto, hast du Eil?
> Was schlägst vorm Kreuz die Augen nieder?

Und worauf Mephistopheles antwortet:

> Ich weiß es wohl, es ist ein Vorurteil;
> Allein es ist mir mal zuwider.

Diese Verse sind, soviel ich weiß, in keiner Ausgabe des Fausts gedruckt, und bloß der selige Hofrat Moritz, der sie aus Goethes Manuskript kannte, teilt sie mit in seinem »Philipp Reiser«, einem schon verschollenen Romane, der die Geschichte des Verfassers enthält, oder vielmehr die Geschichte einiger hundert Taler, die der Verfasser nicht hatte, und wodurch sein ganzes Leben eine Reihe von Entbehrungen und Entsagungen wurde, während doch seine

Wünsche nichts weniger als unbescheiden waren, wie z.B. sein
Wunsch, nach Weimar zu gehen, und bei dem Dichter des Werthers Bedienter zu werden, unter welchen Bedingungen es auch
sei, um nur in der Nähe desjenigen zu leben, der von allen Menschen auf Erden den stärksten Eindruck auf sein Gemüt gemacht
hatte.

Wunderbar! Damals schon erregte Goethe eine solche Begeisterung, und doch ist erst »unser drittes nachwachsendes Geschlecht«
im Stande, seine wahre Größe zu begreifen.

Aber dieses Geschlecht hat auch Menschen hervorgebracht, in
deren Herzen nur faules Wasser sintert, und die daher in den Herzen
anderer alle Springquellen eines frischen Blutes verstopfen möchten, Menschen von erloschener Genußfähigkeit, die das Leben verleumden und anderen alle Herrlichkeit dieser Welt verleiden wollen, indem sie solche als die Lockspeisen schildern, die der Böse
bloß zu unserer Versuchung hingestellt habe, gleich wie eine pfiffige
Hausfrau die Zuckerdose, mit den gezählten Stückchen Zucker,
in ihrer Abwesenheit offen stehen läßt, um die Enthaltsamkeit der
Magd zu prüfen; und diese Menschen haben einen Tugendpöbel
um sich versammelt, und predigen ihm das Kreuz gegen den großen Heiden und gegen seine nackten Göttergestalten, die sie gern
durch ihre vermummten dummen Teufel ersetzen möchten.

Das Vermummen ist so recht ihr höchstes Ziel, das Nacktgött-
liche ist ihnen fatal, und ein Satyr hat immer seine guten Gründe,
wenn er Hosen anzieht und darauf dringt, daß auch Apollo Hosen
anziehe. Die Leute nennen ihn dann einen sittlichen Mann, und
wissen nicht, daß in dem Clauren-Lächeln eines vermummten Sa-
tyrs mehr Anstößiges liegt, als in der ganzen Nacktheit eines Wolf-
gang Apollo, und daß just in den Zeiten, wo die Menschheit jene
Pluderhosen trug, wozu sechzig Ellen Zeug nötig waren, die Sitten
nicht anständiger gewesen sind als jetzt.

Aber werden es mir nicht die Damen übelnehmen, daß ich Ho-
sen, statt Beinkleider, sage? O, über das Feingefühl der Damen!
Am Ende werden nur Eunuchen für sie schreiben dürfen, und ihre
Geistesdiener im Okzident werden so harmlos sein müssen, wie ihre
Leibdiener im Orient.

Hier kommt mir ins Gedächtnis eine Stelle aus »Bertholds Tage-
buch«:

»›Wenn wir es recht überdenken, so stecken wir doch alle nackt
in unseren Kleidern‹, sagte der Doktor M. zu einer Dame, die ihm
eine etwas derbe Äußerung übelgenommen hatte.«

Der hannövrische Adel ist mit Goethe sehr unzufrieden, und behauptet: er verbreite Irreligiosität, und diese könne leicht auch falsche politische Ansichten hervorbringen, und das Volk müsse doch durch den alten Glauben zur alten Bescheidenheit und Mäßigung zurückgeführt werden. Auch hörte ich in der letzten Zeit viel diskutieren: ob Goethe größer sei, als Schiller, oder umgekehrt. Ich stand neulich hinter dem Stuhle einer Dame, der man schon von hinten ihre vierundsechzig Ahnen ansehen konnte, und hörte über jenes Thema einen eifrigen Diskurs zwischen ihr und zwei hannövrischen Nobilis, deren Ahnen schon auf dem Zodiakus von Dendera abgebildet sind, und wovon der eine, ein langmagerer, quecksilbergefüllter Jüngling, der wie ein Barometer aussah, die Schillersche Tugend und Reinheit pries, während der andere, ebenfalls ein langaufgeschossener Jüngling, einige Verse aus der »Würde der Frauen« hinlispelte und dabei so süß lächelte, wie ein Esel, der den Kopf in ein Sirupfaß gesteckt hatte und sich wohlgefällig die Schnauze ableckt. Beide Jünglinge verstärkten ihre Behauptungen beständig mit dem beteuernden Refrain: »Er ist doch größer, er ist wirklich größer, wahrhaftig, er ist größer, ich versichere Sie auf Ehre, er ist größer.« Die Dame war so gütig, auch mich in dieses ästhetische Gespräch zu ziehen, und fragte: »Doktor, was halten Sie von Goethe?« Ich aber legte meine Arme kreuzweis auf die Brust, beugte gläubig das Haupt, und sprach: »La illah il allah, wa mohammed rasul allah!«

Die Dame hatte, ohne es selbst zu wissen, die allerschlaueste Frage getan. Man kann ja einen Mann nicht geradezu fragen: Was denkst du von Himmel und Erde? Was sind deine Ansichten über Menschen und Menschenleben? Bist du ein vernünftiges Geschöpf oder ein dummer Teufel? Diese delikaten Fragen liegen aber alle in den unverfänglichen Worten: Was halten Sie von Goethe? Denn, indem uns allen Goethes Werke vor Augen liegen, so können wir das Urteil, das jemand darüber fället, mit dem unsrigen schnell vergleichen, wir bekommen dadurch einen festen Maßstab, womit wir gleich alle seine Gedanken und Gefühle messen können, und er hat unbewußt sein eignes Urteil gesprochen. Wie aber Goethe, auf diese Weise, weil er eine gemeinschaftliche Welt ist, die der Betrachtung eines jeden offen liegt, uns das beste Mittel wird, um die Leute kennen zu lernen, so können wir wiederum Goethe selbst am besten kennen lernen durch sein eignes Urteil über Gegenstände, die uns allen vor Augen liegen, und worüber uns schon die bedeutendsten Menschen ihre Ansichten mitgeteilt haben. In dieser Hinsicht möchte ich am liebsten auf Goethes »Italienische Reise« hindeuten, indem wir alle, entweder durch eigne Betrachtung oder durch fremde Vermittelung, das Land Italien kennen, und dabei so leicht bemerken, wie jeder dasselbe mit subjektiven Augen ansieht, dieser mit Archenhölzers unmutigen Augen, die nur das Schlimme sehen, jener mit begeisterten Corinnaaugen, die überall nur das Herrliche sehen, während Goethe, mit seinem klaren Griechenauge, alles sieht, das Dunkle und das Helle, nirgends die Dinge mit seiner Gemütsstimmung koloriert, und uns Land und Menschen schildert, in den wahren Umrissen und wahren Farben, womit sie Gott umkleidet.

Das ist ein Verdienst Goethes, das erst spätere Zeiten erkennen werden; denn wir, die wir meist alle krank sind, stecken viel zu sehr in unseren kranken, zerrissenen, romantischen Gefühlen, die wir aus allen Ländern und Zeitaltern zusammengelesen, als daß wir unmittelbar sehen könnten, wie gesund, einheitlich und plastisch sich Goethe in seinen Werken zeigt. Er selbst merkt es ebensowenig; in seiner naiven Unbewußtheit des eignen Vermögens wundert er sich, wenn man ihm »ein gegenständliches Denken« zuschreibt, und indem er durch seine Selbstbiographie uns selbst eine kritische Beihülfe zum Beurteilen seiner Werke geben will, liefert er doch keinen Maßstab der Beurteilung an und für sich, sondern nur neue Fakta, woraus man ihn beurteilen kann, wie es ja natürlich ist, daß kein Vogel über sich selbst hinauszufliegen vermag.

Spätere Zeiten werden, außer jenem Vermögen des plastischen Anschauens, Fühlens und Denkens, noch vieles in Goethe entdekken, wovon wir jetzt keine Ahnung haben. Die Werke des Geistes sind ewig feststehend, aber die Kritik ist etwas Wandelbares, sie geht hervor aus den Ansichten der Zeit, hat nur für diese ihre Bedeutung, und wenn sie nicht selbst kunstwertlicher Art ist, wie z. B. die Schlegelsche, so geht sie mit ihrer Zeit zu Grabe. Jedes Zeitalter, wenn es neue Ideen bekömmt, bekömmt auch neue Augen, und sieht gar viel Neues in den alten Geisteswerken. Ein Schubarth sieht jetzt in der Ilias etwas anderes und viel mehr, als sämtliche Alexandriner; dagegen werden einst Kritiker kommen, die viel mehr als Schubarth in Goethe sehen.

So hätte ich mich dennoch an Goethe festgeschwatzt! Aber solche Abschweifungen sind sehr natürlich, wenn einem, wie auf dieser Insel, beständig das Meergeräusch in die Ohren dröhnt und den Geist nach Belieben stimmt.

Es geht ein starker Nordostwind, und die Hexen haben wieder

viel Unheil im Sinne. Man hegt hier nämlich wunderliche Sagen von Hexen, die den Sturm zu beschwören wissen; wie es denn überhaupt auf allen nordischen Meeren viel Aberglauben gibt. Die Seeleute behaupten, manche Insel stehe unter der geheimen Herrschaft ganz besonderer Hexen, und dem bösen Willen derselben sei es zuzuschreiben, wenn den vorbeifahrenden Schiffen allerlei Widerwärtigkeiten begegnen. Als ich voriges Jahr einige Zeit auf der See lag, erzählte mir der Steuermann unseres Schiffes: die Hexen wären besonders mächtig auf der Insel Wight und suchten jedes Schiff, das bei Tage dort vorbeifahren wolle, bis zur Nachtzeit aufzuhalten, um es alsdann an Klippen oder an die Insel selbst zu treiben. In solchen Fällen höre man diese Hexen so laut durch die Luft sausen und um das Schiff herumheulen, daß der Klabotermann ihnen nur mit vieler Mühe widerstehen könne. Als ich nun fragte: wer der Klabotermann sei? antwortete der Erzähler sehr ernsthaft: »Das ist der gute, unsichtbare Schutzpatron der Schiffe, der da verhütet, daß den treuen und ordentlichen Schiffern Unglück begegne, der da überall selbst nachsieht, und sowohl für die Ordnung wie für die gute Fahrt sorgt.« Der wackere Steuermann versicherte mit etwas heimlicherer Stimme: ich könne ihn selber sehr gut im Schiffsraume hören, wo er die Waren gern noch besser nachstaue, daher das Knarren der Fässer und Kisten, wenn das Meer hoch gehe, daher bisweilen das Dröhnen unserer Balken und Bretter; oft hämmere der Klabotermann auch außen am Schiffe, und das gelte dann dem Zimmermanne, der dadurch gemahnt werde, eine schadhafte Stelle ungesäumt auszubessern; am liebsten aber setze er sich auf das Bramsegel, zum Zeichen, daß guter Wind wehe oder sich nahe. Auf meine Frage: ob man ihn nicht sehen könne? erhielt ich zur Antwort: Nein, man sähe ihn nicht, auch wünsche keiner ihn zu sehen, da er sich nur dann zeige, wenn keine Rettung mehr vorhanden sei. Einen solchen Fall hatte zwar der gute Steuermann noch nicht selbst erlebt, aber von andern wollte er wissen: den Klabotermann höre man alsdann vom Bramsegel herab mit den Geistern sprechen, die ihm untertan sind; doch wenn der Sturm zu stark und das Scheitern unvermeidlich würde, setze er sich auf das Steuer, zeige sich da zum ersten Male und verschwinde, indem er das Steuer zerbräche – diejenigen aber, die ihn in diesem furchtbaren Augenblick sähen, fänden unmittelbar darauf den Tod in den Wellen.

Der Schiffskapitän, der dieser Erzählung mit zugehört hatte, lächelte so fein, wie ich seinem rauhen, wind- und wetterdienenden Gesichte nicht zugetraut hätte, und nachher versicherte er mir: vor funfzig und gar vor hundert Jahren sei auf dem Meere der Glaube an den Klabotermann so stark gewesen, daß man bei Tische immer auch ein Gedeck für denselben aufgelegt, und von jeder Speise, etwa das Beste, auf seinen Teller gelegt habe, ja, auf einigen Schiffen geschähe das noch jetzt. –

Ich gehe hier oft am Strande spazieren und gedenke solcher seemännischen Wundersagen. Die anziehendste derselben ist wohl die Geschichte vom fliegenden Holländer, den man im Sturm mit aufgespannten Segeln vorbeifahren sieht, und der zuweilen ein Boot aussetzt, um den begegnenden Schiffern allerlei Briefe mitzugeben, die man nachher nicht zu besorgen weiß, da sie an längst verstorbene Personen adressiert sind. Manchmal gedenke ich auch des alten, lieben Märchens von dem Fischerknaben, der am Strande den nächtlichen Reigen der Meernixen belauscht hatte, und nachher mit seiner Geige die ganze Welt durchzog, und alle Menschen zauberhaft entzückte, wenn er ihnen die Melodie des Nixenwalzers vorspielte. Diese Sage erzählte mir einst ein lieber Freund, als wir, im Konzerte zu Berlin, solch einen wundermächtigen Knaben, den Felix Mendelssohn-Bartholdy, spielen hörten.

Einen eigentümlichen Reiz gewährt das Kreuzen um die Insel. Das Wetter muß aber schön sein, die Wolken müssen sich ungewöhnlich gestalten, und man muß rücklings auf dem Verdecke liegen, und in den Himmel sehen, und allenfalls auch ein Stückchen Himmel im Herzen haben. Die Wellen murmeln alsdann allerlei wunderliches Zeug, allerlei Worte, woran liebe Erinnerungen flattern, allerlei Namen, die wie süße Ahnung in der Seele widerklingen – »Evelina!«

Dann kommen auch Schiffe vorbeigefahren, und man grüßt, als ob man sich alle Tage wiedersehen könnte. Nur des Nachts hat das Begegnen fremder Schiffe auf dem Meere etwas Unheimliches; man will sich dann einbilden, die besten Freunde, die wir seit Jahren nicht gesehen, führen schweigend vorbei, und man verlöre sie auf immer.

Ich liebe das Meer, wie meine Seele.

Oft wird mir sogar zu Mute, als sei das Meer eigentlich meine Seele selbst; und wie es im Meere verborgene Wasserpflanzen gibt, die nur im Augenblick des Aufblühens an dessen Oberfläche heraufschwimmen, und im Augenblick des Verblühens wieder hinabtauchen: so kommen zuweilen auch wunderbare Blumenbilder heraufgeschwommen aus der Tiefe meiner Seele und duften und leuchten und verschwinden wieder – »Evelina!«

Man sagt, unfern dieser Insel, wo jetzt nichts als Wasser ist, hätten einst die schönsten Dörfer und Städte gestanden, das Meer habe sie plötzlich alle überschwemmt, und bei klarem Wetter sähen die Schiffer noch die leuchtenden Spitzen der versunkenen Kirchtürme, und mancher habe dort, in der Sonntagsfrühe, sogar ein frommes Glockengeläute gehört. Die Geschichte ist wahr; denn das Meer ist meine Seele –

>>Eine schöne Welt ist da versunken,
Ihre Trümmer blieben unten stehn,
Lassen sich als goldne Himmelsfunken
Oft im Spiegel meiner Träume sehn.<<

(W. Müller.)

Erwachend höre ich dann ein verhallendes Glockengeläute und Gesang heiliger Stimmen – >>Evelina!<<

Geht man am Strande spazieren, so gewähren die vorbeifahrenden Schiffe einen schönen Anblick. Haben sie die blendend weißen Segel aufgespannt, so sehen sie aus wie vorbeiziehende, große Schwäne. Gar besonders schön ist dieser Anblick, wenn die Sonne hinter dem vorbeisegelnden Schiffe untergeht, und dieses, wie von einer riesigen Glorie, umstrahlt wird.

Die Jagd am Strande soll ebenfalls ein großes Vergnügen gewähren. Was mich betrifft, so weiß ich es nicht sonderlich zu schätzen. Der Sinn für das Edle, Schöne und Gute läßt sich oft durch Erziehung den Menschen beibringen; aber der Sinn für die Jagd liegt im Blute. Wenn die Ahnen, schon seit undenklichen Zeiten, Rehböcke geschossen haben, so findet auch der Enkel ein Vergnügen an dieser legitimen Beschäftigung. Meine Ahnen gehörten aber nicht zu den Jagenden, viel eher zu den Gejagten, und soll ich auf die Nachkömmlinge ihrer ehemaligen Kollegen losdrücken, so empört sich dawider mein Blut. Ja, aus Erfahrung weiß ich, daß, nach abgesteckter Mensur, es mir weit leichter wird, auf einen Jäger loszudrücken, der die Zeiten zurückwünscht, wo auch Menschen zur hohen Jagd gehörten. Gottlob, diese Zeiten sind vorüber! Gelüstet es jetzt solche Jäger, wieder einen Menschen zu jagen, so müssen sie ihn dafür bezahlen, wie z. B. den Schnelläufer, den ich vor zwei Jahren in Göttingen sah. Der arme Mensch hatte sich schon in der schwülen Sonntagshitze ziemlich müde gelaufen, als einige hannövrische Junker, die dort Humaniora studierten, ihm ein paar Taler boten, wenn er den zurückgelegten Weg nochmals laufen wolle; und der Mensch lief, und er war todblaß und trug eine rote Jacke, und dicht hinter ihm, im wirbelnden Staube, galoppierten die wohlgenährten, edlen Jünglinge, auf hohen Rossen, deren Hufen zuweilen den gehetzten, keuchenden Menschen trafen, und es war ein Mensch.

Des Versuchs halber, denn ich muß mein Blut besser gewöhnen, ging ich gestern auf die Jagd. Ich schoß nach einigen Möwen, die gar zu sicher umherflatterten, und doch nicht bestimmt wissen konnten, daß ich schlecht schieße. Ich wollte sie nicht treffen und sie nur warnen, sich ein andermal vor Leuten mit Flinten in acht zu nehmen; aber mein Schuß ging fehl, und ich hatte das Unglück, eine junge Möwe totzuschießen. Es ist gut, daß es keine alte war; denn was wäre dann aus den armen, kleinen Möwchen geworden, die noch unbefiedert, im Sandneste der großen Düne liegen, und ohne die Mutter verhungern müßten. Mir ahndete schon vorher, daß mich auf der Jagd ein Mißgeschick treffen würde; ein Hase war mir über den Weg gelaufen.

Gar besonders wunderbar wird mir zu Mute, wenn ich allein in der Dämmerung am Strande wandle, – hinter mir flache Dünen, vor mir das wogende, unermeßliche Meer, über mir der Himmel wie eine riesige Kristallkuppel – ich erscheine mir dann selbst sehr ameisenklein, und dennoch dehnt sich meine Seele so weltweit. Die hohe Einfachheit der Natur, wie sie mich hier umgibt, zähmt und erhebt mich zu gleicher Zeit, und zwar in stärkerem Grade als jemals eine andere erhabene Umgebung. Nie war mir ein Dom groß genug; meine Seele mit ihrem alten Titanengebet strebte immer höher als die gotischen Pfeiler, und wollte immer hinausbrechen durch das Dach. Auf der Spitze der Roßtrappe haben mir, beim ersten Anblick, die kolossalen Felsen in ihren kühnen Gruppierungen, ziemlich imponiert; aber dieser Eindruck dauerte nicht lange, meine Seele war nur überrascht, nicht überwältigt, und jene ungeheure Steinmassen wurden in meinen Augen allmählich kleiner, und am Ende erschienen sie mir nur wie geringe Trümmer eines zerschlagenen Riesenpalastes, worin sich meine Seele vielleicht komfortabel befunden hätte.

Mag es immerhin lächerlich klingen, ich kann es dennoch nicht verhehlen, das Mißverhältnis zwischen Körper und Seele quält mich einigermaßen, und hier am Meere, in großartiger Naturumgebung, wird es mir zuweilen recht deutlich, und die Metempsychose ist oft der Gegenstand meines Nachdenkens. Wer kennt die große Gottesironie, die allerlei Widersprüche zwischen Seele und

Körper hervorzubringen pflegt! Wer kann wissen, in welchem Schneider jetzt die Seele eines Platos, und in welchem Schulmeister die Seele eines Cäsars wohnt! Wer weiß, ob die Seele Gregors VII. nicht in dem Leibe des Großtürken sitzt, und sich unter tausend hätschelnden Weiberhändchen behaglicher fühlt, als einst in ihrer purpurnen Zölibatskutte. Hingegen wie viele Seelen treuer Moslemim aus Alys Zeiten mögen sich jetzt in unseren antihellenischen Kabinettern befinden! Die Seelen der beiden Schächer, die zur Seite des Heilands gekreuzigt worden, sitzen vielleicht jetzt in dicken Konsistorialbäuchen und glühen für den orthodoxen Lehrbegriff. Die Seele Dschingis-Chans wohnt vielleicht jetzt in einem Rezensenten, der täglich, ohne es zu wissen, die Seelen seiner treuesten Baschkiren und Kalmücken in einem kritischen Journale niedersäbelt. Wer weiß! wer weiß! die Seele des Pythagoras ist vielleicht in einen armen Kandidaten gefahren, der durch das Examen fällt, weil er den pythagoräischen Lehrsatz nicht beweisen konnte, während in seinen Herren Examinatoren die Seelen jener Ochsen wohnen, die einst Pythagoras, aus Freude über die Entdeckung seines Satzes, den ewigen Göttern geopfert hatte. Die Hindus sind so dumm nicht, wie unsere Missionäre glauben, sie ehren die Tiere wegen der menschlichen Seele, die sie in ihnen vermuten, und wenn sie Lazarette für invalide Affen stiften, in der Art unserer Akademien, so kann es wohl möglich sein, daß in jenen Affen die Seelen großer Gelehrten wohnen, da es hingegen bei uns ganz sichtbar ist, daß in einigen großen Gelehrten nur Affenseelen stecken.

Wer doch mit der Allwissenheit des Vergangenen auf das Treiben der Menschen von oben herab sehen könnte! Wenn ich des Nachts, am Meere wandelnd, den Wellengesang höre, und allerlei Ahnung und Erinnerung in mir erwacht, so ist mir, als habe ich einst solchermaßen von oben herabgesehen und sei vor schwindelndem Schrecken zur Erde heruntergefallen; es ist mir dann auch, als seien meine Augen so teleskopisch scharf gewesen, daß ich die Sterne in Lebensgröße am Himmel wandeln gesehen, und durch all den wirbelnden Glanz geblendet worden; – wie aus der Tiefe eines Jahrtausends kommen mir dann allerlei Gedanken in den Sinn, Gedanken uralter Weisheit, aber sie sind so neblicht, daß ich nicht erkenne, was sie wollen. Nur so viel weiß ich, daß all unser kluges Wissen, Streben und Hervorbringen irgend einem höheren Geiste ebenso klein und nichtig erscheinen muß, wie mir jene Spinne erschien, die ich in der Göttinger Bibliothek so oft betrachtete. Auf den Folianten der Weltgeschichte saß sie emsig webend, und sie blickte so philosophisch sicher auf ihre Umgebung, und hatte ganz den göttingischen Gelahrtheitsdünkel, und schien stolz zu sein auf ihre mathematischen Kenntnisse, auf ihre Kunstleistungen, auf ihr einsames Nachdenken – und doch wußte sie nichts von all den Wundern, die in dem Buche stehen, worauf sie geboren worden, worauf sie ihr ganzes Leben verbracht hatte, und worauf sie auch sterben wird, wenn der schleichende Dr. L. sie nicht verjagt. Und wer ist der schleichende Dr. L.? Seine Seele wohnte vielleicht einst in eben einer solchen Spinne, und jetzt hütet er die Folianten, worauf er einst saß – und wenn er sie auch liest, er erfährt doch nicht ihren wahren Inhalt.

Was mag auf dem Boden einst geschehen sein, wo ich jetzt wandle? Ein Konrektor, der hier badete, wollte behaupten, hier sei einst der Dienst der Hertha oder, besser gesagt, Forsete begangen worden, wovon Tacitus so geheimnisvoll spricht. Wenn nur die Berichterstatter, denen Tacitus nacherzählt, sich nicht geirrt, und eine Badekutsche für den heiligen Wagen der Göttin angesehen haben!

Im Jahr 1819, als ich zu Bonn, in einem und demselben Semester vier Kollegien hörte, worin meistens deutsche Antiquitäten aus der blauesten Zeit traktiert wurden, nämlich 1. Geschichte der deutschen Sprache bei Schlegel, der fast drei Monat lang die barocksten Hypothesen über die Abstammung der Deutschen entwickelte, 2. die Germania des Tacitus bei Arndt, der in den altdeutschen Wäldern jene Tugenden suchte, die er in den Salons der Gegenwart vermißte, 3. germanisches Staatsrecht bei Hüllmann, dessen historische Ansichten noch am wenigsten vage sind, und 4. deutsche Urgeschichte bei Radloff, der am Ende des Semesters noch nicht weiter gekommen war als bis zur Zeit des Sesostris – damals möchte wohl die Sage von der alten Hertha mich mehr interessiert haben, als jetzt. Ich ließ sie durchaus nicht auf Rügen residieren, und versetzte sie vielmehr nach einer ostfriesischen Insel. Ein junger Gelehrter hat gern seine Privathypothese. Aber auf keinen Fall hätte ich damals geglaubt, daß ich einst am Strande der Nordsee wandeln würde, ohne an die alte Göttin mit patriotischer Begeisterung zu denken. Es ist wirklich nicht der Fall, und ich denke hier an ganz andre, jüngere Göttinnen. Absonderlich wenn ich am Strande über die schaurige Stelle wandle, wo noch jüngst die schönsten Frauen gleich Nixen geschwommen. Denn weder Herren noch Damen baden hier unter einem Schirm, sondern spazieren in die freie See. Deshalb sind auch die Badestellen beider Geschlechter voneinander geschieden, doch nicht allzuweit, und wer ein gutes Glas führt, kann überall in der Welt viel sehen. Es geht die Sage, ein neuer Aktäon habe auf solche Weise eine badende Diana erblickt, und wunderbar! nicht er, sondern der Gemahl der Schönen habe dadurch Hörner erworben.

Die Badekutschen, die Droschken der Nordsee, werden hier nur bis ans Wasser geschoben, und bestehen meistens aus viereckigen Holzgestellen mit steifem Leinen überzogen. Jetzt, für die Winterzeit, stehen sie im Konversationssaale, und führen dort gewiß ebenso hölzerne und steifleinene Gespräche, wie die vornehme Welt, die noch unlängst dort verkehrte.

Wenn ich aber sage, die vornehme Welt, so verstehe ich nicht darunter die guten Bürger Ostfrieslands, ein Volk, das flach und nüchtern ist, wie der Boden, den es bewohnt, das weder singen noch pfeifen kann, aber dennoch ein Talent besitzt, das besser ist als alle Triller und Schnurrpfeifereien, ein Talent, das den Menschen adelt, und über jene windige Dienstseelen erhebt, die allein edel zu sein wähnen, ich meine das Talent der Freiheit. Schlägt das Herz für Freiheit, so ist ein solcher Schlag des Herzens ebenso gut wie ein Ritterschlag, und das wissen die freien Friesen, und sie verdienen ihr Volksepitheton; die Häuptlingsperiode abgerechnet, war die Aristokratie in Ostfriesland niemals vorherrschend, nur sehr wenige adlige Familien haben dort gewohnt, und der Einfluß des hannövrischen Adels, durch Verwaltungs- und Militärstand, wie er sich jetzt über das Land hinzieht, betrübt manches freie Friesenherz, und überall zeigt sich die Vorliebe für die ehemalige preußische Regierung.

Was aber die allgemeinen deutschen Klagen über hannövrischen Adelstolz betrifft, so kann ich nicht unbedingt einstimmen. Das hannövrische Offizierkorps gibt am wenigsten Anlaß zu solchen Klagen. Freilich, wie in Madagaskar nur Adlige das Recht haben, Metzger zu werden, so hatte früherhin der hannövrische Adel ein analoges Vorrecht, da nur Adlige zum Offizierrange gelangen konnten. Seitdem sich aber in der deutschen Legion so viele Bürgerliche ausgezeichnet, und zu Offizierstellen emporgeschwungen, hat auch jenes üble Gewohnheitsrecht nachgelassen. Ja, das ganze Korps der deutschen Legion hat viel beigetragen zur Milderung alter Vorurteile, diese Leute sind weit herum in der Welt gewesen, und in der Welt sieht man viel, besonders in England, und sie haben viel gelernt, und es ist eine Freude, ihnen zuzuhören, wenn sie von Portugal, Spanien, Sizilien, den jonischen Inseln, Irland und anderen weiten Ländern sprechen, wo sie gefochten und »vieler

Menschen Städte gesehen und Sitten gelernet«, so daß man glaubt,
eine Odyssee zu hören, die leider keinen Homer finden wird. Auch
ist unter den Offizieren dieses Korps viel freisinnige, englische Sitte
geblieben, die mit dem altherkömmlichen hannövrischen Brauch
stärker kontrastiert, als wir es im übrigen Deutschland glauben
wollen, da wir gewöhnlich dem Beispiele Englands viel Einwir-
kung auf Hannover zuschreiben. In diesem Lande Hannover sieht
man nichts als Stammbäume, woran Pferde gebunden sind, und
vor lauter Bäumen bleibt das Land obskur, und trotz allen Pferden
kömmt es nicht weiter. Nein, durch diesen hannövrischen Adels-
wald drang niemals ein Sonnenstrahl britischer Freiheit, und kein
britischer Freiheitston konnte jemals vernehmbar werden im wie-
hernden Lärm hannövrischer Rosse.

Die allgemeine Klage über hannövrischen Adelstolz trifft wohl
zumeist die liebe Jugend gewisser Familien, die das Land Hannover
regieren oder mittelbar zu regieren glauben. Aber auch die edlen
Jünglinge würden bald jene Fehler der Art, oder, besser gesagt, jene
Unart ablegen, wenn sie ebenfalls etwas in der Welt herumgedrängt
würden, oder eine bessere Erziehung genössen. Man schickt sie freilich nach Göttingen, doch da hocken sie beisammen, und sprechen
nur von ihren Hunden, Pferden und Ahnen, und hören wenig
neuere Geschichte, und wenn sie auch wirklich einmal dergleichen
hören, so sind doch unterdessen ihre Sinne befangen durch den
Anblick des Grafentisches, der, ein Wahrzeichen Göttingens, nur
für hochgeborene Studenten bestimmt ist. Wahrlich, durch eine
bessere Erziehung des jungen hannövrischen Adels ließe sich
vielen Klagen vorbauen. Aber die Jungen werden wie die Alten.
Derselbe Wahn: als wären sie die Blumen der Welt, während wir
andern bloß das Gras sind; dieselbe Torheit: mit dem Verdienste
der Ahnen den eigenen Unwert bedecken zu wollen; dieselbe Un-
wissenheit über das Problematische dieser Verdienste, indem die
wenigsten bedenken, daß die Fürsten selten ihre treuesten und tu-
gendhaftesten Diener, aber sehr oft den Kuppler, den Schmeichler
und dergleichen Lieblingsschufte mit adelnder Huld beehrt haben.
Die wenigsten jener Ahnenstolzen können bestimmt angeben, was
ihre Ahnen getan haben, und sie zeigen nur, daß ihr Name in
Rüxners Turnierbuch erwähnt sei; – ja, können sie auch nachwei-
sen, daß diese Ahnen etwa als Kreuzritter bei der Eroberung Jerusalems zugegen waren, so sollten sie, ehe sie sich etwas darauf zu
Gute tun, auch beweisen, daß jene Ritter ehrlich mitgefochten haben, daß ihre Eisenhosen nicht mit gelber Furcht wattiert worden,

und daß unter ihrem roten Kreuze das Herz eines honetten Mannes gesessen. Gäbe es keine Ilias, sondern bloß ein Namensverzeichnis der Helden, die vor Troja gestanden, und ihre Namen existierten noch jetzt – wie würde sich der Ahnenstolz derer von Thersites zu blähen wissen! Von der Reinheit des Blutes will ich gar nicht einmal sprechen; Philosophen und Stallknechte haben darüber gar seltsame Gedanken.

Mein Tadel, wie gesagt, treffe zumeist die schlechte Erziehung des hannövrischen Adels und dessen früh eingeprägten Wahn von der Wichtigkeit einiger andressierten Formen. O! wie oft habe ich lachen müssen, wenn ich bemerkte, wie viel man sich auf diese Formen zu Gute tat; – als sei es so gar überaus schwer zu erlernen, dieses Repräsentieren, dieses Präsentieren, dieses Lächeln ohne etwas zu sagen, dieses Sagen ohne etwas zu denken, und all diese adligen Künste, die der gute Bürgersmann als Meerwunder angafft, und die doch jeder französische Tanzmeister besser inne hat, als der deutsche Edelmann, dem sie in der bärenleckenden Lutetia mühsam eingeübt worden, und der sie zu Hause wieder mit deutscher Gründlichkeit und Schwerfälligkeit, seinen Deszendenten überliefert. Dies erinnert mich an die Fabel von dem Bären, der auf Märkten tanzte, seinem führenden Lehrer entlief, zu seinen Mitbären in den Wald zurückkehrte, und ihnen vorprahlte: wie das Tanzen eine so gar schwere Kunst sei, und wie weit er es darin gebracht habe, – und in der Tat, den Proben, die er von seiner Kunst ablegte, konnten die armen Bestien ihre Bewunderung nicht versagen. Jene Nation, wie sie Werther nennt, bildete die vornehme Welt, die hier dieses Jahr zu Wasser und zu Lande geglänzt hat, und es waren lauter liebe, liebe Leute, und sie haben alle gut gespielt.

Auch fürstliche Personen gab es hier, und ich muß gestehen, daß diese in ihren Ansprüchen bescheidener waren, als die geringere Noblesse. Ob aber diese Bescheidenheit in den Herzen dieser hohen Personen liegt, oder ob sie durch ihre äußere Stellung hervorgebracht wird, das will ich unentschieden lassen. Ich sage dieses nur in Beziehung auf deutsche mediatisierte Fürsten. Diesen Leuten ist in der letzten Zeit ein großes Unrecht geschehen, indem man sie einer Souveränität beraubte, wozu sie ein ebenso gutes Recht haben, wie die größeren Fürsten, wenn man nicht etwa annehmen will, daß dasjenige, was sich nicht durch eigene Kraft erhalten kann, auch kein Recht hat, zu existieren. Für das vielzersplitterte Deutschland war es aber eine Wohltat, daß diese Anzahl von Sedezdespötchen ihr Regieren einstellen mußten. Es ist schrecklich, wenn man bedenkt, wie viele derselben wir armen Deutschen zu ernähren haben. Wenn diese Mediatisierten auch nicht mehr das Zepter führen, so führen sie doch noch immer Löffel, Messer und Gabel, und sie essen keinen Hafer, und auch der Hafer wäre teuer genug. Ich denke, daß wir einmal durch Amerika etwas von dieser Fürstenlast erleichtert werden. Denn, früh oder spät, werden sich doch die Präsidenten dortiger Freistaaten in Souveräne verwandeln, und dann fehlt es diesen Herren an Gemahlinnen, die schon einen legitimen Anstrich haben, sie sind dann froh, wenn wir ihnen unsere Prinzessinnen überlassen, und wenn sie sechs nehmen, geben wir ihnen die siebente gratis, und auch unsre Prinzchen können sie späterhin bei ihren Töchtern employieren; – daher haben die mediatisierten Fürsten sehr politisch gehandelt, als sie sich wenigstens das Gleichbürtigkeitsrecht erhielten, und ihre Stammbäume ebenso hoch schätzten, wie die Araber die Stammbäume ihrer Pferde, und zwar aus derselben Absicht, indem sie wohl wissen, daß Deutschland von jeher das große Fürstengestüte war, das alle regierenden Nachbarhäuser mit den nötigen Mutterpferden und Beschälern versehen muß.

In allen Bädern ist es ein altes Gewohnheitsrecht, daß die abgegangenen Gäste von den zurückgebliebenen etwas stark kritisiert werden, und da ich der letzte bin, der noch hier weilt, so durfte ich wohl jenes Recht in vollem Maße ausüben.

Es ist aber jetzt so öde auf der Insel, daß ich mir vorkomme wie Napoleon auf der Insel St. Helena. Nur daß ich hier eine Unterhaltung gefunden, die jenem dort fehlte. Es ist nämlich der große Kaiser selbst, womit ich mich hier beschäftige. Ein junger Engländer hat mir das eben erschienene Buch des Maitland mitgeteilt. Dieser Seemann berichtet die Art und Weise, wie Napoleon sich ihm ergab und auf dem Bellerophon sich betrug, bis er, auf Befehl des englischen Ministeriums, an Bord des Northumberland gebracht wurde. Aus diesem Buche ergibt sich sonnenklar, daß der Kaiser, in romantischem Vertrauen auf britische Großmut, und um der Welt endlich Ruhe zu schaffen, zu den Engländern ging, mehr als Gast, denn als Gefangener. Das war ein Fehler, den gewiß kein anderer, und am allerwenigsten ein Wellington begangen hätte. Die Geschichte aber wird sagen, dieser Fehler ist so schön, so erhaben, so herrlich, daß dazu mehr Seelengröße gehörte, als wir anderen zu allen unseren Großtaten erschwingen können.

Die Ursache, weshalb Cap. Maitland jetzt sein Buch herausgibt, scheint keine andere zu sein als das moralische Reinigungsbedürfnis, das jeder ehrliche Mann fühlt, den ein böses Geschick in eine zweideutige Handlung verflochten hat. Das Buch selbst ist aber ein unschätzbarer Gewinn für die Gefangenschaftsgeschichte Napoleons, die den letzten Akt seines Lebens bildet, alle Rätsel der früheren Akte wunderbar löst, und, wie es eine echte Tragödie tun soll, die Gemüter erschüttert, reinigt und versöhnt. Der Charakterunterschied der vier Hauptschriftsteller, die uns von dieser Gefangenschaft berichten, besonders wie er sich in Stil und Anschauungsweise bekundet, zeigt sich erst recht durch ihre Zusammenstellung.

Maitland, der sturmkalte englische Seemann, verzeichnet die Begebenheiten vorurteilslos und bestimmt, als wären es Naturerscheinungen, die er in sein Logbook einträgt; Las Cases, ein enthusiastischer Kammerherr, liegt in jeder Zeile, die er schreibt, zu den Füßen des Kaisers, nicht wie ein russischer Sklave, sondern wie ein freier Franzose, dem die Bewunderung einer unerhörten Heldengröße und Ruhmeswürde unwillkürlich die Knie beugt; O'Meara, der Arzt, obgleich in Irland geboren, dennoch ganz Engländer, als solcher ein ehemaliger Feind des Kaisers, aber jetzt anerkennend die Majestätsrechte des Unglücks, schreibt freimütig, schmucklos, tatbeständlich, fast im Lapidarstil; hingegen kein Stil, sondern ein Stilet ist die spitzige, zustoßende Schreibart des französischen Arztes Antommarchi, eines Italieners, der ganz besonnentrunken ist von dem Ingrimm und der Poesie seines Landes.

Beide Völker, Briten und Franzosen, lieferten von jeder Seite zwei Männer, gewöhnlichen Geistes, und unbestochen von der herrschenden Macht, und diese Jury hat den Kaiser gerichtet und verurteilet: ewig zu leben, ewig bewundert, ewig bedauert.

Es sind schon viele große Männer über diese Erde geschritten, hier und da sehen wir die leuchtenden Spuren ihrer Fußstapfen, und in heiligen Stunden treten sie wie Nebelgebilde vor unsere Seele; aber ein ebenfalls großer Mann sieht seine Vorgänger weit deutlicher; aus einzelnen Funken ihrer irdischen Lichtspur erkennt er ihr geheimstes Tun, aus einem einzigen hinterlassenen Worte erkennt er alle Falten ihres Herzens; und solchermaßen, in einer mystischen Gemeinschaft, leben die großen Männer aller Zeiten, über die Jahrtausende hinweg nicken sie einander zu, und sehen sich an bedeutungsvoll, und ihre Blicke begegnen sich auf den Gräbern untergegangener Geschlechter, die sich zwischen sie gedrängt hatten, und sie verstehen sich und haben sich lieb. Wir Kleinen aber, die wir nicht so intimen Umgang pflegen können mit den Großen der Vergangenheit, wovon wir nur selten die Spur und Nebelformen sehen, für uns ist es vom höchsten Werte, wenn wir über einen solchen Großen so viel erfahren, daß es uns leicht wird, ihn ganz lebensklar in unsre Seele aufzunehmen und dadurch unsre Seele zu erweitern. Ein solcher ist Napoleon Bonaparte. Wir wissen von ihm, von seinem Leben und Streben, mehr als von den andern Großen dieser Erde, und täglich erfahren wir davon noch mehr und mehr. Wir sehen, wie das verschüttete Götterbild langsam ausgegraben wird, und mit jeder Schaufel Erdschlamm, die man von ihm abnimmt, wächst unser freudiges Erstaunen über das Ebenmaß und die Pracht der edlen Formen, die da hervortreten, und die Geistesblitze der Feinde, die das große Bild zerschmettern wollen, dienen nur dazu, es desto glanzvoller zu beleuchten. Solches geschieht namentlich durch die Äußerungen der Frau von Staël, die in all ihrer Herbheit doch nichts anders sagt, als daß der Kaiser kein Mensch war wie die andern, und daß sein Geist mir keinem vorhandenen Maßstab gemessen werden kann.

Ein solcher Geist ist es, worauf Kant hindeutet, wenn er sagt: daß wir uns einen Verstand denken können, der, weil er nicht wie der unsrige diskursiv, sondern intuitiv ist, vom synthetisch Allgemeinen, der Anschauung eines Ganzen als eines solchen, zum Besonderen geht, das ist, von dem Ganzen zu den Teilen. Ja, was wir durch langsames analytisches Nachdenken und lange Schlußfolgen erkennen, das hatte jener Geist im selben Momente angeschaut und tief begriffen. Daher sein Talent, die Zeit, die Gegenwart zu verstehen, ihren Geist zu kajolieren, ihn nie zu beleidigen und immer zu benutzen.

Da aber dieser Geist der Zeit nicht bloß revolutionär ist, sondern durch den Zusammenfluß beider Ansichten, der revolutionären und der konterrevolutionären, gebildet worden, so handelte Napoleon nie ganz revolutionär und nie ganz konterrevolutionär, sondern immer im Sinne beider Ansichten, beider Prinzipien, beider Bestrebungen, die in ihm ihre Vereinigung fanden, und demnach handelte er beständig naturgemäß, einfach, groß, nie krampfhaft barsch, immer ruhig milde. Daher intrigierte er nie im einzelnen, und seine Schläge geschahen immer durch seine Kunst, die Massen zu begreifen und zu lenken. Zur verwickelten, langsamen Intrige neigen sich kleine, analytische Geister, hingegen synthetische, intuitive Geister wissen auf wunderbar geniale Weise die Mittel, die ihnen die Gegenwart bietet, so zu verbinden, daß sie dieselben zu ihrem Zwecke schnell benutzen können. Erstere scheitern sehr oft, da keine menschliche Klugheit alle Vorfallenheiten des Lebens voraussehen kann und die Verhältnisse des Lebens nie lange stabil sind; letzteren hingegen, den intuitiven Menschen, gelingen ihre Vorsätze am leichtesten, da sie nur einer richtigen Berechnung des Vorhandenen bedürfen, und so schnell handeln, daß dieses durch die Bewegung der Lebenswogen keine plötzliche, unvorhergesehene Veränderung erleiden kann.

Es ist ein glückliches Zusammentreffen, daß Napoleon gerade zu einer Zeit gelebt hat, die ganz besonders viel Sinn hat für Geschichte, ihre Erforschung und Darstellung. Es werden uns daher, durch die Memoiren der Zeitgenossen, wenige Notizen über Napoleon vorenthalten werden, und täglich vergrößert sich die Zahl der Geschichtsbücher, die ihn mehr oder minder im Zusammenhang mit der übrigen Welt schildern wollen. Die Ankündigung eines solchen Buches aus Walter Scotts Feder erregt daher die neugierigste Erwartung.

Alle Verehrer Scotts müssen für ihn zittern; denn ein solches Buch kann leicht der russische Feldzug jenes Ruhmes werden, den er mühsam erworben durch eine Reihe historischer Romane, die mehr durch ihr Thema als durch ihre poetische Kraft, alle Herzen Europas bewegt haben. Dieses Thema ist aber nicht bloß eine elegische Klage über Schottlands volkstümliche Herrlichkeit, die allmählich verdrängt wurde von fremder Sitte, Herrschaft und Denkweise; sondern es ist der große Schmerz über den Verlust der National-Besonderheiten, die in der Allgemeinheit neuerer Kultur verlorengehen, ein Schmerz, der jetzt in den Herzen aller Völker zuckt. Denn Nationalerinnerungen liegen tiefer in der Menschen Brust, als man gewöhnlich glaubt. Man wage es nur, die alten Bilder wieder auszugraben, und über Nacht blüht hervor auch die alte Liebe mit ihren Blumen. Das ist nicht figürlich gesagt, sondern es ist eine Tatsache: als Bullock vor einigen Jahren ein altheidnisches Steinbild in Mexiko ausgegraben, fand er den andern Tag, daß es nächtlicher Weile mit Blumen bekränzt worden; und doch hatte Spanien, mit Feuer und Schwert, den alten Glauben der Mexikaner zerstört, und seit drei Jahrhunderten ihre Gemüter gar stark umgewühlt und gepflügt und mit Christentum besät. Solche Blumen aber blühen auch in den Walter-Scottschen Dichtungen, diese Dichtungen selbst wecken die alten Gefühle, und wie einst in Granada Männer und Weiber mit dem Geheul der Verzweiflung aus den Häusern stürzten, wenn das Lied vom Einzug des Maurenkönigs auf den Straßen erklang, dergestalt, daß bei Todesstrafe verboten wurde, es zu singen: so hat der Ton, der in den Scottschen Dichtungen herrscht, eine ganze Welt schmerzhaft erschüttert. Dieser Ton klingt wider in den Herzen unseres Adels, der seine Schlösser und Wappen verfallen sieht; er klingt wider in den Herzen des Bürgers, dem die behaglich enge Weise der Altvordern verdrängt wird durch weite, unerfreuliche Modernität; er klingt wider in katholischen Domen, woraus der Glaube entflohen, und in rabbinischen Synagogen, woraus sogar die Gläubigen fliehen; er klingt über die ganze Erde, bis in die Banianenwälder Hindostans, wo der seufzende Bramine das Absterben seiner Götter, die Zerstörung ihrer uralten Weltordnung und den ganzen Sieg der Engländer voraussieht.

Dieser Ton, der gewaltigste, den der schottische Barde auf seiner Riesenharfe anzuschlagen weiß, paßt aber nicht zu dem Kaiserliede von dem Napoleon, dem neuen Manne, dem Manne der neuen Zeit, dem Manne, worin diese neue Zeit so leuchtend sich abspiegelt, daß wir dadurch fast geblendet werden und unterdessen nimmermehr denken an die verschollene Vergangenheit und ihre verblichene Pracht. Es ist wohl zu vermuten, daß Scott, seiner Vorneigung gemäß, jenes angedeutete stabile Element im Charakter Napoleons, die konterrevolutionäre Seite seines Geistes vorzugsweise auffassen wird, statt daß andere Schriftsteller bloß das revolutionäre Prinzip in ihm erkennen. Von dieser letzteren Seite würde ihn Byron geschildert haben, der in seinem ganzen Streben den Gegensatz zu Scott bildete, und statt, gleich diesem, den Untergang der alten Formen zu beklagen, sich sogar von denen, die noch stehengeblieben sind, verdrießlich beengt fühlt, sie mit revolutionärem Lachen und Zähnefletschen niederreißen möchte, und in diesem Ärger die heiligsten Blumen des Lebens mit seinem melodischen Gifte beschädigt, und sich wie ein wahnsinniger Harlekin den Dolch ins Herz stößt, um, mit dem hervorströmenden schwarzen Blute, Herren und Damen neckisch zu bespritzen.

Wahrlich, in diesem Augenblicke fühle ich sehr lebhaft, daß ich kein Nachbeter, oder besser gesagt Nachfrevler Byrons bin, mein Blut ist nicht so spleenisch schwarz, meine Bitterkeit kömmt nur aus den Galläpfeln meiner Dinte, und wenn Gift in mir ist, so ist es doch nur Gegengift, Gegengift wider jene Schlangen, die im Schutte der alten Dome und Burgen so bedrohlich lauern. Von allen großen Schriftstellern ist Byron just derjenige, dessen Lektüre mich am unleidlichsten berührt; wohingegen Scott mir, in jedem seiner Werke, das Herz erfreut, beruhigt und erkräftigt. Mich erfreut sogar die Nachahmung derselben, wie wir sie bei W. Alexis,

Bronikowski und Cooper finden, welcher erstere, im ironischen »Walladmor«, seinem Vorbilde am nächsten steht, und uns auch in einer späteren Dichtung so viel Gestalten- und Geistesreichtum gezeigt hat, daß er wohl im Stande wäre, mit poetischer Ursprünglichkeit, die sich nur der scottischen Form bedient, uns die teuersten Momente deutscher Geschichte, in einer Reihe historischer Novellen, vor die Seele zu führen.

Aber keinem wahren Genius lassen sich bestimmte Bahnen vorzeichnen, diese liegen außerhalb aller kritischen Berechnung, und so mag es auch als ein harmloses Gedankenspiel betrachtet werden, wenn ich über W. Scotts Kaisergeschichte mein Vorurteil aussprach. »Vorurteil« ist hier der umfassendste Ausdruck. Nur eins läßt sich mit Bestimmtheit sagen: das Buch wird gelesen werden vom Aufgang bis zum Niedergang, und wir Deutschen werden es übersetzen.

Wir haben auch den Ségur übersetzt. Nicht wahr, es ist ein hübsches episches Gedicht? Wir Deutschen schreiben auch epische Gedichte, aber die Helden derselben existieren bloß in unserem Kopfe. Hingegen die Helden des französischen Epos sind wirkliche Helden, die viel größere Taten vollbracht, und viel größere Leiden gelitten, als wir in unseren Dachstübchen ersinnen können. Und wir haben doch viel Phantasie, und die Franzosen haben nur wenig. Vielleicht hat deshalb der liebe Gott den Franzosen auf eine andere Art nachgeholfen, und sie brauchen nur treu zu erzählen, was sie in den letzten dreißig Jahren gesehen und getan, und sie haben eine erlebte Literatur, wie noch kein Volk und keine Zeit sie hervorgebracht. Diese Memoiren von Staatsleuten, Soldaten und edlen Frauen, wie sie in Frankreich täglich erscheinen, bilden einen Sagenkreis, woran die Nachwelt genug zu denken und zu singen hat, und worin, als dessen Mittelpunkt, das Leben des großen Kaisers, wie ein Riesenbaum, emporragt. Die Ségursche Geschichte des Rußlandzuges ist ein Lied, ein französisches Volkslied, das zu diesem Sagenkreise gehört und, in seinem Tone und Stoffe, den epischen Dichtungen aller Zeiten gleicht und gleichsteht. Ein Heldengedicht, das durch den Zauberspruch »Freiheit und Gleichheit« aus dem Boden Frankreichs emporgeschossen, hat, wie im Triumphzug, berauscht von Ruhm und geführt von dem Gotte des Ruhmes selbst, die Welt durchzogen, erschreckt und verherrlicht, tanzt endlich den rasselnden Waffentanz auf den Eisfeldern des Nordens, und diese brechen ein, und die Söhne des Feuers und der Freiheit gehen zu Grunde durch Kälte und Sklaven.

Solche Beschreibung oder Prophezeiung des Untergangs einer Heldenwelt ist Grundton und Stoff der epischen Dichtungen aller Völker.

Auf den Felsen von Ellore und anderer indischer Grottentempel steht solche epische Katastrophe eingegraben mit Riesenhieroglyphen, deren Schlüssel im »Mahabharata« zu finden ist; der Norden hat in nicht minder steinernen Worten, in seiner »Edda«, diesen Götteruntergang ausgesprochen; das Lied der Nibelungen besingt dasselbe tragische Verderben, und hat, in seinem Schlusse, noch ganz besondere Ähnlichkeit mit der Ségurschen Beschreibung des Brandes von Moskau; das Rolandslied von der Schlacht bei Roncisval, dessen Worte verschollen, dessen Sage aber noch nicht erloschen, und noch unlängst von einem der größten Dichter des Vaterlandes, von Immermann, heraufbeschworen worden, ist ebenfalls der alte Unglücksgesang; und gar das Lied von Ilion verherrlicht am schönsten das alte Thema, und ist doch nicht großartiger und schmerzlicher als das französische Volkslied, worin Ségur den Untergang seiner Heroenwelt besungen hat. Ja, dieses ist ein wahres Epos, Frankreichs Heldenjugend ist der schöne Heros, der früh dahinsinkt, wie wir solches Leid schon sahen in dem Tode Baldurs, Siegfrieds, Rolands und Achilles, die ebenso durch Unglück und Verrat gefallen; und jene Helden, die wir in der Ilias bewundert, wir finden sie wieder im Liede des Ségur, wir sehen sie ratschlagen, zanken und kämpfen, wie einst vor dem skäischen Tore; ist auch die Jacke des Königs von Neapel etwas allzubuntscheckig modern, so ist doch sein Schlachtmut und Übermut ebenso groß wie der des Peliden; ein Hektor an Milde und Tapferkeit steht vor uns Prinz Eugèn, der edle Ritter, Ney kämpft wie ein Ajax, Berthier ist ein Nestor ohne Weisheit, Davoust, Daru, Caulaincourt usw., in ihnen wohnen die Seelen des Menelaos, des Odysseus, des Diomedes – nur der Kaiser selbst findet nicht seinesgleichen, in seinem Haupte ist der Olymp des Gedichtes, und wenn ich ihn, in seiner äußeren Herrschererscheinung, mit dem Agamemnon vergleiche, so geschieht das, weil ihn, ebenso wie den größten Teil seiner herrlichen Kampfgenossen, ein tragisches Schicksal erwartete, und weil sein Orestes noch lebt.

Wie die Scottschen Dichtungen hat auch das Ségursche Epos einen Ton, der unsere Herzen bezwingt. Aber dieser Ton weckt nicht die Liebe zu längst verschollenen Tagen der Vorzeit, sondern es ist ein Ton, dessen Klangfigur uns die Gegenwart gibt, ein Ton, der uns für eben diese Gegenwart begeistert.

Wir Deutschen sind doch wahre Peter Schlemihle! Wir haben auch in der letzten Zeit viel gesehen, viel ertragen, z. B. Einquartierung und Adelstolz; und wir haben unser edelstes Blut hingegeben, z. B. an England, das noch jetzt jährlich eine anständige Summe für abgeschossene deutsche Arme und Beine ihren ehemaligen Eigentümern zu bezahlen hat; und wir haben im kleinen so viel Großes getan, daß wenn man es zusammenrechnete, die größten Taten herauskämen, z. B. in Tirol; und wir haben viel verloren, z. B. unsern Schlagschatten, den Titel des lieben, heiligen, römischen Reichs – und dennoch, mit allen Verlüsten, Opfern, Entbehrungen, Malheurs und Großtaten, hat unsere Literatur kein einziges solcher Denkmäler des Ruhmes gewonnen, wie sie bei unseren Nachbarn, gleich ewigen Trophäen, täglich emporsteigen. Unsere Leipziger Messen haben wenig profitiert durch die Schlacht bei Leipzig. Ein Gothaer, höre ich, will sie noch nachträglich in epischer Form besingen; da er aber noch nicht weiß, ob er zu den 100000 Seelen gehört, die Hildburghausen bekömmt, oder zu den 150000, die Meiningen bekömmt, oder zu den 160000, die Altenburg bekömmt, so kann er sein Epos noch nicht anfangen, er müßte denn beginnen: »Singe unsterbliche Seele, Hildburghäusische Seele – Meiningsche Seele oder auch Altenburgische Seele, – Gleichviel singe, singe der sündigen Deutschen Erlösung!« Dieser Seelenschacher im Herzen des Vaterlandes und dessen blutende Zerrissenheit läßt keinen stolzen Sinn, und noch viel weniger ein stolzes Wort aufkommen, unsere schönsten Taten werden lächerlich durch den dummen Erfolg, und während wir uns unmutig einhüllen in den Purpurmantel des deutschen Heldenblutes, kömmt ein politischer Schalk und setzt uns die Schellenkappe aufs Haupt.

Eben die Literaturen unserer Nachbaren jenseits des Rheins und des Kanals muß man mit unserer Bagatell-Literatur vergleichen, um das Leere und Bedeutungslose unseres Bagatell-Lebens zu begreifen. Da ich selbst mich erst späterhin über dieses Thema, über deutsche Literaturmisere verbreiten will, so liefere ich einen heitern Ersatz durch das Einschalten der folgenden Xenien, die aus der Feder Immermanns, meines hohen Mitstrebenden, geflossen sind. Die Gleichgesinnten danken mir gewiß für die Mitteilung dieser Verse, und bis auf wenige Ausnahmen, die ich mit Sternen bezeichne, will ich sie gern als meine eigne Gesinnung vertreten.

Der poetische Literator

Laß dein Lächeln, laß dein Flennen, sag uns ohne Hinterlist,
Wann Hans Sachs das Licht erblickte, Weckherlin gestorben ist.

—

»Alle Menschen müssen sterben«, spricht das Männlein mit
                                    Bedeutung.
Alter Junge, dessengleichen ist uns keine große Zeitung.

—

Mit vergeßnen, alten Schwarten schmiert er seine Autorstiefeln,
Daß er dazu heiter weine, frißt er fromm poetische Zwiefeln.

—

*Willst du kommentieren, Fränzel, mindestens verschon den Luther,
Dieser Fisch behagt uns besser, ohne die zerlaßne Butter.

Dramatiker

1

*»Nimmer schreib ich mehr Tragödien, mich am Publikum
                                   zu rächen!«
Schimpf uns, wie du willst, mein Guter, aber halte dein
                                   Versprechen.

2

Diesen Reiterleutnant müsset, Stachelverse, ihr verschonen;
Denn er kommandiert Sentenzen und Gefühl' in Eskadronen.

3

Wär Melpomene ein Mädchen, gut, gefühlvoll und natürlich,
Riet ich ihr: Heirate diesen, der so milde und so zierlich.

4

Seiner vielen Sünden wegen geht der tote Kotzebue
Um in diesem Ungetüme ohne Strümpfe, ohne Schuhe.

—

Und so kommt zu vollen Ehren tiefe Lehr aus grauen Jahren,
Daß die Seelen der Verstorbnen müssen in die Bestien fahren.

Östliche Poeten

Groß mérite ist es jetzo, nach Saadis Art zu girren,
Doch mir scheints égal gepudelt, ob wir östlich, westlich irren.

—

Sonsten sang, beim Mondenscheine, Nachtigall seu Philomele;
Wenn jetzt Bülbül flötet, scheint es mir denn doch dieselbe Kehle.

—

Alter Dichter, du gemahnst mich, als wie Hamelns Rattenfänger;
Pfeifst nach Morgen, und es folgen all die lieben, kleinen Sänger.

—

Aus Bequemlichkeit verehren sie die Kühe frommer Inden,
Daß sie den Olympus mögen nächst in jedem Kuhstall finden.

—

Von den Früchten, die sie aus dem Gartenhain von Schiras stehlen,
Essen sie zu viel, die Armen, und vomieren dann Ghaselen.

*Glockentöne

Seht den dicken Pastor dorten unter seiner Tür im Staate,
Läutet mit den Glocken, daß man ihn verehr in dem Ornate.
Und es kamen, ihn zu schauen, flugs die Blinden und die Lahmen,
Engebrust und Krampf, besonders hysteriegeplagte Damen.

—

Weiße Salbe weder heilet, noch verschlimmert irgend Schäden,
Weiße Salbe findest jetzo du in allen Bücherläden.

—

Gehts so fort, und läßt sich jeder Pfaffe ferner adorieren,
Werd ich in den Schoß der Kirche ehebaldigst retournieren.

—

Dort gehorch ich *einem* Papste und verehr *ein* praesens Numen,
Aber hier macht sich zum numen jeglich ordiniertes lumen.

Orbis pictus

Hätte *einen* Hals das ganze weltverderbende Gelichter,
Einen Hals, ihr hohen Götter: Priester, Histrionen, Dichter!

—

In die Kirche ging ich morgens, um Komödien zu schauen,
Abends ins Theater, um mich an der Predigt zu erbauen.

—

Selbst der liebe Gott verlieret sehr bei mir an dem Gewichte,
Weil nach ihrem Ebenbilde schnitzen ihn viel tausend Wichte.

—

Wenn ich euch gefall, ihr Leute, dünk ich mich ein Leineweber,
Aber, wenn ich euch verdrieße, seht, das stärkt mir meine Leber.

—

»Ganz bewältigt er die Sprache«; ja, es ist, sich tot zu lachen,
Seht nur, was für tolle Sprünge lässet er die Arme machen.

—

Vieles Schlimme kann ich dulden, aber eins ist mir zum Ekel,
Wenn der nervenschwache Zärtling spielt den genialen Rekel.

—

*Damals mochtst du mir gefallen, als du buhltest mit Lucindchen,
Aber, o der frechen Liebschaft! mit Marien wollen sündgen.

—

Erst in England, dann in Spanien, jetzt in Brahmas Finsternissen,
Überall umhergestrichen, deutschen Rock und Schuh zerrissen.

—

Wenn die Damen schreiben, kramen stets sie aus von ihren
                                                    Schmerzen,
Fausses couches touchierter Tugend, – ach, die gar zu offnen Herzen!

—

Laßt die Damen mir zufrieden; daß sie schreiben, find ich rätlich:
Führt die Frau die Autor-Feder, wird sie wenigstens nicht schädlich.

—

Glaubt, das Schriftentum wird gleichen bald den ärgsten
                                                    Rockenstuben,
Die Gevatterinnen schnacken, und es hören zu die Buben.

—

Wär ich Dschingis-Chan, o China, wärst du längst von mir
                                                    vernichtet,
Dein verdammtes Teegeplätscher hat uns langsam hingerichtet.

—

Alles setzet sich zur Ruhe, und der Größte wird geduldig,
Streicht gemächlich ein, was frühre Zeiten blieben waren schuldig.

—

Jene Stadt ist voller Verse, Töne, Statuen, Schilderein,
Wursthans steht mit der Trompete an dem Tor und schreit:
                                                    »Herein!«
—

»Diese Reime klingen schändlich, ohne Metrum und Zäsuren«;
Wollt in Uniform ihr stecken literarische Panduren? –

—

»Sag, wie kommst du nur zu Worten, die so grob und ungezogen?«
Freund, im wüsten Marktgedränge braucht man seine Ellenbogen.

—

»Aber du hast auch bereimet, was unleugbar gut und groß.«
Mischt der Beste sich zum Plebse, duldet er des Plebses Los.

—

Wenn die Sommerfliegen schwärmen, tötet ihr sie mit den Klappen,
Und nach diesen Reimen werdet schlagen ihr mit euren Kappen.

IDEEN · DAS BUCH LE GRAND

1826

—

Das Geschlecht der Örindur,
Unsres Thrones feste Säule,
Soll bestehn, ob die Natur
Auch damit zu Ende eile.

Müllner

Evelina
empfange diese Blätter als ein Zeichen
der Freundschaft und Liebe des Verfassers

KAPITEL I

Sie war liebenswürdig, und er liebte sie; er aber
war nicht liebenswürdig, und sie liebte ihn nicht.
(Altes Stück)

Madame, kennen Sie das alte Stück? Es ist ein ganz außerordent-
liches Stück, nur etwas zu sehr melancholisch. Ich hab mal die
Hauptrolle darin gespielt, und da weinten alle Damen, nur eine einzige weinte nicht, nicht eine einzige Träne weinte sie, und das war
eben die Pointe des Stücks, die eigentliche Katastrophe –

O diese einzige Träne! Sie quält mich noch immer in Gedanken;
der Satan, wenn er meine Seele verderben will, flüstert mir ins Ohr
ein Lied von dieser ungeweinten Träne, ein fatales Lied mit einer
noch fataleren Melodie – ach, nur in der Hölle hört man diese Melodie! –
– – – – – – – – – – – – – – – – – – –

Wie man im Himmel lebt, Madame, können Sie sich wohl vorstellen, um so eher, da Sie verheuratet sind. Dort amüsiert man sich

süperbe, man hat alle mögliche Vergnügungen, man lebt in lauter
Lust und Pläsier, so recht wie Gott in Frankreich. Man speist von
Morgen bis Abend, und die Küche ist so gut wie die Jagorsche, die
gebratenen Gänse fliegen herum mit den Soßeschüsselchen im
Schnabel, und fühlen sich geschmeichelt, wenn man sie verzehrt,
butterglänzende Torten wachsen wild wie Sonnenblumen, überall
Bäche mit Bouillon und Champagner, überall Bäume, woran Ser-
vietten flattern, und man speist und wischt sich den Mund, und
speist wieder, ohne sich den Magen zu verderben, man singt Psalmen, oder man tändelt und schäkert mit den lieben, zärtlichen Engelein, oder man geht spazieren auf der grünen Halleluja-Wiese,
und die weißwallenden Kleider sitzen sehr bequem, und nichts
stört da das Gefühl der Seligkeit, kein Schmerz, kein Mißbehagen,
ja sogar, wenn einer dem andern zufällig auf die Hühneraugen tritt
und excusez! ausruft, so lächelt dieser wie verklärt und versichert:
Dein Tritt, Bruder, schmerzt nicht, sondern au contraire, mein Herz
fühlt dadurch nur desto süßere Himmelswonne.

Aber von der Hölle, Madame, haben sie gar keine Idee. Von allen
Teufeln kennen Sie vielleicht nur den kleinsten, das Beelzebübchen
Amor, den artigen Croupier der Hölle, und diese selbst kennen Sie
nur aus dem »Don Juan«, und für diesen Weiberbetrüger, der ein
böses Beispiel gibt, dünkt sie Ihnen niemals heiß genug, obgleich
unsere hochlöblichen Theaterdirektionen soviel Flammenspektakel,
Feuerregen, Pulver und Kolophonium dabei aufgehen lassen, wie
es nur irgend ein guter Christ in der Hölle verlangen kann.

Indessen, in der Hölle sieht es viel schlimmer aus, als unsere Thea-
terdirektoren wissen – sie würden auch sonst nicht so viele schlechte
Stücke aufführen lassen – in der Hölle ist es ganz höllisch heiß, und
als ich mal in den Hundstagen dort war, fand ich es nicht zum Aushalten. Sie haben keine Idee von der Hölle, Madame. Wir erlangen
dorther wenig offizielle Nachrichten. Daß die armen Seelen da
drunten den ganzen Tag all die schlechten Predigten lesen müssen,
die hier oben gedruckt werden – das ist Verleumdung. So schlimm
ist es nicht in der Hölle, so raffinierte Qualen wird Satan niemals
ersinnen. Hingegen Dantes Schilderung ist etwas zu mäßig, im
ganzen allzu poetisch. Mir erschien die Hölle wie eine große bürgerliche Küche, mit einem unendlich langen Ofen, worauf drei
Reihen eiserne Töpfe standen, und in diesen saßen die Verdammten
und wurden gebraten. In der einen Reihe saßen die christlichen
Sünder, und sollte man es wohl glauben! ihre Anzahl war nicht allzu klein, und die Teufel schürten unter ihnen das Feuer mit beson-

derer Geschäftigkeit. In der anderen Reihe saßen die Juden, die beständig schrien und von den Teufeln zuweilen geneckt wurden, wie es sich denn gar possierlich ausnahm, als ein dicker, pustender Pfänderverleiher über allzu große Hitze klagte, und ein Teufelchen ihm einige Eimer kaltes Wasser über den Kopf goß, damit er sähe, daß die Taufe eine wahre erfrischende Wohltat sei. In der dritten Reihe saßen die Heiden, die, ebenso wie die Juden, der Seligkeit nicht teilhaftig werden können, und ewig brennen müssen. Ich hörte, wie einer derselben, dem ein vierschrötiger Teufel neue Kohlen unterlegte, gar unwillig aus dem Topfe hervorrief: »Schone meiner, ich war Sokrates, der Weiseste der Sterblichen, ich habe Wahrheit und Gerechtigkeit gelehrt und mein Leben geopfert für die Tugend.« Aber der vierschrötige, dumme Teufel ließ sich in seinem Geschäfte nicht stören und brummte: »Ei was! Alle Heiden müssen brennen, und wegen eines einzigen Menschen dürfen wir keine Ausnahme machen.« – – Ich versichere Sie, Madame, es war eine fürchterliche Hitze, und ein Schreien, Seufzen, Stöhnen, Quäken, Greinen, Quirilieren – und durch all diese entsetzlichen Töne drang vernehmbar jene fatale Melodie des Liedes von der ungeweinten Träne.

KAPITEL II

Sie war liebenswürdig, und er liebte sie; er aber
war nicht liebenswürdig, und sie liebte ihn nicht.
(Altes Stück)

Madame! Das alte Stück ist eine Tragödie, obschon der Held darin weder ermordet wird, noch sich selbst ermordet. Die Augen der Heldin sind schön, sehr schön – Madame, riechen Sie nicht Veilchenduft? – sehr schön, und doch so scharfgeschliffen, daß sie mir wie gläserne Dolche durch das Herz drangen, und gewiß aus meinem Rücken wieder herausguckten – aber ich starb doch nicht an diesen meuchelmörderischen Augen. Die Stimme der Heldin ist auch schön – Madame, hörten Sie nicht eben eine Nachtigall schlagen? – eine schöne, seidne Stimme, ein süßes Gespinst der sonnigsten Töne, und meine Seele ward darin verstrickt und würgte sich und quälte sich. Ich selbst – es ist der Graf vom Ganges, der jetzt spricht, und die Geschichte spielt in Venedig – ich selbst hatte mal dergleichen Quälereien satt, und dachte schon im ersten Akte dem Spiel ein Ende zu machen, und die Schellenkappe mitsamt dem

Kopfe herunter zu schießen, und ich ging nach einem Galanterie-
laden auf der Via Burstah, wo ich ein paar schöne Pistolen in einem
Kasten ausgestellt fand – ich erinnere mich dessen noch sehr gut, es
standen daneben viel freudige Spielsachen von Perlemutter und
Gold, eiserne Herzen an güldenen Kettlein, Porzellantassen mit
zärtlichen Devisen, Schnupftabaksdosen mit hübschen Bildern,
z. B. die göttliche Geschichte von der Susanna, der Schwanengesang
der Leda, der Raub der Sabinerinnen, die Lukrezia, das dicke Tu-
gendmensch mit dem entblößten Busen, in den sie sich den Dolch
nachträglich hineinstößt, die selige Bethmann, la belle ferroniére,
lauter lockende Gesichter – aber ich kaufte doch die Pistolen, ohne
viel zu dingen, und dann kauft ich Kugeln, dann Pulver, und dann
ging ich in den Keller des Signor Unbescheiden, und ließ mir Austern und ein Glas Rheinwein vorstellen –.

Essen konnt ich nicht und trinken noch viel weniger. Die heißen
Tropfen fielen ins Glas, und im Glas sah ich die liebe Heimat, den
blauen, heiligen Ganges, den ewig strahlenden Himalaya, die riesigen Banianenwälder, in deren weiten Laubgängen die klugen Elefanten und die weißen Pilger ruhig wandelten, seltsam träumerische
Blumen sahen mich an, heimlich mahnend, goldne Wundervögel
jubelten wild, flimmernde Sonnenstrahlen und süßnärrische Laute
von lachenden Affen neckten mich lieblich, aus fernen Pagoden er-
tönten die frommen Priestergebete, und dazwischen klang die
schmelzend klagende Stimme der Sultanin von Delhi – in ihrem
Teppichgemache rannte sie stürmisch auf und nieder, sie zerriß ihren silbernen Schleier, sie stieß zu Boden die schwarze Sklavin mit
dem Pfauenwedel, sie weinte, sie tobte, sie schrie – Ich konnte sie
aber nicht verstehen, der Keller des Signor Unbescheiden ist 3000
Meilen entfernt vom Harem zu Delhi, und dazu war die schöne Sultanin schon tot seit 3000 Jahren – und ich trank hastig den Wein,
den hellen, freudigen Wein, und doch wurde es in meiner Seele immer dunkler und trauriger – Ich war zum Tode verurteilt – – –
– –
– – – – – – – – – – – – – – – – – – – –

Als ich die Kellertreppe wieder hinaufstieg, hörte ich das Arme-
sünderglöckchen läuten, die Menschenmenge wogte vorüber; ich
aber stellte mich an die Ecke der Strada San Giovanni und hielt folgenden Monolog:

In alten Märchen gibt es goldne Schlösser,
Wo Harfen klingen, schöne Jungfrau tanzen,
Und schmucke Diener blitzen, und Jasmin
Und Myrt und Rosen ihren Duft verbreiten –
Und doch ein einziges Entzaubrungswort
Macht all die Herrlichkeit im Nu zerstieben,
Und übrig bleibt nur alter Trümmerschutt
Und krächzend Nachtgevögel und Morast.
So hab auch ich, mit einem einzgen Worte,
Die ganze blühende Natur entzaubert.
Da liegt sie nun, leblos und kalt und fahl,
Wie eine aufgeputzte Königsleiche,
Der man die Backenknochen rot gefärbt
Und in die Hand ein Zepter hat gelegt.
Die Lippen aber schauen gelb und welk,
Weil man vergaß, sie gleichfalls rot zu schminken,
Und Mäuse springen um die Königsnase,
Und spotten frech des großen, goldnen Zepters. –

Es ist allgemein rezipiert, Madame, daß man einen Monolog hält,
ehe man sich totschießt. Die meisten Menschen benutzen bei solcher Gelegenheit das hamletische »Sein oder Nichtsein«. Es ist eine
gute Stelle, und ich hätte sie hier auch gern zitiert – aber, jeder ist
sich selbst der Nächste, und hat man, wie ich, ebenfalls Tragödien
geschrieben, worin solche Lebensabiturienten-Reden enthalten
sind, z. B. den unsterblichen »Almansor«, so ist es sehr natürlich, daß
man seinen eignen Worten, sogar vor den Shakespeareschen, den
Vorzug gibt. Auf jeden Fall sind solche Reden ein sehr nützlicher
Brauch; man gewinnt dadurch wenigstens Zeit – Und so geschah
es, daß ich an der Ecke der Strada San Giovanni etwas lange stehen
blieb – und als ich da stand, ein Verurteilter, der dem Tode geweiht
war, da erblickte ich plötzlich *sie!*
Sie trug ihr blauseidnes Kleid, und den rosaroten Hut, und ihr
Auge sah mich an so mild, so todbesiegend, so lebenschenkend –
Madame, Sie wissen wohl aus der römischen Geschichte, daß, wenn
die Vestalinnen im alten Rom auf ihrem Wege einem Verbrecher
begegneten, der zur Hinrichtung geführt wurde, so hatten sie das
Recht, ihn zu begnadigen, und der arme Schelm blieb am Leben. –
Mit einem einzigen Blick hat sie mich vom Tode gerettet, und ich
stand vor ihr wie neubelebt, wie geblendet vom Sonnenglanze ihrer Schönheit, und sie ging weiter – und ließ mich am Leben.

KAPITEL III

Und sie ließ mich am Leben, und ich lebe, und das ist die Hauptsache.

Mögen andre das Glück genießen, daß die Geliebte ihr Grabmal mit Blumenkränzen schmückt und mit Tränen der Treue benetzt – O, Weiber! Haßt mich, verlacht mich, bekorbt mich! aber laßt mich leben! Das Leben ist gar zu spaßhaft süß; und die Welt ist so lieblich verworren; sie ist der Traum eines weinberauschten Gottes, der sich aus der zechenden Götterversammlung à la française fortgeschlichen, und auf einem einsamen Stern sich schlafen gelegt, und selbst nicht weiß, daß er alles das auch erschafft, was er träumt – und die Traumgebilde gestalten sich oft buntscheckig toll, oft auch harmonisch vernünftig – die Ilias, Plato, die Schlacht bei Marathon, Moses, die Mediceische Venus, der Straßburger Münster, die Französische Revolution, Hegel, die Dampfschiffe usw. sind einzelne gute Gedanken in diesem schaffenden Gottestraum – aber es wird nicht lange dauern, und der Gott erwacht, und reibt sich die verschlafenen Augen, und lächelt – und unsre Welt ist zerronnen in nichts, ja, sie hat nie existiert.

Gleichviel! ich lebe. Bin ich auch nur das Schattenbild in einem Traum, so ist auch dieses besser als das kalte, schwarze, leere Nichtsein des Todes. Das Leben ist der Güter höchstes, und das schlimmste Übel ist der Tod. Mögen berlinische Gardeleutnants immerhin spötteln und es Feigheit nennen, daß der Prinz von Homburg zurückschaudert, wenn er sein offnes Grab erblickt – Heinrich Kleist hatte dennoch ebensoviel Courage wie seine hochbrüstigen, wohlgeschnürten Kollegen, und er hat es leider bewiesen. Aber alle kräftige Menschen lieben das Leben. Goethes Egmont scheidet nicht gern »von der freundlichen Gewohnheit des Daseins und Wirkens«. Immermanns Edwin hängt am Leben »wie 'n Kindlein an der Mutter Brüsten« und obgleich es ihm hart ankömmt, durch fremde Gnade zu leben, so fleht er dennoch um Gnade:

»Weil Leben, Atmen doch das Höchste ist.«

Wenn Odysseus in der Unterwelt den Achilleus als Führer toter Helden sieht, und ihn preist wegen seines Ruhmes bei den Lebendigen und seines Ansehens sogar bei den Toten, antwortet dieser:

»Nicht mir rede vom Tod ein Trostwort, edler Odysseus!
Lieber ja wollt ich das Feld als Tagelöhner bestellen
Einem dürftigen Mann, ohn Erbe und eigenen Wohlstand,
Als die sämtliche Schar der geschwundenen Toten beherrschen.«

Ja, als der Major Düvent den großen Israel Löwe auf Pistolen forderte und zu ihm sagte: »Wenn Sie sich nicht stellen, Herr Löwe, so sind Sie ein Hund«: da antwortete dieser: »Ich will lieber ein lebendiger Hund sein, als ein toter Löwe!« Und er hatte recht – Ich habe mich oft genug geschlagen, Madame, um dieses sagen zu dürfen – Gottlob! ich lebe! In meinen Adern kocht das rote Leben, unter meinen Füßen zuckt die Erde, in Liebesglut umschlinge ich Bäume und Marmorbilder, und sie werden lebendig in meiner Umarmung. Jedes Weib ist mir eine geschenkte Welt, ich schwelge in den Melodien ihres Antlitzes, und mit einem einzigen Blick meines Auges kann ich mehr genießen als andre, mit ihren sämtlichen Gliedmaßen, zeit ihres Lebens. Jeder Augenblick ist mir ja eine Unendlichkeit; ich messe nicht die Zeit mit der Brabanter, oder mit der kleinen Hamburger Elle, und ich brauche mir von keinem Priester ein zweites Leben versprechen zu lassen, da ich schon in diesem Leben genug erleben kann, wenn ich rückwärts lebe, im Leben der Vorfahren, und mir die Ewigkeit erobere im Reiche der Vergangenheit.

Und ich lebe! Der große Pulsschlag der Natur bebt auch in meiner Brust, und wenn ich jauchze, antwortet mir ein tausendfältiges Echo. Ich höre tausend Nachtigallen. Der Frühling hat sie gesendet, die Erde aus ihrem Morgenschlummer zu wecken, und die Erde schauert vor Entzücken, ihre Blumen sind die Hymnen, die sie in Begeisterung der Sonne entgegensingt – die Sonne bewegt sich viel zu langsam, ich möchte ihre Feuerrosse peitschen, damit sie schneller dahinjagen – Aber wenn sie zischend ins Meer hinabsinkt, und die große Nacht heraufsteigt, mit ihrem großen sehnsüchtigen Auge, o! dann durchbebt mich erst recht die rechte Lust, wie schmeichelnde Mädchen legen sich die Abendlüfte an mein brausendes Herz, und die Sterne winken, und ich erhebe mich, und schwebe über der kleinen Erde und den kleinen Gedanken der Menschen.

KAPITEL IV

Aber einst wird kommen der Tag, und die Glut in meinen Adern ist erloschen, in meiner Brust wohnt der Winter, seine weißen Flocken umflattern spärlich mein Haupt, und seine Nebel verschleiern mein Auge. In verwitterten Gräbern liegen meine Freunde, ich allein bin zurückgeblieben, wie ein einsamer Halm, den der Schnitter vergessen, ein neues Geschlecht ist hervorgeblüht mit neuen Wünschen und neuen Gedanken, voller Verwundrung höre ich neue Namen und neue Lieder, die alten Namen sind verschollen, und ich selbst bin verschollen, vielleicht noch von wenigen geehrt, von vielen verhöhnt, und von niemandem geliebt! Und es springen heran zu mir die rosenwangigen Knaben, und drücken mir die alte Harfe in die zitternde Hand, und sprechen lachend: Du hast schon lange geschwiegen, du fauler Graukopf, sing uns wieder Gesänge von den Träumen deiner Jugend.

Dann ergreif ich die Harfe, und die alten Freuden und Schmerzen erwachen, die Nebel zerrinnen, Tränen blühen wieder aus meinen toten Augen, es frühlingt wieder in meiner Brust, süße Töne der Wehmut beben in den Saiten der Harfe, ich sehe wieder den blauen Fluß und die marmornen Paläste, und die schönen Frauen- und Mädchengesichter – und ich singe ein Lied von den Blumen der Brenta.

Es wird mein letztes Lied sein, die Sterne werden mich anblicken wie in den Nächten meiner Jugend, das verliebte Mondlicht küßt wieder meine Wangen, die Geisterchöre verstorbener Nachtigallen flöten aus der Ferne, schlaftrunken schließen sich meine Augen, meine Seele verhallt wie die Töne meiner Harfe – es duften die Blumen der Brenta.

Ein Baum wird meinen Grabstein beschatten. Ich hätte gerne eine Palme, aber diese gedeiht nicht im Norden. Es wird wohl eine Linde sein, und sommerabends werden dort die Liebenden sitzen und kosen; der Zeisig, der sich lauschend in den Zweigen wiegt, ist verschwiegen, und meine Linde rauscht traulich über den Häuptern der Glücklichen, die so glücklich sind, daß sie nicht einmal Zeit haben zu lesen, was auf dem weißen Leichensteine geschrieben steht. Wenn aber späterhin der Liebende sein Mädchen verloren hat, dann kommt er wieder zu der wohlbekannten Linde, und seufzt und weint, und betrachtet den Leichenstein, lang und oft, und liest darauf die Inschrift: – Er liebte die Blumen der Brenta.

KAPITEL V

Madame! Ich habe Sie belogen. Ich bin nicht der Graf vom Ganges. Niemals im Leben sah ich den heiligen Strom, niemals die Lotosblumen, die sich in seinen frommen Wellen bespiegeln. Niemals lag ich träumend unter indischen Palmen, niemals lag ich betend vor dem Diamantengott zu Jagernaut, durch den mir doch leicht

geholfen wäre. Ich war ebensowenig jemals in Kalkutta wie der
Kalkuttenbraten, den ich gestern mittag gegessen. Aber ich stamme
aus Hindostan, und daher fühl ich mich so wohl in den breiten
Sangeswäldern Valmikis, die Heldenleiden des göttlichen Ramo
bewegen mein Herz wie ein bekanntes Weh, aus den Blumenlie-
dern Kalidasas blühn mir hervor die süßesten Erinnerungen, und
als vor einigen Jahren eine gütige Dame in Berlin mir die hübschen
Bilder zeigte, die ihr Vater, der lange Zeit Gouverneur in Indien
war, von dort mitgebracht, schienen mir die zart gemalten, heilig-
stillen Gesichter so wohlbekannt, und es war mir, als beschaute ich
meine eigne Familiengalerie.

Franz Bopp – Madame, Sie haben gewiß seinen »Nalus« und sein
»Konjugationssystem des Sanskrit« gelesen – gab mir manche Aus-
kunft über meine Ahnherren, und ich weiß jetzt genau, daß ich
aus dem Haupte Brahmas entsprossen bin, und nicht aus seinen
Hühneraugen; ich vermute sogar, daß der ganze Mahabharata mit
seinen 200000 Versen bloß ein allegorischer Liebesbrief ist, den
mein Urahnherr an meine Urältermutter geschrieben – O! sie lieb-
ten sich sehr, ihre Seelen küßten sich, sie küßten sich mit den Augen,
sie waren beide nur ein einziger Kuß –

Eine verzauberte Nachtigall sitzt auf einem roten Korallenbaum
im Stillen Ozean, und singt ein Lied von der Liebe meiner Ahnen,
neugierig blicken die Perlen aus ihren Muschelzellen, die wunder-
baren Wasserblumen schauern vor Wehmut, die klugen Meer-
schnecken, mit ihren bunten Porzellantürmchen auf dem Rücken,
kommen herangekrochen, die Seerosen erröten verschämt, die gelben, spitzigen Meersterne und die tausendfarbigen gläsernen Qual-
len regen und recken sich, und alles wimmelt und lauscht –

Doch, Madame, dieses Nachtigallenlied ist viel zu groß, um es
hierherzusetzen, es ist so groß, wie die Welt selbst, schon die Dedi-
kation an Anangas, den Gott der Liebe, ist so lang wie sämtliche
Walter-Scottsche Romane, und darauf bezieht sich eine Stelle im
Aristophanes, welche zu deutsch heißt:

> »Tiotio, tiotio, tiotinx,
> »Totototo, totototo, tototinx.«

(Vossische Übers.)

Nein, ich bin nicht geboren in Indien; das Licht der Welt er-
blickte ich an den Ufern jenes schönen Stromes, wo auf grünen
Bergen die Torheit wächst und im Herbste gepflückt, gekeltert, in
Fässer gegossen und ins Ausland geschickt wird – Wahrhaftig,

gestern bei Tische hörte ich jemanden eine Torheit sprechen, die Anno 1811 in einer Weintraube gesessen, welche ich damals selbst auf dem Johannisberge wachsen sah. – Viel Torheit wird aber auch im Lande selbst konsumiert, und die Menschen dort sind wie überall: – sie werden geboren, essen, trinken, schlafen, lachen, weinen, verleumden, sind ängstlich besorgt um die Fortpflanzung ihrer Gattung, suchen zu scheinen, was sie nicht sind, und zu tun, was sie nicht können, lassen sich nicht eher rasieren, als bis sie einen Bart haben, und haben oft einen Bart, ehe sie verständig sind, und wenn sie verständig sind, berauschen sie sich wieder mit weißer oder roter Torheit.

Mon dieu! Wenn ich doch so viel Glauben in mir hätte, daß ich Berge versetzen könnte – der Johannisberg wäre just derjenige Berg, den ich mir überall nachkommen ließe. Aber da mein Glaube nicht so stark ist, muß mir die Phantasie helfen und sie versetzt mich selbst nach dem schönen Rhein.

O, da ist ein schönes Land, voll Lieblichkeit und Sonnenschein. Im blauen Strome spiegeln sich die Bergesufer mit ihren Burgruinen und Waldungen und altertümlichen Städten – Dort vor der Haustür sitzen die Bürgersleute des Sommerabends, und trinken aus großen Kannen, und schwatzen vertraulich: wie der Wein, Gottlob! gedeiht, und wie die Gerichte durchaus öffentlich sein müssen, und wie die Maria Antoinette so mir nichts dir nichts guillotiniert worden, und wie die Tabaksregie den Tabak verteuert, und wie alle Menschen gleich sind, und wie der Görres ein Hauptkerl ist.

Ich habe mich nie um dergleichen Gespräche bekümmert, und saß lieber bei den Mädchen am gewölbten Fenster, und lachte über ihr Lachen, und ließ mich mit Blumen ins Gesicht schlagen, und stellte mich böse, bis sie mir ihre Geheimnisse oder irgendeine andre wichtige Geschichte erzählten. Die schöne Gertrud war bis zum Tollwerden vergnügt, wenn ich mich zu ihr setzte; es war ein Mädchen wie eine flammende Rose, und als sie mir einst um den Hals fiel, glaubte ich, sie würde verbrennen und verduften in meinen Armen. Die schöne Katharine zerfloß in klingender Sanftheit, wenn sie mit mir sprach, und ihre Augen waren von einem so reinen, innigen Blau, wie ich es noch nie bei Menschen und Tieren, und nur selten bei Blumen gefunden; man sah gern hinein und konnte sich so recht viel Süßes dabei denken. Aber die schöne Hedwig liebte mich; denn wenn ich zu ihr trat, beugte sie das Haupt zur Erde, so daß die schwarzen Locken über das errötende

Gesicht herabfielen, und die glänzenden Augen wie Sterne aus dunkelem Himmel hervorleuchteten. Ihre verschämten Lippen sprachen kein Wort, und auch ich konnte ihr nichts sagen. Ich hustete und sie zitterte. Sie ließ mich manchmal durch ihre Schwester bitten, nicht so rasch die Felsen zu besteigen, und nicht im Rheine zu baden, wenn ich mich heiß gelaufen oder getrunken. Ich behorchte mal ihr andächtiges Gebet vor dem Marienbildchen, das mit Goldflittern geziert und von einem brennenden Lämpchen umflittert, in einer Nische der Hausflur stand; ich hörte deutlich, wie sie die Muttergottes bat: ihm das Klettern, Trinken und Baden zu verbieten. Ich hätte mich gewiß in das schöne Mädchen verliebt, wenn sie gleichgültig gegen mich gewesen wäre; und ich war gleichgültig gegen sie, weil ich wußte, daß sie mich liebte – Madame, wenn man von mir geliebt sein will, muß man mich en canaille behandeln.

Die schöne Johanna war die Base der drei Schwestern, und ich setzte mich gern zu ihr. Sie wußte die schönsten Sagen, und wenn sie mit der weißen Hand zum Fenster hinauszeigte, nach den Bergen, wo alles passiert war, was sie erzählte, so wurde mir ordentlich verzaubert zu Mute, die alten Ritter stiegen sichtbar aus den Burgruinen und zerhackten sich die eisernen Kleider, die Lore-Ley stand wieder auf der Bergesspitze und sang hinab ihr süß verderbliches Lied, und der Rhein rauschte so vernünftig, beruhigend und doch zugleich neckend schauerlich – und die schöne Johanne sah mich an so seltsam, so heimlich, so rätselhaft traulich, als gehörte sie selbst zu den Märchen, wovon sie eben erzählte. Sie war ein schlankes, blasses Mädchen, sie war todkrank und sinnend, ihre Augen waren klar wie die Wahrheit selbst, ihre Lippen fromm gewölbt, in den Zügen ihres Antlitzes lag eine große Geschichte, aber es war eine heilige Geschichte – Etwa eine Liebeslegende? Ich weiß nicht, und ich hatte auch nie den Mut, sie zu fragen. Wenn ich sie lange ansah, wurde ich ruhig und heiter, es ward mir, als sei stiller Sonntag in meinem Herzen und die Engel darin hielten Gottesdienst.

In solchen guten Stunden erzählte ich ihr Geschichten aus meiner Kindheit, und sie hörte immer ernsthaft zu, und seltsam! wenn ich mich nicht mehr auf die Namen besinnen konnte, so erinnerte sie mich daran. Wenn ich sie alsdann mit Verwunderung fragte: woher sie die Namen wisse? so gab sie lächelnd zur Antwort, sie habe sie von den Vögeln erfahren, die an den Fliesen ihres Fensters nisteten – und sie wollte mich gar glauben machen, dieses seien die

nämlichen Vögel, die ich einst als Knabe mit meinem Taschengelde
den hartherzigen Bauerjungen abgekauft habe, und dann frei fort-
fliegen lassen. Ich glaube aber, sie wußte alles, weil sie so blaß war
und wirklich bald starb. Sie wußte auch, wann sie sterben würde,
und wünschte, daß ich Andernacht den Tag vorher verlassen
möchte. Beim Abschied gab sie mir beide Hände – es waren weiße,
süße Hände, und rein wie eine Hostie – und sie sprach: Du bist sehr
gut, und wenn du böse wirst, so denke wieder an die kleine, tote
Veronika.

Haben ihr die geschwätzigen Vögel auch diesen Namen ver-
raten? Ich hatte mir in erinnerungssüchtigen Stunden so oft den
Kopf zerbrochen und konnte mich nicht mehr auf den lieben
Namen erinnern.

Jetzt, da ich ihn wieder habe, will mir auch die früheste Kindheit
wieder im Gedächtnisse hervorblühen, und ich bin wieder ein Kind
und spiele mit andern Kindern auf dem Schloßplatze zu Düsseldorf
am Rhein.

KAPITEL VI

Ja, Madame, dort bin ich geboren, und ich bemerke dieses ausdrücklich für den Fall, daß etwa, nach meinem Tode, sieben
Städte – Schilda, Krähwinkel, Polkwitz, Bockum, Dülken, Göttingen und Schöppenstädt – sich um die Ehre streiten, meine Vaterstadt zu sein. Düsseldorf ist eine Stadt am Rhein, es leben da 16000
Menschen, und viele hunderttausend Menschen liegen noch außerdem da begraben. Und darunter sind manche, von denen meine
Mutter sagt, es wäre besser, sie lebten noch, z. B. mein Großvater
und mein Oheim, der alte Herr v. Geldern und der junge Herr
v. Geldern, die beide so berühmte Doktoren waren, und so viele
Menschen vom Tode kuriert, und doch selber sterben mußten. Und
die fromme Ursula, die mich als Kind auf den Armen getragen,
liegt auch dort begraben, und es wächst ein Rosenstrauch auf
ihrem Grab – Rosenduft liebte sie so sehr im Leben und ihr Herz
war lauter Rosenduft und Güte. Auch der alte kluge Kanonikus
liegt dort begraben. Gott, wie elend sah er aus, als ich ihn zuletzt
sah! Er bestand nur noch aus Geist und Pflastern, und studierte
dennoch Tag und Nacht, als wenn er besorgte, die Würmer möchten einige Ideen zu wenig in seinem Kopfe finden. Auch der kleine
Wilhelm liegt dort, und daran bin ich schuld. Wir waren Schul-
kameraden im Franziskanerkloster und spielten auf jener Seite des-

selben, wo zwischen steinernen Mauern die Düssel fließt, und ich sagte: »Wilhelm, hol doch das Kätzchen, das eben hineingefallen« – und lustig stieg er hinab auf das Brett, das über dem Bach lag, riß das Kätzchen aus dem Wasser, fiel aber selbst hinein, und als man ihn herauszog, war er naß und tot. Das Kätzchen hat noch lange Zeit gelebt.

Die Stadt Düsseldorf ist sehr schön, und wenn man in der Ferne an sie denkt und zufällig dort geboren ist, wird einem wunderlich zu Mute. Ich bin dort geboren, und es ist mir, als müßte ich gleich nach Hause gehn. Und wenn ich sage nach Hause gehn, so meine ich die Bolkerstraße und das Haus, worin ich geboren bin. Dieses Haus wird einst sehr merkwürdig sein, und der alten Frau, die es besitzt, habe ich sagen lassen, daß sie bei Leibe das Haus nicht verkaufen solle. Für das ganze Haus bekäme sie jetzt doch kaum so viel wie schon allein das Trinkgeld betragen wird, das einst die grünverschleierten, vornehmen Engländerinnen dem Dienstmädchen geben, wenn es ihnen die Stube zeigt, worin ich das Licht der Welt erblickt, und den Hühnerwinkel, worin mich Vater gewöhnlich einsperrte, wenn ich Trauben genascht, und auch die braune Türe, worauf Mutter mich die Buchstaben mit Kreide schreiben lehrte – ach Gott! Madame, wenn ich ein berühmter Schriftsteller werde, so hat das meiner armen Mutter genug Mühe gekostet.

Aber mein Ruhm schläft jetzt noch in den Marmorbrüchen von Carrara, der Makulatur-Lorbeer, womit man meine Stirne geschmückt, hat seinen Duft noch nicht durch die ganze Welt verbreitet, und wenn jetzt die grünverschleierten, vornehmen Engländerinnen nach Düsseldorf kommen, so lassen sie das berühmte Haus noch unbesichtigt und gehen direkt nach dem Marktplatz und betrachten die dort in der Mitte stehende, schwarze, kolossale Reuterstatue. Diese soll den Kurfürsten Jan Wilhelm vorstellen. Er trägt einen schwarzen Harnisch, eine tief herabhängende Allongeperücke – Als Knabe hörte ich die Sage, der Künstler, der diese Statue gegossen, habe während des Gießens mit Schrecken bemerkt, daß sein Metall nicht dazu ausreiche, und da wären die Bürger der Stadt herbeigelaufen, und hätten ihm ihre silbernen Löffel gebracht, um den Guß zu vollenden – und nun stand ich stundenlang vor dem Reuterbilde, und zerbrach mir den Kopf: wie viel silberne Löffel wohl darin stecken mögen, und wie viel Apfeltörtchen man wohl für all das Silber bekommen könnte? Apfeltörtchen waren nämlich damals meine Passion – jetzt ist es Liebe, Wahrheit, Freiheit und Krebssuppe – und eben unweit des Kurfürstenbildes, an der

Theaterecke, stand gewöhnlich der wunderlich gebackene, säbelbeinige Kerl, mit der weißen Schürze und dem umgehängten Korbe voll lieblich dampfender Apfeltörtchen, die er mit einer unwiderstehlichen Diskantstimme anzupreisen wußte: »Die Apfeltörtchen sind ganz frisch, eben aus dem Ofen, riechen so delikat« – Wahrlich, wenn in meinen späteren Jahren der Versucher mir beikommen wollte, so sprach er mit solcher lockenden Diskantstimme, und bei Signora Giulietta wäre ich keine volle zwölf Stunden geblieben, wenn sie nicht den süßen, duftenden Apfeltörtchenton angeschlagen hätte. Und wahrlich, nie würden Apfeltörtchen mich so sehr angereizt haben, hätte der krumme Hermann sie nicht so geheimnisvoll mit seiner weißen Schürze bedeckt – und die Schürzen sind es, welche – doch sie bringen mich ganz aus dem Kontext, ich sprach ja von der Reuterstatue, die so viel silberne Löffel im Leibe hat, und keine Suppe, und den Kurfürsten Jan Wilhelm darstellt.

Er soll ein braver Herr gewesen sein, und sehr kunstliebend, und selbst sehr geschickt. Er stiftete die Gemäldegalerie in Düsseldorf, und auf dem dortigen Observatorium zeigt man noch einen überaus künstlichen Einschachtelungsbecher von Holz, den er selbst in seinen Freistunden – er hatte deren täglich vierundzwanzig – geschnitzelt hat.

Damals waren die Fürsten noch keine geplagte Leute wie jetzt, und die Krone war ihnen am Kopfe festgewachsen, und des Nachts zogen sie noch eine Schlafmütze darüber, und schliefen ruhig, und ruhig zu ihren Füßen schliefen die Völker, und wenn diese des Morgens erwachten, so sagten sie: »Guten Morgen, Vater!« – und jene antworteten: »Guten Morgen, liebe Kinder!«

Aber es wurde plötzlich anders; als wir eines Morgens zu Düsseldorf erwachten, und »Guten Morgen, Vater!« sagen wollten, da war der Vater abgereist, und in der ganzen Stadt war nichts als stumpfe Beklemmung, es war überall eine Art Begräbnisstimmung, und die Leute schlichen schweigend nach dem Markte, und lasen den langen papiernen Anschlag auf der Türe des Rathauses. Es war ein trübes Wetter, und der dünne Schneider Kilian stand dennoch in seiner Nanquinjacke, die er sonst nur im Hause trug, und die blauwollnen Strümpfe hingen ihm herab, daß die nackten Beinchen betrübt hervorguckten, und seine schmalen Lippen bebten, während er das angeschlagene Plakat vor sich hin murmelte. Ein alter pfälzischer Invalide las etwas lauter, und bei manchem Worte träufelte ihm eine klare Träne in den weißen, ehrlichen Schnauz-

bart. Ich stand neben ihm und weinte mit, und frug ihn: warum
wir weinten? Und da antwortete er: »Der Kurfürst läßt sich bedanken.« Und dann las er wieder, und bei den Worten: »für die be-
währte Untertanstreue« »und entbinden Euch Eurer Pflichten«, da
weinte er noch stärker – Es ist wunderlich anzusehen, wenn so ein
alter Mann mit verblichener Uniform und vernarbtem Soldaten-
gesicht plötzlich so stark weint. Während wir lasen, wurde auch
das kurfürstliche Wappen vom Rathause heruntergenommen, alles
gestaltete sich so beängstigend öde, es war, als ob man eine Sonnenfinsternis erwarte, die Herren Ratsherren gingen so abgedankt und
langsam umher, sogar der allgewaltige Gassenvogt sah aus, als
wenn er nichts mehr zu befehlen hätte, und stand da so friedlich-
gleichgültig, obgleich der tolle Alouisius sich wieder auf ein Bein
stellte und mit närrischer Grimasse die Namen der französischen
Generale herschnatterte, während der besoffene, krumme Gumpertz sich in der Gosse herumwälzte und »Ça ira, ça ira!« sang.

Ich aber ging nach Hause, und weinte und klagte: »Der Kurfürst
läßt sich bedanken.« Meine Mutter hatte ihre liebe Not, ich wußte
was ich wußte, ich ließ mir nichts ausreden, ich ging weinend zu
Bette, und in der Nacht träumte mir: die Welt habe ein Ende – die
schönen Blumengärten und grünen Wiesen wurden wie Teppiche
vom Boden aufgenommen und zusammengerollt, der Gassenvogt
stieg auf eine hohe Leiter und nahm die Sonne vom Himmel herab,
der Schneider Kilian stand dabei und sprach zu sich selber: »Ich
muß nach Hause gehn und mich hübsch anziehn, denn ich bin tot,
und soll noch heute begraben werden« – und es wurde immer
dunkler, spärlich schimmerten oben einige Sterne, und auch diese
fielen herab wie gelbe Blätter im Herbste, allmählich verschwanden die Menschen, ich armes Kind irrte ängstlich umher, stand endlich vor der Weidenhecke eines wüsten Bauerhofes und sah dort
einen Mann, der mit dem Spaten die Erde aufwühlte, und neben
ihm ein häßlich hämisches Weib, das etwas wie einen abgeschnit-
tenen Menschenkopf in der Schürze hielt, und das war der Mond,
und sie legte ihn ängstlich sorgsam in die offne Grube – und hinter
mir stand der pfälzische Invalide und schluchzte und buchstabierte:
»Der Kurfürst läßt sich bedanken.«

Als ich erwachte, schien die Sonne wieder wie gewöhnlich durch
das Fenster, auf der Straße ging die Trommel, und als ich in unsre
Wohnstube trat und meinem Vater, der im weißen Pudermantel
saß, einen guten Morgen bot, hörte ich, wie der leichtfüßige Fri-
seur ihm während des Frisierens haarklein erzählte: daß heute auf

dem Rathause dem neuen Großherzog Joachim gehuldigt werde,
und daß dieser von der besten Familie sei, und die Schwester des
Kaisers Napoleon zur Frau bekommen, und auch wirklich viel An-
stand besitze, und sein schönes schwarzes Haar in Locken trage,
und nächstens seinen Einzug halten und sicher allen Frauenzimmern gefallen müsse. Unterdessen ging das Getrommel, draußen
auf der Straße, immer fort, und ich trat vor die Haustür und besah
die einmarschierenden französischen Truppen, das freudige Volk
des Ruhmes, das singend und klingend die Welt durchzog, die
heiter-ernsten Grenadiergesichter, die Bärenmützen, die dreifarbi-
gen Kokarden, die blinkenden Bajonette, die Voltigeurs voll Lustigkeit und Point d'honneur, und den allmächtig großen, silber-
gestickten Tambour-Major, der seinen Stock mit dem vergoldeten
Knopf bis an die erste Etage werfen konnte und seine Augen sogar
bis zur zweiten Etage – wo ebenfalls schöne Mädchen am Fenster
saßen. Ich freute mich, daß wir Einquartierung bekämen – meine
Mutter freute sich nicht – und ich eilte nach dem Marktplatz. Da
sah es jetzt ganz anders aus, es war, als ob die Welt neu angestrichen
worden, ein neues Wappen hing am Rathause, das Eisengeländer
an dessen Balkon war mit gestickten Samtdecken überhängt,
französische Grenadiere standen Schildwache, die alten Herren
Ratsherren hatten neue Gesichter angezogen und trugen ihre Sonn-
tagsröcke, und sahen sich an auf französisch und sprachen bon jour,
aus allen Fenstern guckten. Damen, neugierige Bürgersleute und
blanke Soldaten füllten den Platz, und ich nebst andern Knaben,
wir kletterten auf das große Kurfürstenpferd und schauten davon
herab auf das bunte Marktgewimmel.

Nachbars-Pitter und der lange Kurz hätten bei dieser Gelegenheit
beinah den Hals gebrochen, und das wäre gut gewesen; denn der
eine entlief nachher seinen Eltern, ging unter die Soldaten, deser-
tierte, und wurde in Mainz totgeschossen, der andre aber machte
späterhin geographische Untersuchungen in fremden Taschen,
wurde deshalb wirkendes Mitglied einer öffentlichen Spinnanstalt,
zerriß die eisernen Bande, die ihn an diese und an das Vaterland
fesselten, kam glücklich über das Wasser, und starb in London
durch eine allzu enge Krawatte, die sich von selbst zugezogen, als
ihm ein königlicher Beamter das Brett unter den Beinen wegriß.

Der lange Kurz sagte uns, daß heute keine Schule sei, wegen der
Huldigung. Wir mußten lange warten, bis diese losgelassen wurde.
Endlich füllte sich der Balkon des Rathauses mit bunten Herren,
Fahnen und Trompeten, und der Herr Bürgermeister, in seinem

berühmten roten Rock, hielt eine Rede, die sich etwas in die Länge
zog, wie Gummi-Elastikum oder wie eine gestrickte Schlafmütze,
in die man einen Stein geworfen – nur nicht den Stein der Weisen – und manche Redensarten konnte ich ganz deutlich vernehmen, z. B. daß man uns glücklich machen wolle – und beim letzten Worte wurden die Trompeten geblasen, und die Fahnen ge-
schwenkt, und die Trommel gerührt, und Vivat gerufen – und
während ich selber Vivat rief, hielt ich mich fest an den alten Kurfürsten. Und das tat not, denn mir wurde ordentlich schwindlig,
ich glaubte schon, die Leute ständen auf den Köpfen, weil sich die
Welt herumgedreht, das Kurfürstenhaupt mit der Allongeperücke
nickte und flüsterte: »Halt fest an mir!« – und erst durch das Kano-
nieren, das jetzt auf dem Walle losging, ernüchterte ich mich, und
stieg vom Kurfürstenpferd langsam wieder herab.

Als ich nach Hause ging, sah ich wieder, wie der tolle Alouisius
auf einem Beine tanzte, während er die Namen der französischen
Generale schnarrte, und wie sich der krumme Gumpertz besoffen in
der Gosse herumwälzte und »Ça ira, ça ira« brüllte, und zu meiner
Mutter sagte ich: »Man will uns glücklich machen, und deshalb ist
heute keine Schule.«

KAPITEL VII

Den andern Tag war die Welt wieder ganz in Ordnung und es
war wieder Schule, nach wie vor, und es wurde wieder auswendig
gelernt, nach wie vor – die römischen Könige, die Jahreszahlen,
die nomina auf im, die verba irregularia, Griechisch, Hebräisch,
Geographie, deutsche Sprache, Kopfrechnen, – Gott! der Kopf
schwindelt mir noch davon – alles mußte auswendig gelernt werden. Und manches davon kam mir in der Folge zu Statten. Denn
hätte ich nicht die römischen Könige auswendig gewußt, so wäre
es mir ja späterhin ganz gleichgültig gewesen, ob Niebuhr bewiesen
oder nicht bewiesen hat, daß sie niemals wirklich existiert haben.
Und wußte ich nicht jene Jahrszahlen, wie hätte ich mich späterhin
zurechtfinden wollen in dem großen Berlin, wo ein Haus dem
andern gleicht, wie ein Tropfen Wasser oder wie ein Grenadier
dem andern, und wo man seine Bekannten nicht zu finden vermag,
wenn man nicht ihre Hausnummer im Kopfe hat; ich dachte mir
damals bei jedem Bekannten zugleich eine historische Begebenheit,
deren Jahreszahl mit seiner Hausnummer übereinstimmte, so daß
ich mich dieser leicht erinnern konnte, wenn ich jener gedachte,

und daher kam mir auch immer eine historische Begebenheit in den
Sinn, sobald ich einen Bekannten erblickte. So z. B. wenn mir mein
Schneider begegnete, dachte ich gleich an die Schlacht bei Marathon, begegnete mir der wohlgeputzte Bankier Christian Gumpel,
so dachte ich gleich an die Zerstörung Jerusalems, erblickte ich
einen stark verschuldeten portugiesischen Freund, so dachte ich
gleich an die Flucht Mahomets, sah ich den Universitätsrichter,
einen Mann, dessen strenge Rechtlichkeit bekannt ist, so dachte ich
gleich an den Tod Hamans, sobald ich Wadzeck sah, dachte ich
gleich an die Kleopatra – Ach, lieber Himmel, das arme Vieh ist
jetzt tot, die Tränensäckchen sind vertrocknet, und man kann mit
Hamlet sagen: Nehmt alles in allem, es war ein altes Weib, wir werden noch oft seines gleichen haben! Wie gesagt, die Jahreszahlen
sind durchaus nötig, ich kenne Menschen, die gar nichts als ein
paar Jahreszahlen im Kopfe hatten, und damit in Berlin die rechten
Häuser zu finden wußten, und jetzt schon ordentliche Professoren
sind. Ich aber hatte in der Schule meine Not mit den vielen Zahlen!
Mit dem eigentlichen Rechnen ging es noch schlechter. Am besten
begriff ich das Subtrahieren, und da gibt es eine sehr praktische
Hauptregel: »Vier von drei geht nicht, da muß ich eins borgen« –
ich rate aber jedem, in solchen Fällen immer einige Groschen mehr
zu borgen; denn man kann nicht wissen.

Was aber das Lateinische betrifft, so haben Sie gar keine Idee davon, Madame, wie das verwickelt ist. Den Römern würde gewiß
nicht Zeit genug übriggeblieben sein, die Welt zu erobern, wenn
sie das Latein erst hätten lernen sollen. Diese glücklichen Leute wußten schon in der Wiege, welche Nomina den Akkusativ auf im haben. Ich hingegen mußte sie im Schweiße meines Angesichts auswendig lernen; aber es ist doch immer gut, daß ich sie weiß. Denn
hätte ich z. B. den 20sten Juli 1825, als ich öffentlich in der Aula zu
Göttingen lateinisch disputierte – Madame, es war der Mühe wert
zuzuhören – hätte ich da sinapem statt sinapim gesagt, so würden es
vielleicht die anwesenden Füchse gemerkt haben, und das wäre für
mich eine ewige Schande gewesen. Vis, buris, sitis, tussis, cucumis,
amussis, cannabis, sinapis – Diese Wörter, die so viel Aufsehen in
der Welt gemacht haben, bewirkten dieses, indem sie sich zu einer
bestimmten Klasse schlugen und dennoch eine Ausnahme blieben;
deshalb achte ich sie sehr, und daß ich sie bei der Hand habe, wenn
ich sie etwa plötzlich brauchen sollte, das gibt mir in manchen trüben Stunden des Lebens viel innere Beruhigung und Trost. Aber,
Madame, die verba irregularia – sie unterscheiden sich von den ver-

bis regularibus dadurch, daß man bei ihnen noch mehr Prügel bekömmt – sie sind gar entsetzlich schwer. In den dumpfen Bogen-
gängen des Franziskanerklosters, unfern der Schulstube, hing damals ein großer, gekreuzigter Christus von grauem Holze, ein wüstes Bild, das noch jetzt zuweilen des Nachts durch meine Träume
schreitet, und mich traurig ansieht mit starren, blutigen Augen –
vor diesem Bilde stand ich oft und betete: O du armer, ebenfalls
gequälter Gott, wenn es dir nur irgend möglich ist, so sieh doch zu,.
daß ich die verba irregularia im Kopfe behalte.

Vom Griechischen will ich gar nicht sprechen; ich ärgere mich
sonst zu viel. Die Mönche im Mittelalter hatten so ganz unrecht
nicht, wenn sie behaupteten, daß das Griechische eine Erfindung
des Teufels sei. Gott kennt die Leiden, die ich dabei ausgestanden.
Mit dem Hebräischen ging es besser, denn ich hatte immer eine große Vorliebe für die Juden, obgleich sie, bis auf diese Stunde, meinen
guten Namen kreuzigen; aber ich konnte es doch im Hebräischen
nicht so weit bringen wie meine Taschenuhr, die viel intimen Umgang mit Pfänderverleihern hatte, und dadurch manche jüdische
Sitte annahm – z. B. des Sonnabends ging sie nicht – und die heilige
Sprache lernte, und sie auch späterhin grammatisch trieb; wie ich
denn oft, in schlaflosen Nächten, mit Erstaunen hörte, daß sie
beständig vor sich hin pickerte: katal, katalta, katalti – kittel, kittalta,
kittalti – – pokat, pokadeti – pikat– pik – pik – –

Indessen von der deutschen Sprache begriff ich viel mehr, und
die ist doch nicht so gar kinderleicht. Denn wir armen Deutschen,
die wir schon mit Einquartierungen, Militärpflichten, Kopfsteuern
und tausenderlei Abgaben genug geplagt sind, wir haben uns noch
obendrein den Adelung aufgesackt und quälen uns einander mit
dem Akkusativ und Dativ. Viel deutsche Sprache lernte ich vom
alten Rektor Schallmeyer, einem braven geistlichen Herrn, der sich
meiner von Kind auf annahm. Aber ich lernte auch etwas der Art
von dem Professor Schramm, einem Manne, der ein Buch über den
ewigen Frieden geschrieben hat, und in dessen Klasse sich meine
Mitbuben am meisten rauften.

Während ich in einem Zuge fort schrieb und allerlei dabei dachte,
habe ich mich unversehens in die alten Schulgeschichten hineinge-
schwatzt, und ich ergreife diese Gelegenheit, um Ihnen zu zeigen,
Madame, wie es nicht meine Schuld war, wenn ich von der Geographie so wenig lernte, daß ich mich späterhin nicht in der Welt
zurechtzufinden wußte. Damals hatten nämlich die Franzosen alle
Grenzen verrückt, alle Tage wurden die Länder neu illuminiert,

die sonst blau gewesen, wurden jetzt plötzlich grün, manche wurden sogar blutrot, die bestimmten Lehrbuchseelen wurden so sehr vertauscht und vermischt, daß kein Teufel sie mehr erkennen konnte, die Landesprodukte änderten sich ebenfalls, Zichorien und Runkelrüben wuchsen jetzt, wo sonst nur Hasen und hinterherlaufende Landjunker zu sehen waren, auch die Charaktere der Völker änderten sich, die Deutschen wurden gelenkig, die Franzosen machten keine Komplimente mehr, die Engländer warfen das Geld nicht mehr zum Fenster hinaus, und die Venezianer waren nicht schlau genug, unter den Fürsten gab es viel Avancement, die alten Könige bekamen neue Uniformen, neue Königtümer wurden gebacken und hatten Absatz wie frische Semmel, manche Potentaten hingegen wurden von Haus und Hof gejagt, und mußten auf andre Art ihr Brot zu verdienen suchen, und einige legten sich daher früh auf ein Handwerk und machten z. B. Siegellack oder – Madame, diese Periode hat endlich ein Ende, der Atem wollte mir ausgehen – kurz und gut, in solchen Zeiten kann man es in der Geographie nicht weit bringen.

Da hat man es doch besser in der Naturgeschichte, da können nicht so viele Veränderungen vorgehen, und da gibt es bestimmte Kupferstiche von Affen, Kinguruhs, Zebras, Nashornen usw. Weil mir solche Bilder im Gedächtnisse blieben, geschah es in der Folge sehr oft, daß mir manche Menschen beim ersten Anblick gleich wie alte Bekannte vorkamen.

Auch in der Mythologie ging es gut. Ich hatte meine liebe Freude an dem Göttergesindel, das so lustig nackt die Welt regierte. Ich glaube nicht, daß jemals ein Schulknabe im alten Rom die Hauptartikel seines Katechismus, z. B. die Liebschaften der Venus, besser auswendig gelernt hat, als ich. Aufrichtig gestanden, da wir doch einmal die alten Götter auswendig lernen mußten, so hätten wir sie auch behalten sollen, und wir haben vielleicht nicht viel Vorteil bei unserer neurömischen Dreigötterei, oder gar bei unserem jüdischen Eingötzentum. Vielleicht war jene Mythologie im Grunde nicht so unmoralisch, wie man sie verschrien hat; es ist z. B. ein sehr anständiger Gedanke des Homers, daß er jener vielbeliebten Venus einen Gemahl zur Seite gab.

Am allerbesten aber erging es mir in der französischen Klasse des Abbé d'Aulnoi, eines emigrierten Franzosen, der eine Menge Grammatiken geschrieben und eine rote Perücke trug, und gar pfiffig umhersprang, wenn er seine Art poétique und seine Histoire allemande vortrug – Er war im ganzen Gymnasium der einzige, wel-

cher deutsche Geschichte lehrte. Indessen auch das Französische hat
seine Schwierigkeiten, und zur Erlernung desselben gehört viel
Einquartierung, viel Getrommel, viel apprendre par cœur, und vor
allem darf man keine Bête allemande sein. Da gab es manches saure
Wort, ich erinnere mich noch so gut, als wäre es erst gestern geschehen, daß ich durch la religion viel Unannehmlichkeiten erfahren. Wohl sechsmal erging an mich die Frage: »Henri, wie heißt
der Glaube auf französisch?« und sechsmal, und immer weinerlicher
antwortete ich: »Das heißt le crédit.« Und beim siebenten Male,
kirschbraun im Gesichte, rief der wütende Examinator: »Er heißt la
religion«– und es regnete Prügel, und alle Kameraden lachten. Madame! seit der Zeit kann ich das Wort religion nicht erwähnen hören, ohne daß mein Rücken blaß vor Schrecken und meine Wange rot vor Scham wird. Und ehrlich gestanden, le crédit hat mir im
Leben mehr genützt als la religion – In diesem Augenblick fällt mir
ein, daß ich dem Löwenwirt in Bologna noch fünf Taler schuldig
bin – Und wahrhaftig, ich mache mich anheischig, dem Löwenwirt
noch fünf Taler extra schuldig zu sein, wenn ich nur das unglück-
selige Wort la religion in diesem Leben nimmermehr zu hören
brauche.

Parbleu Madame! ich habe es im Französischen weit gebracht!
Ich verstehe nicht nur Patois, sondern sogar adeliges Bonnenfran-
zösisch. Noch unlängst, in einer noblen Gesellschaft, verstand ich
fast die Hälfte von dem Diskurs zweier deutschen Komtessen, wovon jede über vierundsechzig Jahr und ebenso viele Ahnen zählte.
Ja, im Café Royal zu Berlin hörte ich einmal den Monsieur Hans
Michel Martens französisch parlieren, und verstand jedes Wort, obschon kein Verstand darin war. Man muß den Geist der Sprache
kennen, und diesen lernt man am besten durch Trommeln. Parbleu!
wie viel verdanke ich nicht dem französischen Tambour, der so
lange bei uns in Quartier lag, und wie ein Teufel aussah, und doch
von Herzen so engelgut war, und so ganz vorzüglich trommelte.

Es war eine kleine, bewegliche Figur mit einem fürchterlichen,
schwarzen Schnurrbarte, worunter sich die roten Lippen trotzig
hervorbäumten, während die feurigen Augen hin und her schossen.

Ich kleiner Junge hing an ihm wie eine Klette, und half ihm seine
Knöpfe spiegelblank putzen und seine Weste mit Kreide weißen –
denn Monsieur Le Grand wollte gerne gefallen – und ich folgte ihm
auch auf die Wache, nach dem Appell, nach der Parade – da war
nichts als Waffenglanz und Lustigkeit – les jours de fête sont passés!
Monsieur Le Grand wußte nur wenig gebrochenes Deutsch, nur

die Hauptausdrücke – Brot, Kuß, Ehre –, doch konnte er sich auf der Trommel sehr gut verständlich machen, z. B. wenn ich nicht wußte, was das Wort »liberté« bedeutete, so trommelte er den Marseiller Marsch – und ich verstand ihn. Wußte ich nicht die Bedeutung des Wortes »égalité«, so trommelte er den Marsch »Ça ira, ça ira – – – les aristocrates à la lanterne!« – und ich verstand ihn. Wußte ich nicht, was »bêtise« sei, so trommelte er den Dessauer Marsch, den wir Deutschen, wie auch Goethe berichtet, in der Champagne getrommelt – und ich verstand ihn. Er wollte mir mal das Wort »l'Allemagne« erklären, und er trommelte jene allzu einfache Urmelodie, die man oft an Markttagen bei tanzenden Hunden hört, nämlich Dum – Dum – Dum – ich ärgerte mich, aber ich verstand ihn doch.

Auf ähnliche Weise lehrte er mich auch die neuere Geschichte. Ich verstand zwar nicht die Worte, die er sprach, aber da er während des Sprechens beständig trommelte, so wußte ich doch, was er sagen wollte. Im Grunde ist das die beste Lehrmethode. Die Geschichte von der Bestürmung der Bastille, der Tuilerien usw. begreift man erst recht, wenn man weiß, wie bei solchen Gelegenheiten getrommelt wurde. In unseren Schulkompendien liest man bloß: »Ihre Exz. die Baronen und Grafen und hochdero Gemahlinnen wurden geköpft – Ihre Altessen die Herzöge und Prinzen und höchstdero Gemahlinnen wurden geköpft – Ihre Majestät der König und allerhöchstdero Gemahlin wurden geköpft –« aber wenn man den roten Guillotinenmarsch trommeln hört, so begreift man dieses erst recht, und man erfährt das Warum und das Wie. Madame, das ist ein gar wunderlicher Marsch! Er durchschauerte mir Mark und Bein, als ich ihn zuerst hörte, und ich war froh, daß ich ihn vergaß – Man vergißt so etwas, wenn man älter wird, ein junger Mann hat jetzt so viel anderes Wissen im Kopf zu behalten – Whist, Boston, genealogische Tabellen, Bundestagsbeschlüsse, Dramaturgie, Liturgie, Vorschneiden – und wirklich, trotz allem Stirnreiben konnte ich mich lange Zeit nicht mehr auf jene gewaltige Melodie besinnen. Aber denken Sie sich, Madame! unlängst sitze ich an der Tafel mit einer ganzen Menagerie von Grafen, Prinzen, Prinzessinnen, Kammerherren, Hofmarschallinnen, Hofschenken, Oberhofmeisterinnen, Hofsilberbewahrern, Hofjägermeisterinnen, und wie diese vornehmen Domestiken noch außerdem heißen mögen, und ihre Unterdomestiken liefen hinter ihren Stühlen und schoben ihnen die gefüllten/Teller vors Maul – ich aber, der übergangen und übersehen wurde, saß müßig, ohne die mindeste

Kinnbackenbeschäftigung, und ich knetete Brotkügelchen, und trommelte vor Langerweile mit den Fingern, und zu meinem Entsetzen trommelte ich plötzlich den roten, längst vergessenen Guillotinenmarsch.

»Und was geschah?« Madame, diese Leute lassen sich im Essen nicht stören, und wissen nicht, daß andere Leute, wenn sie nichts zu essen haben, plötzlich anfangen zu trommeln, und zwar gar kuriose Märsche, die man längst vergessen glaubte.

Ist nun das Trommeln ein angeborenes Talent, oder habe ich es frühzeitig ausgebildet, genug, es liegt mir in den Gliedern, in Händen und Füßen, und äußert sich oft unwillkürlich.Unwillkürlich. Zu Berlin saß ich einst im Kollegium des Geheimerats Schmalz, eines Mannes, der den Staat gerettet durch sein Buch über die Schwarzmäntel- und Rotmäntelgefahr – Sie erinnern sich, Madame, aus dem Pausanias, daß einst durch das Geschrei eines Esels ein ebenso gefährliches Komplott entdeckt wurde, auch wissen Sie aus dem Livius oder aus Beckers Weltgeschichte, daß die Gänse das Kapitol gerettet, und aus dem Sallust wissen Sie ganz genau, daß durch eine geschwätzige Pütaine, die Frau Fulvia, jene fürchterliche Verschwörung des Catilina an den Tag kam – Doch um wieder auf besagten Hammel zu kommen, im Kollegium des Herrn Geheimerats Schmalz hörte ich das Völkerrecht, und es war ein langweiliger Sommernachmittag, und ich saß auf der Bank und hörte immer weniger – der Kopf war mir eingeschlafen – doch plötzlich ward ich aufgeweckt durch das Geräusch meiner eigenen Füße, die wach geblieben waren, und wahrscheinlich zugehört hatten, daß just das Gegenteil vom Völkerrecht vorgetragen und auf Konstitutionsgesinnung geschimpft wurde, und meine Füße, die mit ihren kleinen Hühneraugen das Treiben der Welt besser durchschauen, als der Geheimerat mit seinen großen Juno-Augen, diese armen, stummen Füße, unfähig, durch Worte ihre unmaßgebliche Meinung auszusprechen, wollten sich durch Trommeln verständlich machen, und trommelten so stark, daß ich dadurch schier ins Malheur kam.

Verdammte, unbesonnene Füße! sie spielten mir einen ähnlichen Streich, als ich einmal in Göttingen bei Professor Saalfeld hospitierte, und dieser mit seiner steifen Beweglichkeit auf dem Katheder hin und her sprang, und sich echauffierte, um auf den Kaiser Napoleon recht ordentlich schimpfen zu können – nein, arme Füße, ich kann es euch nicht verdenken, daß ihr damals getrommelt, ja ich würde es euch nicht mal verdacht haben, wenn ihr, in eurer stummen Naivetät, euch noch fußtrittdeutlicher ausgesprochen hättet.

Wie darf ich, der Schüler Le Grands, den Kaiser schmähen hören? Den Kaiser! den Kaiser! den großen Kaiser!

Denke ich an den großen Kaiser, so wird es in meinem Gedächtnisse wieder recht sommergrün und goldig, eine lange Lindenallee taucht blühend empor, auf den laubigen Zweigen sitzen singende Nachtigallen, der Wasserfall rauscht, auf runden Beeten stehen Blumen und bewegen traumhaft ihre schönen Häupter – ich stand mit ihnen im wunderlichen Verkehr, die geschminkten Tulpen grüßten mich bettelstolz herablassend, die nervenkranken Lilien nickten wehmütig zärtlich, die trunkenroten Rosen lachten mir schon von weitem entgegen, die Nachtviolen seufzten – mit den Myrten und Lorbeeren hatte ich damals noch keine Bekanntschaft, denn sie lockten nicht durch schimmernde Blüte, aber mit den Reseden, womit ich jetzt so schlecht stehe, war ich ganz besonders intim – Ich spreche vom Hofgarten zu Düsseldorf, wo ich oft auf dem Rasen lag und andächtig zuhörte, wenn mir Monsieur Le Grand von den Kriegstaten des großen Kaisers erzählte, und dabei die Märsche schlug, die während jener Taten getrommelt wurden, so daß ich alles lebendig sah und hörte. Ich sah den Zug über den Simplon – der Kaiser voran und hinterdrein klimmend die braven Grenadiere, während aufgescheuchtes Gevögel sein Krächzen erhebt und die Gletscher in der Ferne donnern – ich sah den Kaiser, die Fahne im Arm, auf der Brücke von Lodi – ich sah den Kaiser im grauen Mantel bei Marengo – ich sah den Kaiser zu Roß in der Schlacht bei den Pyramiden – nichts als Pulverdampf und Mamelucken – ich sah den Kaiser in der Schlacht bei Austerlitz – hui! wie pfiffen die Kugeln über die glatte Eisbahn! – ich sah, ich hörte die Schlacht bei Jena – dum, dum, dum – ich sah, ich hörte die Schlacht bei Eylau, Wagram – – – – – nein, kaum konnt ich es aushalten! Monsieur Le Grand trommelte, daß fast mein eigenes Trommelfell dadurch zerrissen wurde.

KAPITEL VIII

Aber wie ward mir erst, als ich ihn selber sah, mit hochbegnadigten, eignen Augen, ihn selber, hosianna! den Kaiser.

Es war eben in der Allee des Hofgartens zu Düsseldorf. Als ich mich durch das gaffende Volk drängte, dachte ich an die Taten und Schlachten, die mir Monsieur Le Grand vorgetrommelt hatte, mein Herz schlug den Generalmarsch – und dennoch dachte ich zu gleicher Zeit an die Polizeiverordnung, daß man bei fünf Taler Strafe

nicht mitten durch die Allee reiten dürfe. Und der Kaiser mit seinem Gefolge ritt mitten durch die Allee, die schauernden Bäume
beugten sich vorwärts, wo er vorbeikam, die Sonnenstrahlen zitterten furchtsam neugierig durch das grüne Laub, und am blauen
Himmel oben schwamm sichtbar ein goldner Stern. Der Kaiser trug
seine scheinlose grüne Uniform und das kleine, welthistorische Hüt-
chen. Er ritt ein weißes Rößlein, und das ging so ruhig stolz, so sicher, so ausgezeichnet – wär ich damals Kronprinz von Preußen
gewesen, ich hätte dieses Rößlein beneidet. Nachlässig, fast hän-
gend, saß der Kaiser, die eine Hand hielt hoch den Zaum, die andere
klopfte gutmütig den Hals des Pferdchens – Es war eine sonnig-
marmorne Hand, eine mächtige Hand, eine von den beiden Händen, die das vielköpfige Ungeheuer der Anarchie gebändigt und
den Völkerzweikampf geordnet hatten – und sie klopfte gutmütig
den Hals des Pferdes. Auch das Gesicht hatte jene Farbe, die wir bei
marmornen Griechen- und Römerköpfen finden, die Züge desselben waren ebenfalls edel gemessen, wie die der Antiken, und auf
diesem Gesichte stand geschrieben: Du sollst keine Götter haben
außer mir. Ein Lächeln, das jedes Herz erwärmte und beruhigte,
schwebte um die Lippen – und doch wußte man, diese Lippen
brauchten nur zu pfeifen, – et la Prusse n'existait plus – diese Lippen
brauchten nur zu pfeifen – und die ganze Klerisei hatte ausgeklin-
gelt – diese Lippen brauchten nur zu pfeifen – und das ganze heilige
römische Reich tanzte. Und diese Lippen lächelten und auch das
Auge lächelte – Es war ein Auge klar wie der Himmel, es konnte
lesen im Herzen der Menschen, es sah rasch auf einmal alle Dinge
dieser Welt, während wir anderen sie nur nacheinander und nur
ihre gefärbten Schatten sehen. Die Stirne war nicht so klar, es nisteten darauf die Geister zukünftiger Schlachten, und es zuckte bisweilen über dieser Stirn, und das waren die schaffenden Gedanken,
die großen Siebenmeilenstiefel-Gedanken, womit der Geist des
Kaisers unsichtbar über die Welt hinschritt – und ich glaube, jeder
dieser Gedanken hätte einem deutschen Schriftsteller, zeit seines
Lebens, vollauf Stoff zum Schreiben gegeben.

Der Kaiser ritt ruhig mitten durch die Allee, kein Polizeidiener
widersetzte sich ihm, hinter ihm, stolz auf schnaubenden Rossen,
und belastet mit Gold und Geschmeide, ritt sein Gefolge, die Trommeln wirbelten, die Trompeten erklangen, neben mir drehte sich
der tolle Alouisius und schnarrte die Namen seiner Generale, un-
ferne brüllte der besoffene Gumpertz, und das Volk rief tausend-
stimmig: Es lebe der Kaiser!

Kapitel IX

Der Kaiser ist tot. Auf einer öden Insel des indischen Meeres ist sein einsames Grab, und Er, dem die Erde zu eng war, liegt ruhig unter dem kleinen Hügel, wo fünf Trauerweiden gramvoll ihre grünen Haare herabhängen lassen und ein frommes Bächlein wehmütig klagend vorbeirieselt. Es steht keine Inschrift auf seinem Leichensteine; aber Klio, mit dem gerechten Griffel, schrieb unsichtbare Worte darauf, die wie Geistertöne durch die Jahrtausende klingen werden.

Britannia! dir gehört das Meer. Doch das Meer hat nicht Wasser genug, um von dir abzuwaschen die Schande, die der große Tote dir sterbend vermacht hat. Nicht dein windiger Sir Hudson, nein, du selbst warst der sizilianische Häscher, den die verschworenen Könige gedungen, um an dem Manne des Volkes heimlich abzurächen, was das Volk einst öffentlich an einem der Ihrigen verübt hatte –

Und er war dein Gast und hatte sich gesetzt an deinen Herd –

Bis in die spätesten Zeiten werden die Knaben Frankreichs singen und sagen von der schrecklichen Gastfreundschaft des Bellerophon, und wenn diese Spott- und Tränenlieder den Kanal hinüberklingen, so erröten die Wangen aller ehrsamen Briten. Einst aber wird dieses Lied hinüberklingen, und es gibt kein Britannien mehr, zu Boden geworfen ist das Volk des Stolzes, Westminsters Grabmäler liegen zertrümmert, vergessen ist der königliche Staub, den sie verschlossen –

Und Sankt Helena ist das heilige Grab, wohin die Völker des Orients und Okzidents wallfahrten in buntbewimpelten Schiffen, und ihr Herz stärken durch große Erinnerung an die Taten des weltlichen Heilands, der gelitten unter Hudson Lowe, wie es geschrieben steht in den Evangelien Las Cases, O'Meara und Antommarchi.

Seltsam! die drei größten Widersacher des Kaisers hat schon ein schreckliches Schicksal getroffen: Londonderry hat sich die Kehle abgeschnitten, Ludwig XVIII. ist auf seinem Throne verfault, und Professor Saalfeld ist noch immer Professor in Göttingen.

Kapitel X

Es war ein klarer, fröstelnder Herbsttag, als ein junger Mensch von studentischem Ansehen durch die Allee des Düsseldorfer Hofgartens langsam wanderte, manchmal, wie aus kindischer Lust, das raschelnde Laub, das den Boden bedeckte, mit den Füßen aufwarf, manchmal aber auch wehmütig hinaufblickte nach den dürren Bäumen, woran nur noch wenige Goldblätter hingen. Wenn er so hinaufsah, dachte er an die Worte des Glaukos:

»Gleich wie Blätter im Walde, so sind die Geschlechter der
                                    Menschen;
Blätter verweht zur Erde der Wind nun, andere treibt dann
Wieder der knospende Wald, wenn neu auflebet der Frühling;
So der Menschen Geschlecht, dies wächst, und jenes verschwindet.«

In frühern Tagen hatte der junge Mensch mit ganz andern Gedanken an eben dieselben Bäume hinaufgesehen, und er war damals ein Knabe, und suchte Vogelnester oder Sommerkäfer, die ihn gar sehr ergötzten, wenn sie lustig dahinsummten, und sich der hübschen Welt erfreuten, und zufrieden waren mit einem saftiggrünen Blättchen, mit einem Tröpfchen Tau, mit einem warmen Sonnenstrahl, und mit dem süßen Kräuterduft. Damals war des Knaben Herz ebenso vergnügt wie die flatternden Tierchen. Jetzt aber war sein Herz älter geworden, die kleinen Sonnenstrahlen waren darin erloschen, alle Blumen waren darin abgestorben, sogar der schöne Traum der Liebe war darin verblichen, im armen Herzen war nichts als Mut und Gram, und damit ich das Schmerzlichste sage – es war mein Herz.

Denselben Tag war ich zur alten Vaterstadt zurückgekehrt, aber ich wollte nicht darin übernachten und sehnte mich nach Godesberg, um zu den Füßen meiner Freundin mich niederzusetzen und von der kleinen Veronika zu erzählen. Ich hatte die lieben Gräber besucht. Von allen lebenden Freunden und Verwandten hatte ich nur einen Ohm und eine Muhme wiedergefunden. Fand ich auch sonst noch bekannte Gestalten auf der Straße, so kannte mich doch niemand mehr, und die Stadt selbst sah mich an mit fremden Augen, viele Häuser waren unterdessen neu angestrichen worden, aus den Fenstern guckten fremde Gesichter, um die alten Schornsteine flatterten abgelebte Spatzen, alles sah so tot und doch so frisch aus, wie Salat, der auf einem Kirchhofe wächst; wo man sonst Französisch sprach, ward jetzt Preußisch gesprochen, sogar ein kleines preußisches Höfchen hatte sich unterdessen dort angesiedelt, und die Leute trugen Hoftitel, die ehemalige Friseurin meiner Mutter war Hoffriseurin geworden, und es gab jetzt dort Hofschneider, Hofschuster, Hofwanzenvertilgerinnen, Hofschnapsladen, die gan-

ze Stadt schien ein Hoflazarett für Hofgeisteskranke. Nur der alte
Kurfürst erkannte mich, er stand noch auf dem alten Platz; aber er
schien magerer geworden zu sein. Eben weil er immer mitten auf
dem Markte stand, hatte er alle Misere der Zeit mit angesehen, und
von solchem Anblick wird man nicht fett. Ich war wie im Traume,
und dachte an das Märchen von den verzauberten Städten, und ich
eilte zum Tor hinaus, damit ich nicht zu früh erwachte. Im Hofgarten vermißte ich manchen Baum, und mancher war verkrüppelt,
und die vier großen Pappeln, die mir sonst wie grüne Riesen erschienen, waren klein geworden. Einige hübsche Mädchen gingen
spazieren, buntgeputzt, wie wandelnde Tulpen. Und diese Tulpen
hatte ich gekannt, als sie noch kleine Zwiebelchen waren; denn
ach! es waren ja Nachbarskinder, womit ich einst »Prinzessin im
Turme« gespielt hatte. Aber die schönen Jungfrauen, die ich einst
als blühende Rosen gekannt, sah ich jetzt als verwelkte Rosen, und
in manche hohe Stirne, deren Stolz mir einst das Herz entzückte,
hatte Saturn mit seiner Sense tiefe Runzeln eingeschnitten. Jetzt
erst, aber ach! viel zu spät, entdeckte ich, was der Blick bedeuten
sollte, den sie einst dem schon jünglinghaften Knaben zugeworfen;
ich hatte unterdessen in der Fremde manche Parallelstellen in schönen Augen bemerkt. Tief bewegte mich das demütige Hutabneh-
men eines Mannes, den ich einst reich und vornehm gesehen, und
der seitdem zum Bettler herabgesunken war; wie man denn überall sieht, daß die Menschen, wenn sie einmal im Sinken sind, wie
nach dem Newtonschen Gesetze, immer entsetzlichschneller und
schneller ins Elend herabfallen. Wer mir aber gar nicht verändert
schien, das war der kleine Baron, der lustig wie sonst durch den
Hofgarten tänzelte, mit der einen Hand den linken Rockschoß in
der Höhe haltend, mit der andern Hand sein dünnes Rohrstöckchen
hin- und herschwingend; es war noch immer dasselbe freundliche
Gesichtchen, dessen Rosenröte sich nach der Nase hin konzentriert,
es war noch immer das alte Kegelhütchen, es war noch immer das
alte Zöpfchen, nur daß aus diesem jetzt einige weiße Härchen, statt
der ehemaligen schwarzen Härchen hervorkamen. Aber so vergnügt er auch aussah, so wußte ich dennoch, daß der arme Baron
unterdessen viel Kummer ausgestanden hatte, sein Gesichtchen
wollte es mir verbergen, aber die weißen Härchen seines Zöpf-
chens haben es mir hinter seinem Rücken verraten. Und das Zöpfchen selber hätte es gerne wieder abgeleugnet und wackelte gar
wehmütig lustig.

Ich war nicht müde, aber ich bekam doch Lust, mich noch einmal auf die hölzerne Bank zu setzen, in die ich einst den Namen meines Mädchens eingeschnitten. Ich konnte ihn kaum wiederfinden, es waren so viele neue Namen darüber hingeschnitzelt. Ach! einst war ich auf dieser Bank eingeschlafen und träumte von Glück und Liebe. »Träume sind Schäume.« Auch die alten Kinderspiele kamen mir wieder in den Sinn, auch die alten, hübschen Märchen; aber ein neues, falsches Spiel und ein neues, häßliches Märchen klang immer hindurch, und es war die Geschichte von zwei armen Seelen, die einander untreu wurden, und es nachher in der Treulosigkeit so weit brachten, daß sie sogar dem lieben Gotte die Treue brachen. Es ist eine böse Geschichte, und wenn man just nichts Besseres zu tun weiß, kann man darüber weinen. O Gott! einst war die Welt so hübsch, und die Vögel sangen dein ewiges Lob, und die kleine Veronika sah mich an mit stillen Augen, und wir saßen vor der marmornen Statue auf dem Schloßplatz – auf der einen Seite liegt das alte, verwüstete Schloß, worin es spukt und nachts eine schwarzseidene Dame ohne Kopf, mit langer, rauschender Schleppe herumwandelt; auf der andern Seite ist ein hohes, weißes Gebäude, in dessen oberen Gemächern die bunten Gemälde mit goldnen Rahmen wunderbar glänzten, und in dessen Untergeschosse so viele tausend mächtige Bücher standen, die ich und die kleine Veronika oft mit Neugier betrachteten, wenn uns die fromme Ursula an die großen Fenster hinanhob – Späterhin, als ich ein großer Knabe geworden, erkletterte ich dort täglich die höchsten Leitersprossen, und holte die höchsten Bücher herab, und las darin so lange, bis ich mich vor nichts mehr, am wenigsten vor Damen ohne Kopf, fürchtete, und ich wurde so gescheut, daß ich alle alte Spiele und Märchen und Bilder und die kleine Veronika und sogar ihren Namen vergaß.

Während ich aber, auf der alten Bank des Hofgartens sitzend, in die Vergangenheit zurückträumte, hörte ich hinter mir verworrene Menschenstimmen, welche das Schicksal der armen Franzosen beklagten, die, im russischen Kriege als Gefangene nach Sibirien geschleppt, dort mehrere lange Jahre, obgleich schon Frieden war, zurückgehalten worden und jetzt erst heimkehrten. Als ich aufsah, erblickte ich wirklich diese Waisenkinder des Ruhmes; durch die Risse ihrer zerlumpten Uniformen lauschte das nackte Elend, in ihren verwitterten Gesichtern lagen tiefe, klagende Augen, und obgleich verstümmelt, ermattet und meistens hinkend, blieben sie doch noch immer in einer Art militärischen Schrittes, und seltsam genug! ein Tambour mit einer Trommel schwankte voran; und

mit innerem Grauen ergriff mich die Erinnerung an die Sage von
den Soldaten, die des Tags in der Schlacht gefallen und des Nachts
wieder vom Schlachtfelde aufstehen und mit dem Tambour an der
Spitze nach ihrer Vaterstadt marschieren, und wovon das alte Volkslied singt:

> »Er schlug die Trommel auf und nieder,
> Sie sind vorm Nachtquartier schon wieder,
> Ins Gäßlein hell hinaus,
> Trallerie, Trallerei, Trallera,
> Sie ziehn vor Schätzels Haus.

> Da stehen Morgens die Gebeine
> In Reih und Glied, wie Leichensteine,
> Die Trommel geht voran,
> Trallerie, Trallerei, Trallera,
> Daß sie ihn sehen kann.«

Wahrlich, der arme französische Tambour schien halb verwest
aus dem Grabe gestiegen zu sein, es war nur ein kleiner Schatten in
einer schmutzig zerfetzten grauen Capotte, ein verstorben gelbes
Gesicht, mit einem großen Schnurrbarte, der wehmütig herabhing
über die verblichenen Lippen, die Augen waren wie verbrannter
Zunder, worin nur noch wenige Fünkchen glimmen, und dennoch,
an einem einzigen dieser Fünkchen, erkannte ich Monsieur Le Grand.

Er erkannte auch mich und zog mich nieder auf den Rasen, und
da saßen wir wieder wie sonst, als er mir auf der Trommel die französische Sprache und die neuere Geschichte dozierte. Es war noch
immer die wohlbekannte, alte Trommel, und ich konnte mich nicht
genug wundern, wie er sie vor russischer Habsucht geschützt hatte.
Er trommelte jetzt wieder wie sonst, jedoch ohne dabei zu sprechen. Waren aber die Lippen unheimlich zusammengekniffen, so
sprachen desto mehr seine Augen, die sieghaft aufleuchteten, indem
er die alten Märsche trommelte. Die Pappeln neben uns erzitterten,
als er wieder den roten Guillotinenmarsch erdröhnen ließ. Auch die
alten Freiheitskämpfe, die alten Schlachten, die Taten des Kaisers,
trommelte er wie sonst, und es schien, als sei die Trommel selber ein
lebendiges Wesen, das sich freute, seine innere Lust aussprechen zu
können. Ich hörte wieder den Kanonendonner, das Pfeifen der
Kugeln, den Lärm der Schlacht, ich sah wieder den Todesmut der
Garde, ich sah wieder die flatternden Fahnen, ich sah wieder den

Kaiser zu Roß – aber allmählich schlich sich ein trüber Ton in jene freudigsten Wirbel, aus der Trommel drangen Laute, worin das wildeste Jauchzen und das entsetzlichste Trauern unheimlich gemischt waren, es schien ein Siegesmarsch und zugleich ein Totenmarsch, die Augen Le Grands öffneten sich geisterhaft weit, und ich sah darin nichts als ein weites, weißes Eisfeld bedeckt mit Leichen – es war die Schlacht bei der Moskwa.

Ich hätte nie gedacht, daß die alte, harte Trommel so schmerzliche Laute von sich geben könnte, wie jetzt Monsieur Le Grand daraus hervor zu locken wußte. Es waren getrommelte Tränen, und sie tönten immer leiser, und wie ein trübes Echo brachen tiefe Seufzer aus der Brust Le Grands. Und dieser wurde immer matter und gespenstischer, seine dürren Hände zitterten vor Frost, er saß wie im Traume, und bewegte mit seinen Trommelstöcken nur die Luft, und horchte wie auf ferne Stimmen, und endlich schaute er mich an, mit einem tiefen, abgrundtiefen, flehenden Blick – ich verstand ihn – und dann sank sein Haupt herab auf die Trommel.

Monsieur Le Grand hat in diesem Leben nie mehr getrommelt. Auch seine Trommel hat nie mehr einen Ton von sich gegeben, sie sollte keinem Feinde der Freiheit zu einem servilen Zapfenstreich dienen, ich hatte den letzten, flehenden Blick Le Grands sehr gut verstanden, und zog sogleich den Degen aus meinem Stock und zerstach die Trommel.

KAPITEL XI

Du sublime au ridicule il n'y a qu'un pas, Madame!

Aber das Leben ist im Grunde so fatal ernsthaft, daß es nicht zu ertragen wäre ohne solche Verbindung des Pathetischen mit dem Komischen. Das wissen unsere Poeten. Die grauenhaftesten Bilder des menschlichen Wahnsinns zeigt uns Aristophanes nur im lachenden Spiegel des Witzes, den großen Denkerschmerz, der seine eigne Nichtigkeit begreift, wagt Goethe nur in den Knittelversen eines Puppenspiels auszusprechen, und die tödlichste Klage über den Jammer der Welt legt Shakespeare in den Mund eines Narren, während er dessen Schellenkappe ängstlich schüttelt.

Sie habens alle dem großen Urpoeten abgesehen, der in seiner tausendaktigen Welttragödie den Humor aufs höchste zu treiben weiß, wie wir es täglich sehen: – nach dem Abgang der Helden kommen die Clowns und Graziosos mit ihren Narrenkolben und Pritschen, nach den blutigen Revolutionsszenen und Kaiseraktionen

kommen wieder herangewatschelt die dicken Bourbonen mit ihren
alten abgestandenen Späßchen und zartlegitimen Bonmots, und
graziöse hüpft herbei die alte Noblesse mit ihrem verhungerten
Lächeln, und hintendrein wallen die frommen Kapuzen mit Lichtern, Kreuzen und Kirchenfahnen; – sogar in das höchste Pathos
der Welttragödie pflegen sich komische Züge einzuschleichen, der
verzweifelnde Republikaner, der sich wie ein Brutus das Messer
ins Herz stieß, hat vielleicht zuvor daran gerochen, ob auch kein
Hering damit geschnitten worden, und auf dieser großen Welt-
bühne geht es auch außerdem ganz wie auf unseren Lumpenbrettern,
auch auf ihr gibt es besoffene Helden, Könige, die ihre Rolle vergessen, Kulissen, die hängengeblieben, hervorschallende Souffleur-
stimmen, Tänzerinnen, die mit ihrer Lendenpoesie Effekt machen,
Kostüme, die als Hauptsache glänzen – Und im Himmel oben, im
ersten Range, sitzen unterdessen die lieben Engelein, und lorgnieren
uns Komödianten hier unten, und der liebe Gott sitzt ernsthaft in
seiner großen Loge, und langweilt sich vielleicht, oder rechnet nach,
daß dieses Theater sich nicht lange mehr halten kann, weil der eine
zu viel Gage und der andre zu wenig bekommt, und alle viel zu
schlecht spielen.

Du sublime au ridicule il n'y a qu'un pas, Madame! Während ich
das Ende des vorigen Kapitels schrieb, und Ihnen erzählte, wie
Monsieur Le Grand starb, und wie ich das testamentum militare,
das in seinem letzten Blicke lag, gewissenhaft exekutierte, da
klopfte es an meine Stubentüre, und herein trat eine arme, alte
Frau, die mich freundlich frug: Ob ich ein Doktor sei? Und als ich
dies bejahte, bat sie mich recht freundlich, mit ihr nach Hause zu
gehen, um dort ihrem Manne die Hühneraugen zu schneiden.

KAPITEL XII

Die deutschen Zensoren – – – – – – – – – – – – – – – –
– –
– –
– –
– –
– – – – – – – – – – – – – Dummköpfe – – – – –
– –
– –
– – – – – – – – – – – – – – –

KAPITEL XIII

Madame! unter Ledas brütenden Hemisphären lag schon der ganze trojanische Krieg, und Sie können die berühmten Tränen des Priamos nimmermehr verstehen, wenn ich Ihnen nicht erst von den alten Schwaneneiern erzähle. Deshalb beklagen Sie sich nicht über meine Abschweifungen. In allen vorhergehenden Kapiteln ist keine Zeile, die nicht zur Sache gehörte, ich schreibe gedrängt, ich vermeide alles Überflüssige, ich übergehe sogar oft das Notwendige, z. B. ich habe noch nicht einmal ordentlich zitiert – ich meine nicht Geister, sondern im Gegenteil, ich meine Schriftsteller – und doch ist das Zitieren alter und neuer Bücher das Hauptvergnügen eines jungen Autors, und so ein paar grundgelehrte Zitate zieren den ganzen Menschen. Glauben Sie nur nicht, Madame, es fehle mir an Bekanntschaft mit Büchertiteln. Außerdem kenne ich den Kunstgriff großer Geister, die es verstehen, die Korinthen aus den Semmeln und die Zitate aus den Kollegienheften herauszupicken; ich weiß auch, woher Bartels den Most holt. Im Notfall könnte ich bei meinen gelehrten Freunden eine Anleihe von Zitaten machen. Mein Freund G. in Berlin ist sozusagen ein kleiner Rothschild an Zitaten, und leiht mir gern einige Millionen, und hat er sie nicht selbst vorrätig, so kann er sie leicht bei einigen andern kosmopolitischen Geistesbankiers zusammenbringen – Doch ich brauche jetzt noch keine Anleihe zu machen, ich bin ein Mann, der sich gut steht, ich habe jährlich meine 10 000 Zitate zu verzehren, ja, ich habe sogar die Erfindung gemacht, wie man falsche Zitate für echte ausgeben kann. Sollte irgendein großer, reicher Gelehrter, z. B. Michael Beer, mir dieses Geheimnis abkaufen wollen, so will ich es gerne für 19 000 Taler Kurant abstehen; auch ließe ich mich handeln. Eine andere Erfindung will ich zum Heile der Literatur nicht verschweigen und will sie gratis mitteilen:

Ich halte es nämlich für ratsam, alle obskuren Autoren mit ihrer Hausnummer zu zitieren.

Diese »guten Leute und schlechten Musikanten« – so wird im Ponce de Leon das Orchester angeredet – diese obskuren Autoren besitzen doch immer selbst noch ein Exemplärchen ihres längstverschollenen Büchleins, und um dieses aufzutreiben, muß man also ihre Hausnummer wissen. Wollte ich z. B. »Spittas Sangbüchlein für Handwerksburschen« zitieren – meine liebe Madame, wo wollten Sie dieses finden? Zitiere ich aber:

»vid. Sangbüchlein für Handwerksburschen, von P. Spitta;

Lüneburg, auf der Lünerstraße Nr. 2, rechts um die Ecke« – so können Sie, Madame, wenn Sie es der Mühe wert halten, das Büchlein auftreiben. Es ist aber nicht der Mühe wert.

Übrigens, Madame, haben Sie gar keine Idee davon, mit welcher Leichtigkeit ich zitieren kann. Überall finde ich Gelegenheit, meine tiefe Gelahrtheit anzubringen. Spreche ich z. B. vom Essen, so bemerke ich in einer Note, daß die Römer, Griechen und Hebräer ebenfalls gegessen haben, ich zitiere all die köstlichen Gerichte, die von der Köchin des Lucullus bereitet worden – weh mir! daß ich anderthalb Jahrtausend zu spät geboren bin! – ich bemerke auch, daß die gemeinschaftlichen Mahle bei den Griechen so und so hießen, und daß die Spartaner schlechte schwarze Suppen gegessen – Es ist doch gut, daß ich damals noch nicht lebte, ich kann mir nichts Entsetzlicheres denken, als wenn ich armer Mensch ein Spartaner geworden wäre, Suppe ist mein Lieblingsgericht – Madame, ich denke nächstens nach London zu reisen, wenn es aber wirklich wahr ist, daß man dort keine Suppe bekommt, so treibt mich die Sehnsucht bald wieder zurück nach den Suppenfleischtöpfen des Vaterlandes. Über das Essen der alten Hebräer könnt ich weitläuftig mich aussprechen und bis auf die jüdische Küche der neuesten Zeit herabgehen – Ich zitiere bei dieser Gelegenheit den ganzen Steinweg – Ich könnte auch anführen, wie human sich viele Berliner Gelehrte über das Essen der Juden geäußert, ich käme dann auf die anderen Vorzüglichkeiten und Vortrefflichkeiten der Juden, auf die Erfindungen, die man ihnen verdankt, z. B. die Wechsel, das Christentum – aber halt! letzteres wollen wir ihnen nicht allzuhoch anrechnen, da wir eigentlich noch wenig Gebrauch davon gemacht haben – ich glaube, die Juden selbst haben dabei weniger ihre Rechnung gefunden als bei der Erfindung der Wechsel. Bei Gelegenheit der Juden könnte ich auch Tacitus zitieren – er sagt, sie verehrten Esel in ihren Tempeln – und bei Gelegenheit der Esel, welch ein weites Zitatenfeld eröffnet sich mir! Wie viel Merkwürdiges läßt sich anführen über antike Esel, im Gegensatz zu den modernen. Wie vernünftig waren jene und ach! wie stupide sind diese. Wie verständig spricht z. B. Bileams Esel,

vid. Pentat. Lib. – – – – – –

Madame, ich habe just das Buch nicht bei der Hand und will diese Stelle zum Ausfüllen offenlassen. Dagegen in Hinsicht der Abgeschmacktheit neuerer Esel zitiere ich:

vid. – – – –
– – – –

nein, ich will auch diese Stelle offenlassen, sonst werde ich ebenfalls zitiert, nämlich injuriarum. Die neueren Esel sind große Esel.
Die alten Esel, die so hoch in der Kultur standen,

    vid. Gesneri: De antiqua honestate asinorum. (In comment.
    Götting., T. II., p. 32.)

sie würden sich im Grabe umdrehen, wenn sie hörten, wie man
von ihren Nachkommen spricht. Einst war »Esel« ein Ehrenname –
bedeutete so viel wie jetzt »Hofrat«, »Baron«, »Doctor Philosophiae«
– Jakob vergleicht damit seinen Sohn Isaschar, Homer vergleicht
damit seinen Helden Ajax, und jetzt vergleicht man damit den
Herrn v.........! Madame, bei Gelegenheit solcher Esel könnte
ich mich tief in die Literaturgeschichte versenken, ich könnte alle
große Männer zitieren, die verliebt gewesen sind, z.B. den Abelar-
dum, Picum Mirandulanum, Borbonium, Curtesium, Angelum
Politianum, Raymundum Lullum und Henricum Heineum. Bei
Gelegenheit der Liebe könnte ich wieder alle große Männer zitieren, die keinen Tabak geraucht haben, z. B. Cicero, Justinian,
Goethe, Hugo, Ich – zufällig sind wir alle fünf auch so halb und
halb Juristen. Mabillon konnte nicht einmal den Rauch einer fremden Pfeife vertragen, in seinem »Itinere germanico« klagt er, in
Hinsicht der deutschen Wirtshäuser, »quod molestus ipsi fuerit
tabaci grave olentis foetor«. Dagegen wird andern großen Männern
eine Vorliebe für den Tabak zugeschrieben. Raphael Thorus hat
einen Hymnus auf den Tabak gedichtet – Madame, Sie wissen
vielleicht noch nicht, daß ihn Isaak Elseverius Anno 1628 zu Leiden
in Quart herausgegeben hat – und Ludovicus Kinschot hat eine
Vorrede in Versen dazu geschrieben. Grävius hat sogar ein Sonett
auf den Tabak gemacht. Auch der große Boxhornius liebte den
Tabak. Bayle, in seinem »Dict. hist. et critiq.«, meldet von ihm, er
habe sich sagen lassen, daß der große Boxhornius beim Rauchen
einen großen Hut mit einem Loch im Vorderrand getragen, in
welches er oft die Pfeife gesteckt, damit sie ihn in seinen Studien
nicht hindere – Apropos, bei Erwähnung des großen Boxhornius
könnte ich auch all die großen Gelehrten zitieren, die sich ins Box-
horn jagen ließen und davon liefen. Ich verweise aber bloß auf Joh.
Georg Martius: De fuga literatorum etc. etc. etc. Wenn wir die
Geschichte durchgehen, Madame, so haben alle große Männer
einmal in ihrem Leben davonlaufen müssen: – Lot, Tarquinius,
Moses, Jupiter, Frau von Staël, Nebukadnezar, Benjowsky, Maho-
met, die ganze preußische Armee, Gregor VII., Rabbi Jizchak
Abarbanel, Rousseau – ich könnte noch sehr viele Namen anführen,

z. B. die, welche an der Börse auf dem schwarzen Brette verzeichnet sind.

Sie sehen, Madame, es fehlt mir nicht an Gründlichkeit und
Tiefe. Nur mit der Systematik will es noch nicht so recht gehen.
Als ein echter Deutscher hätte ich dieses Buch mit einer Erklärung
seines Titels eröffnen müssen, wie es im heiligen römischen Reiche
Brauch und Herkommen ist. Phidias hat zwar zu seinem Jupiter
keine Vorrede gemacht, ebensowenig wie auf der medieeischen
Venus – ich habe sie von allen Seiten betrachtet – irgendein Zitat
gefunden wird; – aber die alten Griechen waren Griechen, unser
einer ist ein ehrlicher Deutscher, kann die deutsche Natur nicht
ganz verleugnen, und ich muß mich daher noch nachträglich über
den Titel meines Buches aussprechen.

Madame, ich spreche demnach:

I. Von den Ideen
  A. Von den Ideen im allgemeinen
    a) Von vernünftigen Ideen
    b) Von unvernünftigen Ideen
      α) Von den gewöhnlichen Ideen
      β) Von den Ideen, die mit grünem Leder überzogen
        sind

Diese werden wieder eingeteilt in – doch das wird sich alles
schon finden.

KAPITEL XIV

Madame, haben Sie überhaupt eine Idee von einer Idee? Was ist
eine Idee? »Es liegen einige gute Ideen in diesem Rock«, sagte mein
Schneider, indem er mit ernster Anerkennung den Oberrock betrachtete, der sich noch aus meinen berlinisch eleganten Tagen her-
schreibt, und woraus jetzt ein ehrsamer Schlafrock gemacht werden sollte. Meine Wäscherin klagt: »Der Pastor S. habe ihrer Tochter Ideen in den Kopf gesetzt, und sie sei dadurch unklug geworden
und wolle keine Vernunft mehr annehmen.« Der Kutscher Pattensen brummt bei jeder Gelegenheit: »Das ist eine Idee! das ist eine
Idee!« Gestern aber wurde er ordentlich verdrießlich, als ich ihn
frug: was er sich unter einer Idee vorstelle? Und verdrießlich
brummte er: »Nu, nu, eine Idee ist eine Idee! eine Idee ist alles
dumme Zeug, was man sich einbildet.« In gleicher Bedeutung wird

dieses Wort, als Buchtitel, von dem Hofrat Heeren in Göttingen gebraucht.

Der Kutscher Pattensen ist ein Mann, der auf der weiten Lüneburger Heide, in Nacht und Nebel, den Weg zu finden weiß; der Hofrat Heeren ist ein Mann, der ebenfalls mit klugem Instinkt die alten Karawanenwege des Morgenlandes auffindet, und dort schon, seit Jahr und Tag, so sicher und geduldig einherwandelt, wie jemals ein Kamel des Altertums; auf solche Leute kann man sich verlassen, solchen Leuten darf man getrost nachfolgen, und darum habe ich dieses Buch »Ideen« betitelt.

Der Titel des Buches bedeutet daher ebensowenig als der Titel des Verfassers, er ward von demselben nicht aus gelehrtem Hochmut gewählt, und darf ihm für nichts weniger als Eitelkeit ausgedeutet werden. Nehmen Sie die wehmütigste Versicherung, Madame, ich bin nicht eitel. Es bedarf dieser Bemerkung, wie Sie mitunter merken werden. Ich bin nicht eitel – Und wüchse ein Wald von Lorbeeren auf meinem Haupte, und ergösse sich ein Meer von Weihrauch in mein junges Herz – ich würde doch nicht eitel werden. Meine Freunde und übrigen Raum- und Zeitgenossen haben treulich dafür gesorgt – Sie wissen, Madame, daß alte Weiber ihre Pflegekinder ein bißchen anspucken, wenn man die Schönheit derselben lobt, damit das Lob den lieben Kleinen nicht schade – Sie wissen, Madame, wenn zu Rom der Triumphator, ruhmbekränzt und purpurgeschmückt, auf seinem goldnen Wagen mit weißen Rossen, vom Campo Martii einherfuhr, wie ein Gott hervorragend aus dem feierlichen Zuge der Liktoren, Musikanten, Tänzer, Priester, Sklaven, Elefanten, Trophäenträger, Konsuln, Senatoren, Soldaten: dann sang der Pöbel hintendrein allerlei Spottlieder – Und Sie wissen, Madame, daß es im lieben Deutschland viel alte Weiber und Pöbel gibt.

Wie gesagt, Madame, die Ideen, von denen hier die Rede ist, sind von den platonischen ebensoweit entfernt wie Athen von Göttingen, und Sie dürfen von dem Buche selbst ebensowenig große Erwartungen hegen, als von dem Verfasser selbst. Wahrlich, wie dieser überhaupt jemals dergleichen Erwartungen erregen konnte, ist mir ebenso unbegreiflich als meinen Freunden. Gräfin Julie will die Sache erklären, und versichert: wenn der besagte Verfasser zuweilen etwas wirklich Geistreiches und Neugedachtes ausspreche, so sei dies bloß Verstellung von ihm, und im Grunde sei er ebenso dumm wie die übrigen. Das ist falsch, ich verstelle mich gar nicht, ich spreche wie mir der Schnabel gewachsen, ich schreibe

in aller Unschuld und Einfalt, was mir in den Sinn kommt, und ich
bin nicht daran schuld, wenn das etwas Gescheutes ist. Aber ich
habe nun mal im Schreiben mehr Glück als in der Altonaer Lotterie
– ich wollte, der Fall wäre umgekehrt – und da kommt aus meiner
Feder mancher Herztreffer, manche Gedankenquaterne, und das
tut Gott; – denn ER, der den frömmsten Elohasängern und Er-
bauungspoeten alle schöne Gedanken und allen Ruhm in der Literatur versagt, damit sie nicht von ihren irdischen Mitkreaturen zu
sehr gelobt werden und dadurch des Himmels vergessen, wo ihnen
schon von den Engeln das Quartier zurecht gemacht wird: – ER
pflegt uns andre, profane, sündhafte, ketzerische Schriftsteller, für
die der Himmel doch so gut wie vernagelt ist, desto mehr mit vorzüglichen Gedanken und Menschenruhm zu segnen, und zwar aus
göttlicher Gnade und Barmherzigkeit, damit die arme Seele, die
doch nun einmal erschaffen ist, nicht ganz leer ausgehe und wenigstens hienieden auf Erden einen Teil jener Wonne empfinde, die ihr
dort oben versagt ist.

   vid. Goethe und die Traktätchenverfasser.

Sie sehen also, Madame, Sie dürfen meine Schriften lesen, diese
zeugen von der Gnade und Barmherzigkeit Gottes, ich schreibe
im blinden Vertrauen auf dessen Allmacht, ich bin in dieser Hinsicht ein echt christlicher Schriftsteller, und, um mit Gubitz zu
reden, während ich eben diese gegenwärtige Periode anfange, weiß
ich noch nicht, wie ich sie schließe, und was ich eigentlich sagen
soll, und ich verlasse mich dafür auf den lieben Gott. Und wie könnte
ich auch schreiben ohne diese fromme Zuversicht, in meinem
Zimmer steht jetzt der Bursche aus der Langhoffschen Druckerei
und wartet auf Manuskript, das kaum geborene Wort wandert
warm und naß in die Presse, und was ich in diesem Augenblick
denke und fühle, kann morgen mittag schon Makulatur sein.

   Sie haben leicht reden, Madame, wenn Sie mich an das Horazische »nonum prematur in annum« erinnern. Diese Regel mag,
wie manche andere der Art, sehr gut in der Theorie gelten, aber in
der Praxis taugt sie nichts. Als Horaz dem Autor die berühmte
Regel gab, sein Werk neun Jahre im Pult liegen zu lassen, hätte er
ihm auch zu gleicher Zeit das Rezept geben sollen, wie man neun
Jahre ohne Essen zubringen kann. Als Horaz diese Regel ersann,
saß er vielleicht an der Tafel des Mäcenas und aß Truthähne mit
Trüffeln, Fasanenpudding in Wildpretsoße, Lerchenrippchen mit
Teltower Rübchen, Pfauenzungen, indianische Vogelnester, und
Gott weiß! was noch mehr, und alles umsonst. Aber wir, wir un-

glücklichen Spätgebornen, wir leben in einer andern Zeit, unsere
Mäcenaten haben ganz andere Prinzipien, sie glauben, Autoren
und Mispeln gedeihen am besten, wenn sie einige Zeit auf dem
Stroh liegen, sie glauben, die Hunde taugten nicht auf der Bilder-
und Gedankenjagd, wenn sie zu dick gefüttert würden, ach! und
wenn sie ja mal einen armen Hund füttern, so ist es der unrechte,
der die Brocken am wenigsten verdient, z. B. der Dachs, der die
Hand leckt, oder der winzige Bologneser, der sich in den duftigen
Schoß der Hausdame zu schmiegen weiß, oder der geduldige
Pudel, der eine Brotwissenschaft gelernt und apportieren, tanzen
und trommeln kann – Während ich dieses schreibe, steht hinter
mir mein kleiner Mops und bellt – Schweig nur, Ami, dich hab ich
nicht gemeint, denn du liebst mich und begleitest deinen Herrn in
Not und Gefahr und würdest sterben auf seinem Grabe, ebenso
treu wie mancher andere deutsche Hund, der in die Fremde ver-
stoßen, vor den Toren Deutschlands liegt und hungert und wimmert – Entschuldigen Sie, Madame, daß ich eben abschweifte, um
meinem armen Hunde eine Ehrenerklärung zu geben, ich komme
wieder auf die horazische Regel und ihre Unanwendbarkeit im
neunzehnten Jahrhundert, wo die Poeten das Schürzenstipendium
der Muse nicht entbehren können – Ma foi, Madame! ich könnte
es keine 24 Stunden, viel weniger neun Jahre aushalten, mein
Magen hat wenig Sinn für Unsterblichkeit, ich hab mirs überlegt,
ich will nur halb unsterblich und ganz satt werden, und wenn Vol-
taire dreihundert Jahre seines ewigen Nachruhms für eine gute
Verdauung des Essens hingeben möchte, so biete ich das Doppelte
für das Essen selbst. Ach! und was für schönes, blühendes Essen
gibt es auf dieser Welt! Der Philosoph Pangloß hat Recht: es ist
die beste Welt! Aber man muß Geld in dieser besten Welt haben,
Geld in der Tasche und nicht Manuskripte im Pult. Der Wirt im
»König von England«, Herr Marr, ist selbst Schriftsteller und
kennt auch die horazische Regel, aber ich glaube nicht, daß er mir,
wenn ich sie ausüben wollte, neun Jahr zu essen gäbe.

Im Grunde, warum sollte ich sie auch ausüben? Ich habe des
Guten so viel zu schreiben, daß ich nicht lange Federlesens zu
machen brauche. Solange mein Herz voll Liebe und der Kopf
meiner Nebenmenschen voll Narrheit ist, wird es mir nie an Stoff
zum Schreiben fehlen. Und mein Herz wird immer lieben, solange
es Frauen gibt, erkaltet es für die eine, so erglüht es gleich für die
andere; wie in Frankreich der König nie stirbt, so stirbt auch nie
die Königin in meinem Herzen, und da heißt es: La reine est morte,

vive la reine! Auf gleiche Weise wird auch die Narrheit meiner Nebenmenschen nie aussterben. Denn es gibt nur eine einzige Klugheit und diese hat ihre bestimmten Grenzen; aber es gibt tausend unermeßliche Narrheiten. Der gelehrte Kasuist und Seelsorger Schupp sagt sogar: »In der Welt sind mehr Narren als Menschen –« vid. Schuppii lehrreiche Schriften, S. 1121.

Bedenkt man, daß der große Schuppius in Hamburg gewohnt hat, so findet man diese statistische Angabe gar nicht übertrieben. Ich befinde mich an demselben Orte, und kann sagen, daß mir ordentlich wohl wird, wenn ich bedenke, all diese Narren, die ich hier sehe, kann ich in meinen Schriften gebrauchen, sie sind bares Honorar, bares Geld. Ich befinde mich jetzt so recht in der Wolle. Der Herr hat mich gesegnet, die Narren sind dieses Jahr ganz besonders gut geraten, und als guter Wirt konsumiere ich nur wenige, suche mir die ergiebigsten heraus und bewahre sie für die Zukunft. Man sieht mich oft auf der Promenade und sieht mich lustig und fröhlich. Wie ein reicher Kaufmann, der händereibendvergnügt zwischen den Kisten, Fässern und Ballen seines Warenlagers umherwandelt, so wandle ich dann unter meinen Leuten. Ihr seid alle die Meinigen! Ihr seid mir alle gleich teuer, und ich liebe euch, wie ihr selbst euer Geld liebt, und das will viel sagen. Ich mußte herzlich lachen, als ich jüngst hörte: einer meiner Leute habe sich besorglich geäußert, er wisse nicht, wovon ich einst leben würde – und dennoch ist er selbst ein so kapitaler Narr, daß ich von ihm allein schon leben könnte, wie von einem Kapitale. Mancher Narr ist mir aber nicht bloß bares Geld, sondern ich habe das bare Geld, das ich aus ihm erschreiben kann, schon zu irgendeinem Zwecke bestimmt. So z. B. für einen gewissen, wohlgepolsterten, dicken Millionarrn werde ich mir einen gewissen, wohlgepolsterten Stuhl anschaffen, den die Französinnen chaise percée nennen. Für seine dicke Millionärrin kaufe ich mir ein Pferd. Sehe ich nun den Dicken – ein Kamel kommt eher ins Himmelreich, als daß dieser Mann durch ein Nadelöhr geht – sehe ich nun diesen auf der Promenade heranwatscheln, so wird mir wunderlich zu Mute; obschon ich ihm ganz unbekannt bin, so grüße ich ihn unwillkürlich, und er grüßt wieder so herzlich, so einladend, daß ich auf der Stelle von seiner Güte Gebrauch machen möchte, und doch in Verlegenheit komme wegen der vielen geputzten Menschen, die just vorbeigehn. Seine Frau Gemahlin ist gar keine üble Frau – sie hat zwar nur ein einziges Auge, aber es ist dafür desto grüner, ihre Nase ist wie der Turm, der gen Damaskus schaut, ihr Busen ist groß wie das Meer, und es flattern darauf allerlei Bänder, wie Flaggen der Schiffe, die in diesen Meerbusen eingelaufen – man wird seekrank schon durch den bloßen Anblick – ihr Nacken ist gar hübsch und fettgewölbt wie ein – das vergleichende Bild befindet sich etwas tiefer unten – und an der veilchenblauen Gardine, die dieses vergleichende Bild bedeckt, haben gewiß tausend und abermals tausend Seidenwürmchen ihr ganzes Leben versponnen. Sie sehen, Madame, welch ein Roß ich mir anschaffe! Begegnet mir die Frau auf der Promenade, so geht mir ordentlich das Herz auf, es ist mir, als könnt ich mich schon aufschwingen, ich schwippe mit der Jerte, ich schnappe mit den Fingern, ich schnalze mit der Zunge, ich mache mit den Beinen allerlei Reuterbewegungen – hopp! hopp! – burr! burr! – und die liebe Frau sieht mich an so seelenvoll, so verständnisinnig, sie wiehert mit dem Auge, sie sperrt die Nüstern, sie kokettiert mit der Kruppe, sie kurbettiert, setzt sich plötzlich in einen kurzen Hundetrab – Und ich stehe dann mit gekreuzten Armen, und schaue ihr wohlgefällig nach, und überlege, ob ich sie auf der Stange reiten soll oder auf der Trense, ob ich ihr einen englischen oder einen polnischen Sattel geben soll – usw. – Leute, die mich alsdann stehen sehen, begreifen nicht, was mich bei der Frau so sehr anzieht. Zwischentragende Zungen wollten schon ihren Herrn Gemahl in Unruhe setzen und gaben Winke, als ob ich seine Ehehälfte mit den Augen eines Roué betrachte. Aber meine ehrliche, weichlederne chaise percée soll geantwortet haben: er halte mich für einen unschuldigen, sogar etwas schüchternen, jungen Menschen, der ihn mit einer gewissen Genauigkeit ansähe, wie einer, der das Bedürfnis fühlt, sich näher anzuschließen, und doch von einer errötenden Blödigkeit zurückgehalten wird. Mein edles Roß meinte hingegen: ich hätte ein freies, unbefangenes, chevalereskes Wesen, und meine zuvorgrüßende Höflichkeit bedeute bloß den Wunsch, einmal von ihnen zu einem Mittagsessen eingeladen zu werden. –

Sie sehen, Madame, ich kann alle Menschen gebrauchen, und der Adreßkalender ist eigentlich mein Hausinventarium. Ich kann daher auch nie bankerott werden, denn meine Gläubiger selbst würde ich in Erwerbsquellen verwandeln. Außerdem, wie gesagt, lebe ich wirklich sehr ökonomisch, verdammt ökonomisch. Z. B. während ich dieses schreibe, sitze ich in einer dunkeln, betrübten Stube auf der Düsterstraße – aber, ich ertrage es gern, ich könnte ja, wenn ich nur wollte, im schönsten Garten sitzen, ebensogut wie meine Freunde und Lieben; ich brauchte nur meine Schnapsklienten zu realisieren. Diese letzteren, Madame, bestehen aus verdorbenen Friseuren, heruntergekommenen Kupplern, Speisewirten, die selbst nichts mehr zu essen haben, lauter Lumpen, die meine Wohnung zu finden wissen, und für ein wirkliches Trinkgeld mir die Chronique scandaleuse ihres Stadtviertels erzählen – Madame, Sie wundern sich, daß ich solches Volk nicht ein für allemal zur Tür hinauswerfe? – Wo denken Sie hin, Madame! Diese Leute sind meine Blumen. Ich beschreibe sie einst in einem schönen Buche, für dessen Honorar ich mir einen Garten kaufe, und mit ihren roten, gelben, blauen und bunt gesprenkelten Gesichtern erscheinen sie mir jetzt schon wie Blumen dieses Gartens. Was kümmert es mich, daß fremde Nasen behaupten, diese Blumen röchen nur nach Kümmel, Tabak, Käse und Laster! Meine eigne Nase, der Schornstein meines Kopfes, worin die Phantasie als Kaminfeger auf und ab steigt, behauptet das Gegenteil, sie riecht an jenen Leuten nichts als den Duft von Rosen, Jasminen, Veilchen, Nelken, Violen – O, wie behaglich werde ich einst des Morgens in meinem Garten sitzen, und den Gesang der Vögel behorchen, und die Glieder wärmen an der lieben Sonne, und einatmen den frischen Hauch des Grünen, und durch den Anblick der Blumen mich erinnern an die alten Lumpen!

Vor der Hand sitze ich aber noch auf der dunkeln Düsterstraße in meinem dunkeln Zimmer und begnüge mich, in der Mitte desselben den größten Obskuranten des Landes aufzuhängen – »Mais, est-ce que vous verrez plus clair alors?« Augenscheinlichement, Madame – doch mißverstehen Sie mich nicht, ich hänge nicht den Mann selbst, sondern nur die kristallne Lampe, die ich für das Honorar, das ich aus ihm erschreibe, mir anschaffen werde. Indessen, ich glaube, es wäre noch besser, und es würde plötzlich im ganzen Lande hell werden, wenn man die Obskuranten in Natura aufhinge. Kann man aber die Leute nicht hängen, so muß man sie brandmarken. Ich spreche wieder figürlich, ich brandmarke in effigie. Freilich, Herr v. Weiß – er ist weiß und unbescholten wie eine Lilie – hat sich weis machen lassen, ich hätte in Berlin erzählt, er sei wirklich gebrandmarkt; der Narr ließ sich deshalb von der Obrigkeit besehen und schriftlich geben, daß seinem Rücken kein Wappen aufgedruckt sei, dieses negative Wappenzeugnis betrachtete er wie ein Diplom, das ihm Einlaß in die beste Gesellschaft verschaffen müsse, und wunderte sich, als man ihn dennoch hinauswarf, und kreischt jetzt Mord und Zeter über mich armen Menschen, und will mich, mit einer geladenen Pistole, wo er mich findet, totschießen – Und was glauben

Sie wohl, Madame, was ich dagegen tue? Madame, für diesen Narrn, d. h. für das Honorar, das ich aus ihm herausschreiben werde, kaufe ich mir ein gutes Faß Rüdesheimer Rheinwein. Ich erwähne dieses, damit Sie nicht glauben, es sei Schadenfreude, daß ich so lustig aussehe, wenn mir Herr v. Weiß auf der Straße begegnet. Wahrhaftig, ich sehe in ihm nur meinen lieben Rüdesheimer, sobald ich ihn erblicke, wird mir wonnig und angenehm zu Mute, und ich trällere unwillkürlich: »Am Rhein, am Rhein, da wachsen unsre Reben –« »Dies Bildnis ist bezaubernd schön –« »O weiße Dame – –« Mein Rüdesheimer schaut alsdann sehr sauer, und man sollte glauben, er bestände nur aus Gift und Galle – Aber, ich versichere Sie, Madame, es ist ein echtes Gewächs; findet sich auch das Beglaubigungswappen nicht eingebrannt, so weiß doch der Kenner es zu würdigen, ich werde dieses Fäßchen gar freudig anzapfen, und wenn es allzu bedrohlich gärt und auf eine gefährliche Art zerspringen will, so soll es von Amts wegen mit einigen eisernen Reifen gesichert werden.

Sie sehen also, Madame, für mich brauchen Sie nichts zu besorgen. Ich kann alles ruhig ansehn in dieser Welt. Der Herr hat mich gesegnet mit irdischen Gütern, und wenn er mir auch den Wein nicht ganz bequem in den Keller geliefert hat, so erlaubt er mir doch in seinem Weinberge zu arbeiten, ich brauche nur die Trauben zu lesen, zu keltern, zu pressen, zu bütten, und ich habe dann die klare Gottesgabe; und wenn mir auch nicht die Narren gebraten ins Maul fliegen, sondern mir gewöhnlich roh und abgeschmackt entgegenlaufen, so weiß ich sie doch so lange am Spieße herumzudrehen, zu schmoren, zu pfeffern, bis sie mürbe und genießbar werden. Sie sollen Ihre Freude haben, Madame, wenn ich mal meine große Fete gebe. Madame, Sie sollen meine Küche loben. Sie sollen gestehen, daß ich meine Satrapen ebenso pompöse bewirten kann, wie einst der große Ahasveros, der da König war, von Indien bis zu den Mohren, über hundertundsiebenundzwanzig Provinzen. Ganze Hekatomben von Narren werde ich einschlachten. Jener große Philoschnaps, der, wie einst Jupiter, in der Gestalt eines Ochsen, um den Beifall Europas buhlt, liefert den Ochsenbraten; ein trauriger Trauerspieldichter, der auf den Brettern, die ein traurig persisches Reich bedeuten, uns einen traurigen Alexander gezeigt hat, liefert meiner Tafel einen ganz vorzüglichen Schweinskopf, wie gewöhnlich sauersüßlächelnd mit einer Zitronenscheibe im Maul und von der kunstverständigen Köchin mit Lorbeerblättern bedeckt; der Sänger der Korallenlippen, Schwanenhälse, hüpfenden Schnee-

hügelchen, Dingelchen, Wädchen, Mimilichèn, Küßchen und Asses-
sorchen, nämlich H. Clauren, oder wie ihn auf der Friedrichstraße
die frommen Bernhardinerinnen nennen, »Vater Clauren! unser
Clauren!« dieser Echte liefert mir all jene Gerichte, die er in seinen
jährlichen Taschenbordellchen mit der Phantasie einer näscheri-
schen Küchenjungfer so jettlich zu beschreiben weiß, und er gibt uns
noch ein ganz besonderes Extra-Schüsselchen mit einem Sellerie-
Gemüschen, »wonach einem das Herzchen vor Liebe puppert«; eine
kluge, dürre Hofdame, wovon nur der Kopf genießbar ist, liefert
uns ein analoges Gericht, nämlich Spargel; und es wird kein Mangel sein an Göttinger Wurst, Hamburger Rauchfleisch, pommer-
schen Gänsebrüsten, Ochsenzungen, gedämpftem Kalbshirn, Rinds-
maul, Stockfisch, und allerlei Sorten Gelee, Berliner Pfannkuchen,
Wiener Torte, Konfitüren –

Madame, ich habe mir schon in Gedanken den Magen überladen!
Der Henker hole solche Schlemmerei! Ich kann nicht viel vertragen. Meine Verdauung ist schlecht. Der Schweinskopf wirkt auf
mich wie auf das übrige deutsche Publikum – ich muß einen
Wilibald-Alexis-Salat darauf essen, der reinigt–O! der unselige
Schweinskopf mit der noch unseligern Soße, die weder griechisch
noch persisch, sondern wie Tee mit grüner Seife schmeckt! – Ruft
mir meinen dicken Millionarrn!

KAPITEL XV

Madame, ich bemerke eine leichte Wolke des Unmuts auf Ihrer
schönen Stirne, und Sie scheinen zu fragen: ob es nicht Unrecht sei,
daß ich die Narren solchermaßen zurichte, an den Spieß stecke, zer-
hacke, spicke, und viele sogar hinschlachte, die ich unverzehrt lie-
genlassen muß, und die nun den scharfen Schnäbeln der Spaßvögel
zum Raube dienen, während die Witwen und Waisen heulen und
jammern –

Madame, c'est la guerre! Ich will Ihnen jetzt das ganze Rätsel lösen: Ich selbst bin zwar keiner von den Vernünftigen, aber ich habe
mich zu dieser Partei geschlagen, und seit 5588 Jahren führen wir
Krieg mit den Narren. Die Narren glauben sich von uns beein-
trächtigt, indem sie behaupten: es gäbe in der Welt nur eine bestimmte Dosis Vernunft, diese ganze Dosis hätten nun die Vernünftigen, Gott weiß wie! usurpiert, und es sei himmelschreiend, wie
oft ein einziger Mensch so viel Vernunft an sich gerissen habe, daß

seine Mitbürger und das ganze Land rund um ihn her ganz obskur geworden. Dies ist die geheime Ursache des Krieges, und es ist ein wahrer Vertilgungskrieg. Die Vernünftigen zeigen sich, wie gewöhnlich, als die Ruhigsten, Mäßigsten und Vernünftigsten, sie sitzen festverschanzt in ihren altaristotelischen Werken, haben viel Geschütz, haben auch Munition genug, denn sie haben ja selbst das Pulver erfunden, und dann und wann werfen sie wohlbewiesene Bomben unter ihre Feinde. Aber leider sind diese letztern allzu zahlreich, und ihr Geschrei ist groß, und täglich verüben sie Greuel; wie denn wirklich jede Dummheit dem Vernünftigen ein Greuel ist. Ihre Kriegslisten sind oft von sehr schlauer Art. Einige Häuptlinge der großen Armee hüten sich wohl, die geheime Ursache des Krieges einzugestehen. Sie haben gehört, ein bekannter, falscher Mann, der es in der Falschheit so weit gebracht hatte, daß er am Ende sogar falsche Memoiren schrieb, nämlich Fouché, habe mal geäußert: Les paroles sont faites pour cacher nos pensées; und nun machen sie viele Worte, um zu verbergen, daß sie überhaupt keine Gedanken haben, und halten lange Reden und schreiben dicke Bücher, und wenn man sie hört, so preisen sie die alleinseligmachende Quelle der Gedanken, nämlich die Vernunft, und wenn man sie sieht, so treiben sie Mathematik, Logik, Statistik, Maschinen-Verbesserung, Bürgersinn, Stallfütterung usw. – und wie der Affe um so lächerlicher wird, je mehr er sich dem Menschen ähnlich zeigt, so werden auch jene Narren desto lächerlicher, je vernünftiger sie sich gebärden. Andre Häuptlinge der großen Armee sind offenherziger, und gestehen, daß ihr Vernunftteil sehr gering ausgefallen, daß sie vielleicht gar nichts von der Vernunft abbekommen; indessen können sie nicht umhin zu versichern, die Vernunft sei sehr sauer und im Grunde von geringem Werte. Dies mag vielleicht wahr sein, aber unglücklichermaßen haben sie nicht mal so viel Vernunft, als dazu gehört, es zu beweisen. Sie greifen daher zu allerlei Aushülfe, sie entdecken neue Kräfte in sich, erklären, daß solche ebenso wirksam seien wie die Vernunft, ja in gewissen Notfällen noch wirksamer, z. B. das Gemüt, der Glauben, die Inspiration usw., und mit diesem Vernunftsurrogat, mit dieser Runkelrübenvernunft, trösten sie sich. Mich Armen hassen sie aber ganz besonders, indem sie behaupten: ich sei von Haus aus einer der Ihrigen, ich sei ein Abtrünniger, ein Überläufer, der die heiligsten Bande zerrissen, ich sei jetzt sogar ein Spion, der heimlich auskundschafte, was sie, die Narren, zusammentreiben, um sie nachher dem Gelächter seiner neuen Genossen Preis zu geben, und ich sei so dumm, nicht mal einzusehen, daß diese zu gleicher Zeit über mich selbst lachen und mich nimmermehr für ihres gleichen halten – Und da haben die Narren vollkommen recht.

Es ist wahr, jene halten mich nicht für ihres gleichen und mir gilt oft ihr heimliches Gekicher. Ich weiß es sehr gut, aber ich laß mir nichts merken. Mein Herz blutet dann innerlich, und wenn ich allein bin, fließen drob meine Tränen. Ich weiß es sehr gut, meine Stellung ist unnatürlich; alles, was ich tue, ist den Vernünftigen eine Torheit und den Narren ein Greuel. Sie hassen mich und ich fühle die Wahrheit des Spruches: »Stein ist schwer und Sand ist Last, aber der Narren Zorn ist schwerer denn die beide.« Und sie hassen mich nicht mit Unrecht. Es ist vollkommen wahr, ich habe die heiligsten Bande zerrissen, von Gott und Rechts wegen hätte ich unter den Narren leben und sterben müssen. Und ach! ich hätte es unter diesen Leuten so gut gehabt! Sie würden mich, wenn ich umkehren wollte, noch immer mit offnen Armen empfangen. Sie würden mir an den Augen absehen, was sie mir nur irgend Liebes erweisen könnten. Sie würden mich alle Tage zu Tische laden und des Abends mitnehmen in ihre Teegesellschaften und Klubs, und ich könnte mit ihnen Whist spielen, Tabak rauchen, politisieren, und wenn ich dabei gähnte, hieße es hinter meinem Rücken: »Welch schönes Gemüt! eine Seele voll Glauben!« – erlauben Sie mir, Madame, daß ich eine Träne der Rührung weihe – ach! und ich würde Punsch mit ihnen trinken, bis die rechte Inspiration käme, und dann brächten sie mich in einer Portechaise wieder nach Hause, ängstlich besorgt, daß ich mich nicht erkälte, und der eine reichte mir schnell die Pantoffeln, der andre den seidnen Schlafrock, der dritte die weiße Nachtmütze, und sie machten mich dann zum Professor extraordinarius, oder zum Präsidenten einer Bekehrungsgesellschaft, oder zum Oberkalkulator, oder zum Direktor von römischen Ausgrabungen; – denn ich wäre so recht ein Mann, den man in allen Fächern gebrauchen könnte, sintemal ich die lateinischen Deklinationen sehr gut von den Konjugationen unterscheiden kann, und nicht so leicht wie andre Leute einen preußischen Postillonsstiefel für eine etruskische Vase ansehe. Mein Gemüt, mein Glauben, meine Inspiration könnten noch außerdem in den Betstunden viel Gutes wirken, nämlich für mich; nun gar mein ausgezeichnet poetisches Talent würde mir gute Dienste leisten bei hohen Geburtstagen und Vermählungen, und es wär gar nicht übel, wenn ich, in einem großen Nationalepos, all jene Helden besänge, wovon wir ganz bestimmt wissen, daß aus ihren verwesten Leichnamen Würmer gekrochen sind, die sich für ihre Nachkommen ausgeben.

Manche Leute, die keine geborene Narren und einst mit Vernunft begabt gewesen, sind solcher Vorteile wegen zu den Narren übergegangen, leben bei ihnen ein wahres Schlaraffenleben, die Torheiten, die ihnen anfänglich noch immer einige Überwindung gekostet, sind ihnen jetzt schon zur zweiten Natur geworden, ja sie sind nicht mehr als Heuchler, sondern als wahre Gläubige zu betrachten. Einer derselben, in dessen Kopf noch keine gänzliche Sonnenfinsternis eingetreten, liebt mich sehr, und jüngsthin, als ich bei ihm allein war, verschloß er die Türe und sprach zu mir mit ernster Stimme:

»O Tor, der du den Weisen spielst und dennoch nicht so viel Verstand hast wie ein Rekrut im Mutterleibe! Weißt du denn nicht, daß die Großen des Landes nur denjenigen erhöhen, der sich selbst erniedrigt und ihr Blut für besser rühmt als das seinige. Und nun gar verdirbst du es mit den Frommen des Landes! Ist es denn so überaus schwer, die gnadenseligen Augen zu verdrehen, die gläubig verschränkten Hände in die Rockärmel zu vermuffen, das Haupt wie ein Lamm Gottes herabhängen zu lassen, und auswendig gelernte Bibelsprüche zu wispern! Glaub mir, keine Hocherlauchte wird dich für deine Gottlosigkeit bezahlen, die Männer der Liebe werden dich hassen, verleumden und verfolgen, und du machst keine Karriere weder im Himmel noch auf Erden!«

Ach! das ist alles wahr! Aber ich hab nun mal diese unglückliche Passion für die Vernunft! Ich liebe sie, obgleich sie mich nicht mit Gegenliebe beglückt. Ich gebe ihr alles, und sie gewährt mir nichts. Ich kann nicht von ihr lassen. Und wie einst der jüdische König Salomon im Hohenliede die christliche Kirche besungen, und zwar unter dem Bilde eines schwarzen, liebeglühenden Mädchens, damit seine Juden nichts merkten; so habe ich in unzähligen Liedern just das Gegenteil, nämlich die Vernunft, besungen, und zwar unter dem Bilde einer weißen, kalten Jungfrau, die mich anzieht und abstößt, mir bald lächelt, bald zürnt, und mir endlich gar den Rücken kehrt. Dieses Geheimnis meiner unglücklichen Liebe, das ich niemandem offenbare, gibt Ihnen, Madame, einen Maßstab zur Würdigung meiner Narrheit, Sie sehen daraus, daß solche von außerordentlicher Art ist, und großartig hervorragt über das gewöhnliche närrische Treiben der Menschen. Lesen Sie meinen »Ratcliff«, meinen »Almansor«, mein »Lyrisches Intermezzo« – Vernunft! Vernunft! nichts als Vernunft! – und Sie erschrecken ob der Höhe meiner

Narrheit. Mit den Worten Agurs, des Sohnes Jake, kann ich sagen:
»Ich bin der Allernärrischste und Menschenverstand ist nicht bei
mir.« Hoch in die Lüfte hebt sich der Eichwald, hoch über den Eichwald schwingt sich der Adler, hoch über dem Adler ziehen die
Wolken, hoch über den Wolken blitzen die Sterne – Madame, wird
Ihnen das nicht zu hoch? eh bien – hoch über den Sternen schweben
die Engel, hoch über den Engeln ragt – nein, Madame, höher kann
es meine Narrheit nicht bringen. Sie bringt es hoch genug! Ihr
schwindelt vor ihrer eigenen Erhabenheit. Sie macht mich zum
Riesen mit Siebenmeilenstiefeln. Mir ist des Mittags zu Mute, als
könnte ich alle Elefanten Hindostans aufessen und mir mit dem
Straßburger Münster die Zähne stochern; des Abends werde ich so
sentimental, daß ich die Milchstraße des Himmels aussaufen möchte,
ohne zu bedenken, daß einem die kleinen Fixsterne sehr unverdau-
lich im Magen liegen bleiben; und des Nachts geht der Spektakel
erst recht los, in meinem Kopf gibts dann einen Kongreß von allen
Völkern der Gegenwart und Vergangenheit, es kommen die Assy-
rer, Ägypter, Meder, Perser, Hebräer, Philister, Frankfurter, Baby-
lonier, Karthager, Berliner, Römer, Spartaner, Türken, Kümmel-
türken – Madame, es wäre zu weitläuftig, wenn ich Ihnen all diese
Völker beschreiben wollte, lesen Sie nur den Herodot, den Livius,
die Haude- und Spenersche Zeitung, den Curtius, den Cornelius
Nepos, den Gesellschafter – Ich will unterdessen frühstücken, es
will heute morgen mit dem Schreiben nicht mehr so lustig fortgehn,
ich merke, der liebe Gott läßt mich im Stich – Madame, ich fürchte
sogar, Sie haben es früher bemerkt als ich – ja, ich merke, die rechte
Gotteshülfe ist heute noch gar nicht dagewesen, – Madame, ich will
ein neues Kapitel anfangen, und Ihnen erzählen, wie ich nach dem
Tode Le Grands in Godesberg ankam.

Kapitel XVI

Als ich zu Godesberg ankam, setzte ich mich wieder zu den Füßen meiner schönen Freundin, – und neben mir legte sich ihr brauner Dachshund – und wir beide sahen hinauf in ihr Auge.

Heiliger Gott! in diesem Auge lag alle Herrlichkeit der Erde und
ein ganzer Himmel obendrein. Vor Seligkeit hätte ich sterben können, während ich in jenes Auge blickte, und starb ich in solchem
Augenblicke, so flog meine Seele direkt in jenes Auge. O, ich kann
jenes Auge nicht beschreiben! Ich will mir einen Poeten, der vor

Liebe verrückt worden ist, aus dem Tollhause kommen lassen, damit
er aus dem Abgrund des Wahnsinns ein Bild heraufhole, womit ich
jenes Auge vergleiche – Unter uns gesagt, ich wäre wohl selbst verrückt genug, daß ich zu einem solchen Geschäfte keines Gehülfen
bedürfte. God d–n! sagte mal ein Engländer, wenn sie einen so
recht ruhig von oben bis unten betrachtet, so schmelzen einem die
kupfernen Knöpfe des Fracks und das Herz obendrein. F–e! sagte
ein Franzose, sie hat Augen vom größten Kaliber, und wenn so ein
dreißigpfünder Blick herausschießt, krach! so ist man verliebt. Da
war ein rotköpfiger Advokat aus Mainz, der sagte: Ihre Augen sehen aus wie zwei Tassen schwarzen Kaffee – Er wollte etwas sehr
Süßes sagen, denn er warf immer unmenschlich viel Zucker in seinen Kaffee – Schlechte Vergleiche – Ich und der braune Dachshund
lagen still zu den Füßen der schönen Frau, und schauten und horch-
ten. Sie saß neben einem alten, eisgrauen Soldaten, einer ritterlichen
Gestalt mit Quernarben auf der gefurchten Stirne. Sie sprachen
beide von den sieben Bergen, die das schöne Abendrot bestrahlte,
und von dem blauen Rhein, der unfern, groß und ruhig, vorbei-
flutete – Was kümmerte uns das Siebengebirge, und das Abendrot
und der blaue Rhein, und die segelweißen Kähne, die darauf
schwammen, und die Musik, die aus einem Kahne erscholl, und der
Schafskopf von Student, der darin so schmelzend und lieblich sang
– ich und der braune Dachs, wir schauten in das Auge der Freundin
und betrachteten ihr Antlitz, das aus den schwarzen Flechten und
Locken, wie der Mond aus dunkeln Wolken, rosigbleich hervor-
glänzte – Es waren hohe, griechische Gesichtszüge, kühngewölbte
Lippen, umspielt von Wehmut, Seligkeit und kindischer Laune,
und wenn sie sprach, so wurden die Worte etwas tief, fast seufzend
angehaucht und dennoch ungeduldig rasch hervorgestoßen – und
wenn sie sprach, und die Rede wie ein warmer heiterer Blumenregen aus dem schönen Munde herniederflockte – O! dann legte
sich das Abendrot über meine Seele, es zogen hindurch mit klingendem Spiel die Erinnerungen der Kindheit, vor allem aber, wie
Glöcklein, erklang in mir die Stimme der kleinen Veronika – und
ich ergriff die schöne Hand der Freundin, und drückte sie an meine
Augen, bis das Klingen in meiner Seele vorüber war – und dann
sprang ich auf und lachte, und der Dachs bellte, und die Stirne des
alten Generals furchte sich ernster, und ich setzte mich wieder und
ergriff wieder die schöne Hand und küßte sie und erzählte und
sprach von der kleinen Veronika.

Kapitel XVII

Madame, Sie wünschen, daß ich erzähle, wie die kleine Veronika ausgesehen hat. Aber ich will nicht. Sie, Madame, können nicht gezwungen werden, weiter zu lesen, als Sie wollen, und ich habe wiederum das Recht, daß ich nur dasjenige zu schreiben brauche, was ich will.

Ich will aber jetzt erzählen, wie die schöne Hand aussah, die ich im vorigen Kapitel geküßt habe.

Zuvörderst muß ich eingestehen: – ich war nicht wert, diese Hand zu küssen. Es war eine schöne Hand, so zart, durchsichtig, glänzend, süß, duftig, sanft, lieblich – wahrhaftig, ich muß nach der Apotheke schicken, und mir für zwölf Groschen Beiwörter kommen lassen.

Auf dem Mittelfinger saß ein Ring mit einer Perle – ich sah nie eine Perle, die eine kläglichere Rolle spielte – auf dem Goldfinger trug sie einen Ring mit einer blauen Antike – ich habe Stunden lang Archäologie daran studiert – auf dem Zeigefinger trug sie einen Diamant – es war ein Talisman, solange ich ihn sah, war ich glücklich, denn wo er war, war ja auch der Finger, nebst seinen vier Kollegen – und mit allen fünf Fingern schlug sie mir oft auf den Mund. Seitdem ich solchermaßen manupoliert worden, glaube ich steif und fest an den Magnetismus. Aber sie schlug nicht hart, und wenn sie schlug, hatte ich es immer verdient durch irgendeine gottlose Redensart, und wenn sie mich geschlagen hatte, so bereute sie es gleich und nahm einen Kuchen, brach ihn entzwei, und gab mir die eine und dem braunen Dachse die andere Hälfte, und lächelte dann und sprach: »Ihr beide habt keine Religion und werdet nicht selig, und man muß euch auf dieser Welt mit Kuchen füttern, da für euch im Himmel kein Tisch gedeckt wird.« So halb und halb hatte sie recht, ich war damals sehr irreligiös und las den Thomas Paine, das Système de la nature, den westfälischen Anzeiger und den Schleiermacher, und ließ mir den Bart und den Verstand wachsen, und wollte unter die Rationalisten gehen. Aber wenn mir die schöne Hand über die Stirne fuhr, blieb mir der Verstand stehen, und süßes Träumen erfüllte mich, und ich glaubte wieder fromme Marienliedchen zu hören, und ich dachte an die kleine Veronika.

Madame, Sie können sich kaum vorstellen, wie hübsch die kleine Veronika aussah, als sie in dem kleinen Särglein lag. Die brennenden Kerzen, die rund umher standen, warfen ihren Schimmer auf das bleiche, lächelnde Gesichtchen, und auf die rotseidenen Röschen und rauschenden Goldflitterchen, womit das Köpfchen und das weiße Totenhemdchen verziert war – die fromme Ursula hatte mich abends in das stille Zimmer geführt, und als ich die kleine Leiche, mit den Lichtern und Blumen, auf dem Tische ausgestellt sah, glaubte ich Anfangs, es sei ein hübsches Heiligenbildchen von Wachs; doch bald erkannte ich das liebe Antlitz, und frug lachend: warum die kleine Veronika so still sei? und die Ursula sagte: Das tut der Tod.

Und als sie sagte: Das tut der Tod – Doch ich will heute diese Geschichte nicht erzählen, sie würde sich zu sehr in die Länge ziehen, ich müßte auch vorher von der lahmen Elster sprechen, die auf dem Schloßplatz herumhinkte und dreihundert Jahr alt war, und ich könnte ordentlich melancholisch werden – Ich bekomme plötzlich Lust, eine andere Geschichte zu erzählen, und die ist lustig, und paßt auch an diesen Ort, denn es ist die eigentliche Geschichte, die in diesem Buche vorgetragen werden sollte.

KAPITEL XVIII

In der Brust des Ritters war nichts als Nacht und Schmerz. Die Dolchstiche der Verleumdung hatten ihn gut getroffen, und wie er dahinging, über den Sankt-Markus-Platz, war ihm zu Mute, als wollte sein Herz brechen und verbluten. Seine Füße schwankten vor Müdigkeit – das edle Wild war den ganzen Tag gehetzt worden, und es war ein heißer Sommertag – der Schweiß lag auf seiner Stirne, und als er in die Gondel stieg, seufzte er tief. Er saß gedankenlos in dem schwarzen Gondelzimmer, gedankenlos schaukelten ihn die weichen Wellen, und trugen ihn den wohlbekannten Weg hinein in die Brenta – und als er vor dem wohlbekannten Palaste ausstieg, hörte er: Signora Laura sei im Garten.

Sie stand, gelehnt an die Statue des Laokoon, neben dem roten Rosenbaum, am Ende der Terrasse, unfern von den Trauerweiden, die sich wehmütig herabbeugen über den vorbeiziehenden Fluß. Da stand sie lächelnd, ein weiches Bild der Liebe, umduftet von Rosen.

Er aber erwachte, wie aus einem schwarzen Traume, und war plötzlich wie umgewandelt in Milde und Sehnsucht. »Signora Laura!« – sprach er – »ich bin elend und bedrängt von Haß und Not und Lüge« – und dann stockte er, und stammelte: – »aber ich liebe Euch« – und dann schoß eine freudige Träne in sein Auge, und mit feuchten Augen und flammenden Lippen rief er: – »Sei mein Mädchen, und liebe mich!«

Es liegt ein geheimnisdunkler Schleier über dieser Stunde, kein Sterblicher weiß, was Signora Laura geantwortet hat, und wenn man ihren guten Engel im Himmel darob befragt, so verhüllt er sich und seufzt und schweigt.

Einsam stand der Ritter noch lange bei der Statue des Laokoon, sein Antlitz war ebenso verzerrt und weiß, bewußtlos entblätterte er alle Rosen des Rosenbaums, er zerknickte sogar die jungen Knospen – der Baum hat nie wieder Blüten getragen – in der Ferne klagte eine wahnsinnige Nachtigall, die Trauerweiden flüsterten ängstlich, dumpf murmelten die kühlen Wellen der Brenta, die Nacht kam heraufgestiegen mit ihrem Mond und ihren Sternen – ein schöner Stern, der schönste von allen, fiel vom Himmel herab.

KAPITEL XIX

Vous pleurez, Madame?

O, mögen die Augen, die jetzt so schöne Tränen vergießen, noch lange die Welt mit ihren Strahlen erleuchten, und eine warme, liebe Hand möge sie einst zudrücken in der Stunde des Todes! Ein weiches Sterbekissen, Madame, ist auch eine gute Sache in der Stunde des Todes, und möge Ihnen alsdann nicht fehlen; und wenn das schöne, müde Haupt darauf niedersinkt und die schwarzen Locken herabwallen über das verbleichende Antlitz: O, dann möge Ihnen Gott die Tränen vergelten, die für mich geflossen sind – denn ich bin selber der Ritter, für den Sie geweint haben, ich bin selber jener irrende Ritter der Liebe, der Ritter vom gefallenen Stern.

Vous pleurez, Madame?

O, ich kenne diese Tränen! Wozu soll die längere Verstellung? Sie, Madame, sind ja selbst die schöne Frau, die schon in Godesberg so lieblich geweint hat, als ich das trübe Märchen meines Lebens erzählte – Wie Perlen über Rosen, rollten die schönen Tränen über die schönen Wangen – der Dachs schwieg, das Abendgeläute von Königswinter verhallte, der Rhein murmelte leiser, die Nacht bedeckte die Erde mit ihrem schwarzen Mantel, und ich saß zu Ihren Füßen, Madame, und sah in die Höhe, in den gestirnten Himmel – Im Anfang hielt ich Ihre Augen ebenfalls für zwei Sterne – Aber wie kann man solche schöne Augen mit Sternen verwechseln? Diese kalten Lichter des Himmels können nicht weinen über das

Elend eines Menschen, der so elend ist, daß er nicht mehr weinen kann.

Und ich hatte noch besondere Gründe, diese Augen nicht zu verkennen – in diesen Augen wohnte die Seele der kleinen Veronika.

Ich habe nachgerechnet, Madame, Sie sind geboren just an dem Tage, als die kleine Veronika starb. Die Johanna in Andernacht hatte mir vorausgesagt, daß ich in Godesberg die kleine Veronika wiederfinden würde – Und ich habe Sie gleich wieder erkannt – Das war ein schlechter Einfall, Madame, daß Sie damals starben, als die hübschen Spiele erst recht losgehen sollten. Seit die fromme Ursula mir gesagt »Das tut der Tod«, ging ich allein und ernsthaft in der großen Gemäldegalerie umher, die Bilder wollten mir nicht mehr so gut gefallen wie sonst, sie schienen mir plötzlich verblichen zu sein, nur ein einziges hatte Farbe und Glanz behalten – Sie wissen, Madame, welches Stück ich meine –:

Es ist der Sultan und die Sultanin von Delhi.

Erinnern Sie sich, Madame, wie wir oft Stunden lang davorstanden, und die fromme Ursula so wunderlich schmunzelte, wenn es den Leuten auffiel, daß die Gesichter auf jenem Bilde mit den unsrigen so viele Ähnlichkeit hatten? Madame, ich finde, daß Sie auf jenem Bilde recht gut getroffen waren, und es ist unbegreiflich, wie der Maler Sie sogar bis auf die Kleidung darstellte, die Sie damals getragen. Man sagt, er sei wahnsinnig gewesen und habe Ihr Bild geträumt. Oder saß seine Seele vielleicht in dem großen, heiligen Affen, der Ihnen damals, wie ein Jockey, aufwartete? – In diesem Falle mußte er sich wohl des silbergrauenSchleiers erinnern, den er einst mit rotem Wein überschüttet und verdorben hat – Ich war froh, daß Sie ihn ablegten, er kleidete Sie nicht sonderlich, wie denn überhaupt die europäische Tracht für Frauenzimmer viel kleidsamer ist, als die indische. Freilich, schöne Frauen sind schön in jeder Tracht. Erinnern Sie sich, Madame, daß ein galanter Brahmine – er sah aus wie Ganesa, der Gott mit dem Elefantenrüssel, der auf einer Maus reitet – Ihnen einst das Kompliment gemacht hat: die göttliche Maneka, als sie aus Indras goldner Burg zum königlichen Büßer Wiswamitra hinabgestiegen, sei gewiß nicht schöner gewesen als Sie, Madame!

Sie erinnern sich dessen nicht mehr? Es sind ja kaum 3000 Jahre, seitdem Ihnen dieses gesagt worden, und schöne Frauen pflegen sonst eine zarte Schmeichelei nicht so schnell zu vergessen.

Indessen für Männer ist die indische Tracht weit kleidsamer als die europäische. O, meine rosaroten, lotosgeblümten Pantalons von Delhi! hätte ich euch getragen, als ich vor Signora Laura stand und um Liebe flehete – das vorige Kapitel hätte anders gelautet! Aber, ach! ich trug damals strohgelbe Pantalons, die ein nüchterner Chinese in Nanking gewebt – mein Verderben war hineingewebt – und ich wurde elend.

Oft sitzt ein junger Mensch in einem kleinen deutschen Kaffeestübchen und trinkt ruhig seine Tasse Kaffee, und unterdessen im weiten, fernen China wächst und blüht sein Verderben, und wird dort gesponnen und verwebt, und trotz der hohen, chinesischen Mauer weiß es seinen Weg zu finden zu dem jungen Menschen, der es für ein Paar Nanquinhosen hält und diese arglos anzieht und elend wird – Und, Madame, in der kleinen Brust eines Menschen kann sich gar viel Elend verstecken, und so gut versteckt halten, daß der arme Mensch selbst es tagelang nicht fühlt, und guter Dinge ist, und lustig tanzt und pfeift, und trällert – lalarallala, lalarallala, lalaral – la – la – la.

KAPITEL XX

Sie war liebenswürdig, und er liebte sie; er aber war nicht liebenswürdig, und sie liebte ihn nicht.
(*Altes Stück*)

Und wegen dieser dummen Geschichte haben Sie sich totschießen wollen? Madame, wenn ein Mensch sich totschießen will, so hat er dazu immer hinlängliche Gründe. Darauf können Sie sich verlassen. Aber ob er selbst diese Gründe kennt, das ist die Frage. Bis auf den letzten Augenblick spielen wir Komödie mit uns selber. Wir maskieren sogar unser Elend, und während wir an einer Brustwunde sterben, klagen wir über Zahnweh.

Madame, Sie wissen gewiß ein Mittel gegen Zahnweh?

Ich aber hatte Zahnweh im Herzen. Das ist ein schlimmstes Übel, und da hilft sehr gut das Füllen mit Blei und das Zahnpulver, das Barthold Schwarz erfunden hat.

Wie ein Wurm nagte das Elend in meinem Herzen, und nagte – Der arme Chinese trägt keine Schuld, ich habe dieses Elend mit mir zur Welt gebracht. Es lag schon mit mir in der Wiege, und wenn meine Mutter mich wiegte, so wiegte sie es mit, und wenn sie mich in den Schlaf sang, so schlief es mit mir ein, und es erwachte, sobald ich wieder die Augen aufschlug. Als ich größer wurde,

wuchs auch das Elend und wurde endlich ganz groß, und zer-
sprengte mein –

Wir wollen von andern Dingen sprechen, vom Jungfernkranz,
von Maskenbällen, von Lust und Hochzeitfreude – lalarallala, lalarallala, lalaral – la – la – la. –

INHALT DES ZWEITEN BANDES
—
GEDICHTE

PROSA

VERZEICHNIS DER GEDICHTE NACH DEN ANFÄNGEN

AUS BAND I UND II